Italian Vocabulary

Italian Vocabulary

Second Edition

Luigi Bonaffini, Ph.D.
Professor of Italian
Department of Modern Languages and Literature
Brooklyn College
City University of New York

Fiorenza Consonni Clark, Ph.D.
Foreign Language Instructor
Raritan High School

Conrad J. Schmitt
Consultant and Former Editor-in-Chief
Foreign Language Department
McGraw-Hill Book Company

Schaum's Outline Series

New York   Chicago   San Francisco   Lisbon   London   Madrid
Mexico City   Milan   New Delhi   San Juan   Seoul
Singapore   Sydney   Toronto

LUIGI BONAFFINI is a professor of Italian language and literature at Brooklyn College/CUNY. His publications include *La poesia visionaria de Dino Campana* (1980) and translations of Dino Campana (*Orphic Songs and Other Poems*, 1992); Mario Luzi (*For the Baptism of Our Fragments* and *Phrases and Passages of a Salutary Song*, 1992, 1998); Vittorio Sereni (*Variable Star*, 1999); Giose Rimanelli (*Moliseide, Alien Cantica* and *Jazzymood*, 1991, 1995, 1999); Guiseppe Jovine (*The Peacock/The Scraper*, 1994): Achille Serrao (*The Crevice*, 1995 and *Cantalesia*, 1999). He has also translated Eugenio Cirese, Albino Pierro, and other dialect poets. He edited the trilingual anthology *Dialect Poetry of Southern Italy* (1997), and co-edited *Via terra: An Anthology of Contemporary Italian Dialect Poetry* (1999); *Poesia dialettale del Molise* (1993), a trilingual anthology of poetry in the Molisan dialect; and *Dialect Poetry of Northern and Central Italy* (2001). He is also the author of *English-Italian/Italian-English Translation*, a computer program for advanced Italian students.

FIORENZA CONSONNI CLARK was born and educated in Italy. She received her teacher's certificate in Marche, Italy, and undertook advanced studies at the University of Rome. Ms. Clark also attended Rutgers University in New Brunswick, New Jersey. She has taught languages for twenty-five years and is presently a teacher of Italian and Spanish at the Raritan High School in Hazlet, New Jersey.

CONRAD J. SCHMITT was Editor-in-Chief of Foreign Languages, ESL, and bilingual publishing with McGraw-Hill Book Company. Prior to joining McGraw-Hill, Mr. Schmitt taught languages at all levels of instruction, from elementary school through college. He has taught Spanish at Montclair State College, Upper Montclair, New Jersey; French at Upsala College, East Orange, New Jersey; and Methods of Teaching a Foreign Language at the Graduate School of Education, Rutgers University, New Brunswick, New Jersey. He also served as coordinator of foreign languages for the Hackensack, New Jersey, public schools. Mr. Schmitt is the author of numerous foreign-language textbooks.

1 2 3 4 5 6 7 8 9 10   RHR   1 9 8 7 6 5 4 3 2 1

ISBN   978-0-07-175548-1
MHID   0-07-175548-9

McGraw-Hill books are available at special quantity discounts to use as premiums and sales promotions or for use in corporate training programs. To contact a representative, please e-mail us at bulksales@mcgraw-hill.com.

Preface

The purpose of this book is to provide the reader with the vocabulary needed to converse effectively in Italian about everyday topics. Although the book reviews common, basic words the reader has probably encountered in his or her early study of Italian, the major aim of *Italian Vocabulary* is to enrich the student's knowledge of the language by presenting words that seldom appear in textbooks but that are essential for communicating comfortably about a given situation.

Unlike a bilingual dictionary, *Italian Vocabulary* provides the reader with a great deal of guidance in selecting the proper word(s) to express exactly what he or she wishes to say. Anyone not completely fluent in Italian finds a bilingual dictionary frustrating. For example, look up the word *bunch* and you will find as entries *mazzo*, *fascetto*, *grappolo*, *nodo* and *ciocca*. You will still be at a loss as to which word you need. *Italian Vocabulary* alleviates this frustration by specifying words used to express such ideas as a bunch of flowers, a bunch of grapes and a bunch of asparagus.

Each chapter focuses on a real-life situation, such as making a telephone call, traveling by plane or train, staying at a hotel or shopping for food. In order to help readers retain the new vocabulary, the book affords many opportunities to use the new words. Each chapter is divided into subtopics. The student acquires a few new words about a specific topic and is immediately directed to practice them in a multitude of exercises. Answers are provided so the student can do prompt self-correction.

In case the student also wishes to use this book as a reference tool, an Italian-to-English reference list of key words appears at the end of each chapter. The dot below the word indicates the stressed syllable. A complete topical English-to-Italian reference list appears immediately after the appendixes. The Italian-to-English and English-to-Italian glossaries at the very end of the book contain all key words introduced in the book. A special list of foods appears in Appendix 6.

Italian Vocabulary can be used as a review text or an enriching companion to any basic text.

FIORENZA CONSONNI CLARK
CONRAD J. SCHMITT

Contents

Chapter 1: At the airport

Capitolo 1: All'aeroporto

GETTING TO THE AIRPORT

Nell'aeroporto ci sono due *stazioni d'imbarco*.	terminals
La stazione d'imbarco A è per *i voli internazionali*.	international flights
La stazione d'imbarco B è per i voli *nazionali*.	national, domestic
Possiamo andare all'aeroporto in *tassì (taxi)*.	taxi
Possiamo *prendere un autobus*.	take a bus
Gli autobus partono dal *capolinea in città*.	city terminal

1. Complete.

    Non voglio andare all'aeroporto in tassì. Il tassì costa molto. Preferisco andare in
    _____. Gli autobus partono dal _____ in città. C'è un servizio molto
              1   2
    conveniente e frequente. Gli autobus _____ ogni cinque minuti dal capolinea nel
                                                3
    centro della città.

2. Complete.

    —A quale stazione d'imbarco va Lei, signore?

    —C'è più di una _____ _____ nell'aeroporto?
                             1
    —Sì, signore. Ce ne sono due. La stazione d'imbarco A è per i _____ internazionali e
                                                                           2
    la _____ B è per i voli _____.
             3   4
    —Bene, io vado a Nuova York. È un _____ internazionale. Per piacere (per favore)
                                             5
    desidero andare alla _____ _____ A.
                                 6

CHECKING IN (Fig. 1-1)

Lì è *il banco della linea aerea (compagnia aerea)*.	airline counter
C'è *una fila (coda) lunga*.	long line
L'impiegato vuole vedere *il biglietto*.	ticket
Deve vedere anche *il passaporto* ed *il visto*.	passport; visa

3. Complete.

    Quando arriviamo ad un aeroporto, dobbiamo andare al _____ della compagnia
                                                                  1
    aerea. Generalmente c'è una _____ lunga di gente che aspetta al _____.
                                        2   3
    Al banco dobbiamo mostrare il nostro _____ all'impiegato. Se facciamo un
                                                 4
    _____ internazionale, l'impiegato dovrà anche vedere il nostro _____.
          5   6

SPEAKING WITH THE AIRLINE AGENT (Fig. 1-2)

—Il suo biglietto, per favore.	
—*Eccolo*, signorina.	here it is

Fig. 1-1

—Lei va a Roma? Mi faccia vedere il passaporto, per favore.   no-smoking section
     Grazie. Desidera sedersi nello *scompartimento* (nella *sezione*)
     non fumatori?
—Sì, *un posto* nello scompartimento non fumatori.   a seat
—*Nel corridoio*, per favore.   on the aisle
—Lei ha il posto C nella *fila* 22.   row
—Quante *valige* porta?   suitcases
—Due.
—Porta del *bagaglio a mano*?   hand luggage
—Solamente questa *valigetta*.   briefcase
—Molto bene. Il bagaglio a mano *deve stare sotto* il suo *sedile*   has to fit under, has to stay
     (*posto*). Ecco *una targhetta* per la sua valigetta.   under; seat; label, tag
—Grazie.
—Benissimo. Tutto è in ordine. Ecco la sua *carta d'imbarco*, *volo*   boarding card
     430 per Roma, posto C nella fila 22, sezione non fumatori. Qui   flight
     ha *gli scontrini* per il bagaglio.   baggage-claim stubs
—Lei ha due valige *controllate* per Roma. Le può *ritirare* a   checked; claim
     Roma. Entro mezz'ora annunzieranno *la partenza* del suo   departure
     volo. Buon *viaggio*!   trip

la carta d'imbarco

VOLO 430 Roma 22C

lo scontrino

la targhetta

la valigia

la valigetta

Fig. 1-2

4. Complete.

1. Il signor Martin va da Nuova York a Roma. Fa un viaggio _____ .
2. Sta al _____ della linea aerea.
3. Parla con l'impiegata della linea aerea. L'impiegato vuole vedere il suo _____.
   Siccome fa un viaggio internazionale, l'impiegato vuole anche vedere il suo _____.
4. Al signor Martin non piace fumare. Lui desidera un _____ nello(a)
   _____ non fumatori.
5. Il posto C nella _____ 22 è nel _____ nello scompartimento
   _____ _____.
6. Negli aeroplani il _____ _____ _____ deve stare sotto il
   sedile del passeggero. Il signor Martin non ha problema. Lui porta solo una _____.
7. L'impiegata gli dà una _____ per la sua valigetta.
8. È necessario avere una _____ _____ per andare a bordo di un aereo.
9. Il signor Martin parte con il _____ 430 per Roma. Ha il _____ C nella
   _____ 22 nel _____ della sezione _____ _____.
10. Al signor Martin sono state controllate due valige per Roma. Lui ha i due _____
    e potrà _____ le sue valige a Roma.

5. Answer on the basis of Figs. 1-3 and 1-4.

1. Dov'è la signora?
2. Con chi parla?
3. Cosa dà all'impiegato?
4. In quale scompartimento desidera sedersi la signora?
5. Quante valige ha la signora?
6. Porta bagaglio a mano?
7. Cosa porta?
8. Può starci sotto il sedile la valigetta?

Fig. 1-3

9. Che cosa dà l'impiegato alla signora?
10. Con quale volo parte la signora?
11. Dove va la signora?
12. Qual è il suo posto?
13. Dov'è il posto?
14. Quante valige sono state controllate alla signora?
15. Dove può ritirare le valige?

6. Choose the appropriate word.
1. I passeggeri devono mostrare il loro passaporto perché fanno un viaggio _____.
   (*a*) lungo (*b*) internazionale (*c*) nazionale
2. Il posto C è _____. (*a*) nella sezione (*b*) accanto al finestrino (*c*) nel corridoio
3. Per identificare il mio bagaglio a mano, metto _____. (*a*) questa targhetta
   (*b*) questo posto (*c*) questa valigetta
4. Per andare a bordo dell'aereo, è necessario (si deve) avere _____ (*a*) una targhetta
   (*b*) una ricevuta (*c*) una carta d'imbarco
5. Il mio posto è _____ 22. (*a*) nella sezione (*b*) nella fila (*c*) nel banco

Fig. 1-4

LISTENING TO ANNOUNCEMENTS

Una partenza

La compagnia aerea Alitalia annunzia *la partenza* del volo   departure
430 per Roma. Preghiamo i signori passeggeri di passare per
la stazione di controllo.   security check
Imbarco immediato per *l'uscita d'imbarco* numero otto.   boarding; gate

7. Complete.

1. _____ _____ _____ annunzia una partenza.
2. Annunziano la _____ di un volo.
3. Annunziano la partenza del _____ 430.
4. Annunziano la partenza del volo 430 _____ Roma.
5. I passeggeri devono passare per la _____ _____ _____.
6. Ispezionano il bagaglio a mano alla _____ _____ _____.
7. I passeggeri vanno a bordo per l'_____ _____ numero otto.
8. L'_____ è immediato.

8. Complete.

1. L'aereo sta per partire. Stanno annunziando la _____.
2. Il volo va a _____.
3. Vanno a ispezionare il bagaglio dei passeggeri. I passeggeri devono passare per la

   _____ _____ _____.
4. I passeggeri del volo 430 vanno a bordo per l'_____ _____ numero

   _____.

Un arrivo

Attenzione! Attenzione! La compagnia aerea Alitalia
annunzia *l'arrivo* del volo 129 *proveniente da* Parigi. I passeggeri   arrival; arriving from
sbarcheranno dall'uscita numero 10.   disembark, deplane

9. Complete.

—Non ho capito bene l'annunzio. Stanno annunziando la partenza del nostro volo?

—No, no. Stanno annunziando l'_____ di un altro volo.
                                         1

—Che volo è?

—È il _____ 129 _____ _____ Parigi.
              2   3

10. Give the opposite of each of the following.
   1. l'arrivo
   2. nazionale
   3. imbarcare

CHANGING AN AIRLINE TICKET

Ho perduto il volo dell'ATI per Londra.   I missed
C'è un altro volo con la British Airways.
Il volo non è *al completo*.   full
Ci sono dei *posti disponibili*.   seats available
Non è un volo *diretto*.   nonstop
Fa *scalo* a Zurigo.   a stop
Non dobbiamo *cambiare aereo*.   change planes
La tariffa è uguale in tutte e due le linee aeree.   fare
Non c'è nessuna differenza nel *prezzo*.   price
L'ATI deve *intestare* il biglietto alla British Airways.   endorse

11. Complete.

—Sono arrivata tardi all'aeroporto perché c'era molto traffico ed _____ _____
                                                                              1

il volo per Londra. C'è possibilmente un _____ _____ per Londra?
                                                         2

—Sì, signora. Ne abbiamo uno che parte alle tredici e venti. Viaggia sola?

—Sì, viaggio sola.

—Vediamo se il volo è _____ _____ o se ci sono dei _____
                                      3   4
_____. No, non è al completo.

—Che fortuna! C'è differenza nel prezzo?

—No, il _____ delle due compagnie è uguale.
                5

—Può accettare questo biglietto dell'ATI o me ne deve dare uno nuovo?

—Posso accettare il biglietto che ha, però Lei dovrà prima andare all'ATI dove dovranno

_____ il biglietto a nostro favore.
       6

—È un volo _____?
                   7

—No, fa _____ a Zurigo.
                8

—Va bene. Non importa. Ritorno subito.

La signora Calvi arriva all'aeroporto e nota che ci sono due stazioni d'imbarco. Da una partono i voli nazionali e dall'altra partono i voli internazionali. Dato che va all'estero, si dirige alla stazione d'imbarco internazionale. Immediatamente va al banco della linea aerea con la quale viaggia. Mostra all'impiegata il suo biglietto. L'impiegata vuole vedere anche il passaporto. Tutto è in ordine. La signora consegna il suo bagaglio all'impiegata. Ha due valige. L'impiegata mette i due scontrini nella busta del biglietto e spiega alla signora Calvi che può ritirare il suo bagaglio all'arrivo a Londra, sua destinazione. L'impiegata dà anche una targhetta da mettere nella valigetta che porterà a bordo. L'impiegata le rammenta che il suo bagaglio a mano deve stare sotto il suo sedile. La signora dice all'impiegata che lei ha un posto riservato nel corridoio nello scompartimento non fumatori. L'impiegata le spiega che il computer non indica che lei ha un posto riservato. Però non c'è nessun problema. Il volo non è al completo e ci sono molti posti disponibili, alcuni nel corridoio. L'impiegata dà alla signora la carta d'imbarco. Le dice che ha il posto C nella fila 25 nello scompartimento non fumatori. Il volo 215 per Londra partirà dall'uscita d'imbarco numero sei. La signora vuole sapere se il volo è diretto. No, non lo è. Fa scalo a Zurigo, però i passeggeri che continuano il viaggio non devono cambiare aereo. Lo stesso aereo proseguirà per Londra. Appena ha terminato di parlare con l'impiegata, la signora sente l'annunzio: «La British Airways annunzia la partenza del volo 215 per Zurigo e Londra. Imbarco immediato. I signori passeggeri sono pregati di usare l'uscita d'imbarco numero sei». Per raggiungere l'uscita la signora deve passare attraverso il metal detector, una misura di sicurezza impiegata ormai da tutti gli aereoporti, e deve far passare il bagaglio a mano attraverso lo scanner. Vede inoltre alcuni poliziotti con cani antidroga e cani addestrati al rilevamento degli esplosivi.

12. Complete.

1. Ci sono due _____ _____ nell'aeroporto. Una è per i _____ internazionali e l'altra è per i voli _____.

2. L'_____ lavora al _____ della compagnia _____.

3. I passeggeri devono mostrare il loro _____ all'impiegata e, se fanno un viaggio all'estero, devono anche mostrare il loro _____.

4. La signora consegna il suo _____ all'impiegata. Ha due valige.

5. L'impiegata mette i due _____ nella busta del biglietto. La signora avrà bisogno degli _____ per ritirare il suo bagaglio a Londra.

6. La signora porterà a bordo una _____. Il bagaglio a _____ deve stare _____ il _____ sedile.

7. La signora Calvi desidera sedersi nel _____ nello(a) _____ non fumatori.

8. Il computer non indica un posto riservato per la signora, ma non importa. L'aereo non è _____ _____ e ci sono molti _____ disponibili.

9. La signora guarda la sua _____ d'imbarco. Vede che ha il _____ C nella _____ 25.

10. Il volo per Londra farà _____ a Zurigo, ma la signora Calvi non dovrà _____ aereo.

11. Annunziano l'_____ immediato per il volo 215 _____ Londra con scalo a Zurigo.

12. I passeggeri del volo 215 devono passare per _____ _____ numero sei.

13. Prima di andare all'uscita, i passeggeri devono passare per il _____ _____.

14. Ci sono anche diversi poliziotti con _____ _____ e con cani addestrati al rilevamento degli esplosivi.

13. Answer.

1. Dove arriva la signora Calvi?
2. Quante stazioni d'imbarco ci sono all'aeroporto?
3. Perché ce ne sono due?
4. Dove va la signora quando è alla stazione d'imbarco internazionale?
5. Cosa vuole vedere l'impiegata?

6. Quante valige sono state controllate alla signora?
7. Dove mette gli scontrini l'impiegata?
8. Dove può ritirare il suo bagaglio la signora?
9. Cosa porta a bordo la signora?
10. Dove deve entrare (stare) il bagaglio a mano?
11. Ha un posto riservato la signora?
12. Perché non c'è nessun problema?
13. Che posto ha la signora?
14. Da quale uscita d'imbarco parte l'aereo?
15. Fa scalo l'aereo?

14. Complete.

La signora Calvi volerà con il _____ 215 _____ Londra. L'aereo farà
                             1   2

_____ a Zurigo, ma la signora non dovrà _____ aereo. Lei ha il _____
        3   4   5

C nella _____ 25 nel _____ nella sezione _____.
           6   7   8

Key Words

l'aeroporto airport
l'arrivo arrival
il bagaglio luggage
il bagaglio a mano hand luggage, carry-on luggage
il banco counter
il biglietto ticket
la busta del biglietto ticket envelope
cambiare aereo to change planes
i cani antidroga drug-sniffing dogs
i cani addestrati al rilevamento degli esplosivi (anti-esplosivi) bomb-sniffing dogs
la carta d'imbarco boarding card, boarding pass
la compagnia aerea airline
la compagnia di aviazione airline
al completo full
il computer computer
con destinazione bound for
controllare to check
il corridoio aisle
disponibile available
entrare to fit
all'estero abroad
fare scalo to make a stop (airplane)
la fila line, row
l'imbarco embarcation, boarding
l'impiegato(a) employee, clerk
informare to inform
intestare to endorse
internazionale international

la linea aerea airline
il metal detector metal detector
nazionale national
la partenza departure
il passaporto passport
il (la) passeggero(a) passenger
perdere to miss
pieno full
il posto seat
il prezzo price
proveniente da arriving from
ritirare to claim
lo scompartimento compartment
lo scontrino baggage claim check
il sedile seat
senza scalo nonstop (flight)
la sezione (non) fumatori (no-) smoking section
stare to stay, to be located
la stazione d'imbarco terminal, station
la targhetta label, tag (for identification)
la tariffa fare
il tassì taxi
il taxi taxi
l'uscita d'imbarco boarding gate
la valigetta briefcase, small suitcase
la valigia suitcase
vistare to issue a visa
il visto visa
il volo flight

Chapter 2: On the airplane
Capitolo 2: In aereo

WELCOME ON BOARD (Fig. 2-1)

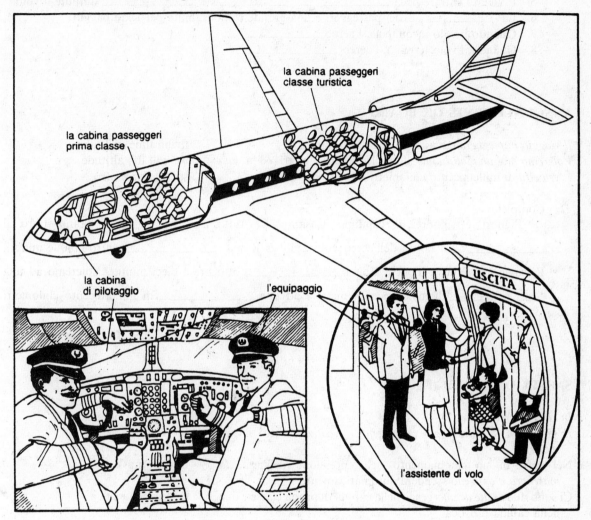

Fig. 2-1

Il pilota ed il suo *equipaggio* si occupano della *sicurezza* dei passeggeri.	crew; safety
Gli assistenti di volo lavorano nell'aereo.	flight attendants
Loro *danno il benvenuto* ai passeggeri.	welcome
La cabina anteriore (davanti) è la prima classe.	forward cabin (in front)
La cabina posteriore (didietro) (principale) è per la classe turistica (economica).	rear cabin (in back) (main)
I passeggeri non possono entrare nella *cabina di pilotaggio* durante il volo.	cockpit
L'aereo *decolla* da Nuova York.	takes off
L'aereo *atterra* a Roma.	lands

1. Complete.

1. Tutto il personale a bordo di un aereo è l'_____.
2. Gli _____ _____ _____ aiutano i passeggeri.
3. La cabina _____ è più grande della cabina anteriore.
4. I passeggeri della classe turistica viaggiano nella cabina _____.
5. È vietato entrare nella _____ _____ _____ durante il volo.
6. La _____ dei passeggeri è una grande responsabilità per l'equipaggio.
7. Quando il volo incomincia, l'aereo _____.
8. Quando il volo termina, l'aereo _____.

ANNOUNCEMENTS ON BOARD

Il viaggio impiegherà circa otto ore e venti minuti.	flying time will take
Voleremo ad *una altitudine* di milleduecento metri ed a *una velocità* di milletrecento chilometri *all'ora*.	we will fly; altitude speed; per hour

2. Complete.

Signori e signore: il capitano Casanova e tutto l'_____ danno Loro il
_____ a bordo dell'aereo volo 281 per Roma. _____ entro cinque minuti.
Il viaggio da Nuova York a Roma _____ otto ore e dieci minuti. Voleremo ad una
_____ di milleduecento metri e ad una _____ di milletrecento chilometri
_____.

(numbered blanks: 1, 2, 3, 4, 5, 6, 7)

SAFETY ON BOARD (Fig. 2-2)

In caso di emergenza:	in case of emergency
Il giubbotto di salvataggio (salvagente) è situato sotto il suo sedile.	life vest; is located
Nel caso di un cambiamento nella pressione dell'aria, *la maschera d'ossigeno* scenderà automaticamente.	oxygen mask
Ci sono due *uscite di emergenza* nella cabina di prima classe e due nella cabina turistica.	emergency exits
Ci sono anche quattro uscite di emergenza *sopra le ali*.	over the wings

3. Answer.

1. Dove sono i salvagenti (giubbotti di salvataggio) nell'aereo?
2. Se nell'aereo c'è un cambiamento nella pressione dell'aria, cosa scenderà automaticamente?
3. Dove sono situate le uscite di emergenza nell'aereo?

I passeggeri devono *rimanere seduti*.	remain seated
Devono rimanere seduti durante *il decollo* e *l'atterraggio*.	takeoff; landing
Durante il decollo e l'atterraggio i passeggeri devono *agganciarsi la cintura di sicurezza*.	fasten their seat belts
Anche durante il volo devono *continuare a tenere le cinture di sicurezza agganciate*.	continue to keep the seat belts fastened
A volte l'aereo può incontrare delle *turbolenze inaspettate*.	unexpected turbulence
Quando c'è turbolenza, l'aereo *sobbalza*.	bounces, bumps

Fig. 2-2

4. Complete.

Durante il _____ ed anche durante l'_____ i passeggeri di una aereo
                         1   2
devono rimanere _____. Non possono andare in giro per l'aereo. Non solvo devono
                              3
rimanere seduti, ma devono agganciarsi la _____ _____ _____. È
                                                                      4
anche una buona idea continuare a tenere agganciata la _____ durante tutto il volo.
                                                                     5
Non si sa mai quando l'aereo incontrerà qualche _____ inaspettata. Quando c'è
                                                              6
turbolenza, l'aereo _____.
                                   7

Il segnale «vietato fumare» è acceso.	no-smoking sign; lit
Il segnale «vietato fumare» è acceso durante il decollo e l'atterraggio.	
Quando il segnale è acceso, i passeggeri non possono fumare.	
Non possono fumare nemmeno *nella sezione fumatori.*	in the smoking section
È proibito fumare nei *corridoi.*	aisles
È proibito fumare anche nei *gabinetti.*	toilets

5. Complete.

1. I passeggeri a bordo di un aereo non possono fumare nella _____ _____
_____, nei _____, né nei _____.

2. Non possono fumare quando il _____ «vietato fumare» è _____.
3. Il _____ «_____, _____» è acceso durante il decollo e durante
    l'_____.

il compartimento in alto

lo schienale
del sedile

sotto il sedile

Fig. 2-3

Non si può mettere *il bagaglio a mano* nei corridoi.   carry-on luggage
Il bagaglio a mano deve *restare sotto il sedile*.   stay under the seat
Se non entra sotto il sedile, deve stare nei *compartimenti in alto*.   overhead compartments
Durante il decollo e l'atterraggio si deve tenere *lo schienale del*   seat back
    sedile in posizione verticale.

6. Complete.
        Molti passeggeri portano il bagaglio a mano a bordo dell'aereo. Però non possono mettere il

    bagaglio nei _____. Tutto il bagaglio a mano deve _____ o sotto il
                              1   2

    _____ o nei _____ in alto. È una regola di sicurezza. Durante il
              3   4

    _____ e l'_____ lo _____ del sedile deve essere in
              5   6   7

    _____ verticale.
              8

COMFORTS AND AMENITIES ON BOARD (Fig. 2-4)

Fig. 2-4

Durante il volo:	
Serviamo *bibite*.	drinks
Ci sono *giornali* e *riviste*.	newspapers; magazines
Serviamo un *pasto*.	meal
Prima di atterrare *serviremo la prima colazione*.	we will serve breakfast
Ci sono cinque *stazioni (canali)* di musica stereofonica.	stations, channels
Presentiamo *una pellicola (un film)*.	movie
L'uso della *cuffia stereofonica costa* $4.	headset; costs
Ci sono anche *coperte* e *guanciali*.	blankets; pillows
Nella *tasca del sedile* ci sono dei *sacchetti per il male d'aria*.	seat pocket; airsickness bags

7. Complete.

Durante il viaggio, gli assistenti di volo ci servono un _____. Prima dell'atterraggio
                                                    1
ci servono anche una _____. Durante il volo c'è la _____
                           2   3
stereofonica. Ci sono cinque _____. In ognunca c'è musica differente—classica,
                                 4
moderna, ecc. In un canale danno anche lezioni d'italiano. Dopo il pasto presentano una

_____. Se desideriamo ascoltare la musica o vedere un film, dobbiamo pagare $4 per
            5
l'uso della _____. Se vogliamo fare un sonnellino (pisolino), gli
                                      6
assistenti di volo ci porteranno un _____ ed una _____.
                                              7   8

8. Complete.

Sono stanco(a). Non voglio mangiare, non desidero ascoltare la musica, non voglio vedere il

film. Desidero solo dormire. Ha un _____ ed una _____, per favore?
                                              1   2

Ogni giorno ci sono migliaia di aerei che viaggiano intorno al mondo. Quando i passeggeri vanno a
bordo dell'aereo, alcuni assistenti di volo ed altri membri dell'equipaggio si mettono vicino all'entrata
dell'aereo. Danno il benvenuto a bordo ai passeggeri e ritirano le loro carte d'imbarco. A volte devono
mostrare ad un passeggero dov'è il suo posto. Nella maggioranza degli aerei la cabina posteriore o la
cabina principale è per la classe turistica e la cabina anteriore è per uso esclusivo dei passeggeri di prima
classe.

Durante il volo ci sono vari annunzi. Gli assistenti di volo devono pensare alla comodità
(all'agio) ed anche alla sicurezza dei passeggeri. Spiegano loro l'uso della maschera d'ossigeno e
del giubbotto di salvataggio. Mostrano loro dove sono situate le uscite di emergenza ed anche i
gabinetti. Ci sono delle regole importanti che i passeggeri devono rispettare. Tutto il bagaglio a
mano deve entrare sotto il sedile o nei compartimenti in alto. È proibito fumare durante il decollo e
l'atterraggio, nella sezione non fumatore, nei gabinetti e, se uno sta in piedi, nei corridoi. Non si può
fumare anche quando il pilota accende il segnale «vietato fumare». Durante il decollo e l'atterraggio,
i passeggeri devono tenere lo schienale del proprio sedile in posizione verticale e devono agganciarsi
la cintura di sicurezza. L'equipaggio raccomanda sempre ai passeggeri di tenere agganciate le cinture
quando stanno seduti. Non si sa mai quando l'aereo incontrerà qualche turbolenza inaspettata e
comincerà a sobbalzare.

Durante il viaggio, gli assistenti di volo servono bibite ed un pasto. Danno coperte e guanciali ai
passeggeri che desiderano fare un pisolino. In molti voli di lunga durata la compagnia aerea offre ai
passeggeri l'opportunità di ascoltare varie stazioni di musica stereofonica e presentano loro un film. Gli
assistenti di volo distribuiscono le cuffie stereofoniche ai passeggeri che le desiderano. Nella classe
turistica si deve pagare un prezzo nominale per l'uso delle cuffie stereofoniche.

Durante tutto il volo è proibito entrare nella cabina di pilotaggio. In molti voli il capitano parlerà ai
passeggeri e li informerà del tempo approssimativo del volo, della rotta del volo, a che altitudine
voleranno e la velocità che raggiungeranno. Da parte di tutto l'equipaggio, il capitano augura ai passeggeri un buon viaggio.

9. Complete.
1. Nella maggioranza degli aerei ci sono due _____. La cabina _____ è per
   l'uso dei passeggeri di prima _____. La _____ posteriore è per la classe
   _____.
2. Gli assistenti di _____ ritirano le _____ d'_____ quando i
   passeggeri vanno a bordo dell'aereo.
3. Se c'è un cambio nella pressione dell'aria, i passeggeri devono usare la _____
   d'_____ per respirare.
4. Il _____ _____ _____ deve entrare sotto il sedile o nei
   _____ _____ _____.
5. Non si può fumare durante il _____ o l'_____.
6. Non si può fumare quando il _____ «_____ _____» è acceso.
7. I passeggeri devono tenere lo _____ dei loro sedili in _____ verticale
   durante il decollo e l'atterraggio.

8. L'equipaggio sempre raccomanda ai passeggeri di tenere agganciate le _____
   _____ _____ quando stanno seduti.

9. Durante un volo di lunga durata, gli assistenti di volo sempre servono _____ ed un
   _____.

10. Se un passeggero desidera ascoltare la musica o vedere un film, deve usare la _____
    _____. Per questo uso, il passeggero della classe turistica deve pagare un
    _____ nominale.

10. Match.

1. tutto il personale a bordo di un aereo
2. ciò che cadrà automaticamente nel caso di un cambiamento nella pressione dell'aria
3. quello che devono avere i passeggeri per salire in un aereo
4. ciò che deve stare in posizione verticale durante il decollo e l'atterraggio
5. ciò che si agganciano i passeggeri durante il decollo e l'atterraggio
6. da dove escono i passeggeri se c'è un incidente
7. i passeggeri di classe turistica devono pagare un prezzo nominale per
8. quelli che pensano alla comodità ed alla sicurezza dei passeggeri a bordo di un aereo
9. dove si può mettere il bagaglio a mano
10. se i passeggeri vogliono fare un pisolino, hanno bisogno di

(a) la cintura di sicurezza
(b) lo schienale del sedile
(c) dall'uscita d'emergenza
(d) la tasca del sedile
(e) l'equipaggio
(f) la carta d'imbarco
(g) il giubbotto di salvataggio
(h) nei compartimenti in alto
(i) la maschera d'ossigeno
(j) gli assistenti di volo
(k) un guanciale ed una coperta
(l) la cuffia stereofonica
(m) la turbolenza

11. Answer.

1. Cosa fanno gli assistenti di volo mentre i passeggeri salgono in un aereo?
2. Generalmente quante cabine ci sono negli aerei?
3. Cosa devono imparare ad usare i passeggeri?
4. Dove devono mettere il bagaglio a mano i passeggeri?
5. Dove non si può fumare nell'aereo?
6. Quali sono alcune cose che i passeggeri devono fare durante il decollo e l'atterraggio?
7. Perché è una buona norma tenere agganciate le cinture di sicurezza durante tutto il volo?
8. Cosa servono gli assistenti di volo durante il viaggio?
9. Che altro offrono per la comodità dei passeggeri?
10. Quali sono alcuni annunzi che fa il pilota?

Key Words

acceso	lit, illuminated	*ascoltare*	to listen to
agganciare	to fasten	*l'assistente di volo*	flight attendant
l'ala	wing	*l'atterraggio*	landing
l'altitudine	altitude	*atterrare*	to land
andare in giro	to go around	*il bagaglio a mano*	hand luggage, carry-on luggage
anteriore	forward		
approssimativo	approximate	*la cabina*	cabin

la cabina anteriore   forward cabin
la cabina di pilotaggio   cockpit
la cabina posteriore   rear cabin
il canale   channel
il capitano   captain
in caso di   in case of
la cintura di salvataggio   life preserver
la cintura di sicurezza   safety (seat) belt
ciò   this, that
la classe economica   economy class
la classe turistica   tourist class
il compartimento
    in alto   overhead compartment
la coperta   blanket
il corridoio   aisle
costare   to cost
la cuffia stereofonica   headset
dare il benvenuto a bordo   to welcome aboard
davanti   in front
decollare   to take off
il decollo   takeoff
didietro   in back
l'emergenza   emergency
entrare in   to fit into
l'equipaggio   crew
il film   movie, film
il gabinetto   toilet
il giubbotto di salvataggio   life vest
il guanciale   pillow
impiegare   to take (in the sense of time)
il male d'aria   airsickness
mantenere   to keep
la maschera d'ossigeno   oxygen mask
la musica stereofonica   stereophonic music
la norma   rule, regulation

l'opportunità   opportunity
all'ora   per hour
il pasto   meal
la pellicola   movie, film
il (la) pilota   pilot
il pisolino   nap
la pressione dell'aria   air pressure
la prima classe   first class
la prima colazione   breakfast
principale   main
restare   to remain, to stay
rimanere   to remain
ritirare   to take back; to claim (luggage)
la rotta di volo   flight plan, flight path
il sacchetto   bag
il sacchetto per il male d'aria   airsickness bag
salire in (su)   to get on
lo schienale del sedile   seat back
seduto(a)   seated
il segnale «vietato fumare»   no-smoking sign
la sezione (non) fumatori   (no) smoking
                                        section
la sicurezza   safety
sobbalzare   to bounce, to jolt
il sonnellino   nap
sotto   under
stare   to stay, to be located
la stazione   station
il tempo di volo   flight time
la turbolenza inaspettata   unexpected
                                        turbulence
l'uscita d'emergenza   emergency exit
la velocità   speed
volare   to fly
il volo   flight

Chapter 3: Passport control and customs
Capitolo 3: Il controllo del passaporto e la dogana

PASSPORT CONTROL AND IMMIGRATION

Ecco il mio *passaporto*.	passport
il mio *visto*.	visa
la mia *carta di turista*.	tourist card
Quanto tempo si tratterrà qui?	How long will you be staying here?
Mi tratterrò *solo qualche giorno*.	only a few days
una settimana.	a week
un mese.	a month
Viaggia *per affari*?	on business
Fa un viaggio *di piacere*?	for pleasure
Sono qui *di passaggio*.	passing through
Dove *starà alloggiato (alloggerà)*?	will you be staying

1. Complete.

   Al _____ del passaporto

1

   —Il suo _____, per piacere.

2

   —Eccolo.

   —Quanto tempo si _____ qui?

3

   —Mi tratterrò _____ _____.

4

   —Dove _____?

5

   —Starò all'albergo Flora.

   —Viaggia per _____ o fa un viaggio di _____?

6 7

   —Di _____. Sono in vacanza.

8

AT CUSTOMS

Non ho *niente (nulla) da dichiarare*.	nothing to declare
Ho *qualcosa da dichiarare*.	something to declare
Se Lei non ha nulla da dichiarare, segua *la freccia verde*.	green arrow
Se Lei ha qualcosa da dichiarare, segua *la freccia rossa*.	red arrow
Il doganiere domanda:	customs agent
Porta con Lei *sigarette (tabacco)*?	cigarettes, tobacco
whisky?	whiskey, spirits
frutta o vegetali?	fruits or vegetables
Ho solamente *effetti personali*.	personal belongings
Posso vedere la sua *dichiarazione doganale*?	customs declaration
Desidero dichiarare una bottiglia di whisky.	
Faccia il favore di *aprire questa borsa*.	open this bag
valigia.	suitcase
Se Lei ha più di un litro di whisky, dovrà pagare *la dogana*.	duty

17

2. Complete.

1. In questo aeroporto non ispezionano tutto il bagaglio. I passeggeri che non hanno niente da
   _____ possono seguire la _____ verde. Quelli che hanno
   _____ da dichiarare devono seguire la _____ _____.
2. In questo paese permettono ai turisti di entrare con due bottiglie di whisky. Se uno ne porta
   tre, deve _____ la terza e pagarci la _____.
3. Il doganiere desidera vedere la mia _____ doganale.
4. Non ho niente da dichiarare perché porto solo _____ personali.

Key Words

per affari on business	*la frutta* fruit
alloggiat(a) lodged, staying	*di passaggio* passing through
aprire to open	*il passaporto* passport
la carta di turista tourist card	*quanto tempo?* how long? how much time?
il controllo del passaporto passport control	*la sigaretta* cigarette
dichiarare to declare	*il tabacco* tobacco
la dichiarazione customs declaration	*trattenersi* to remain, to stay
* di dogana*	*il vegetale* vegetable
la dogana customs, duty	*un viaggio di piacere* a pleasure trip
il doganiere customs agent	*il visto* visa
gli effetti personali personal effects	*il whisky* whiskey
la freccia arrow	

Chapter 4: At the train station

Capitolo 4: *Alla stazione ferroviaria*

GETTING A TICKET (Fig. 4-1)

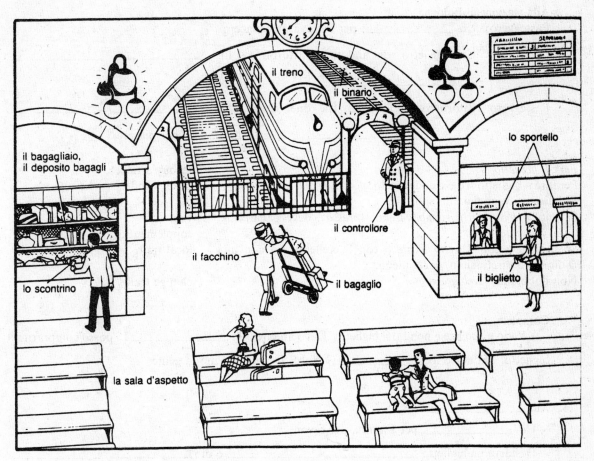

Fig. 4-1

Vado da Roma a Milano. Poi ritorno a Roma.	
Ho bisogno di *un biglietto*.	ticket
Ho bisogno di un biglietto *di andata e ritorno*.	round trip
Vado da Roma a Genova. Non ritorno a Roma.	
Non ho bisogno di un biglietto di andata e ritorno.	
Ho bisogno solamente di un biglietto *di andata*.	one-way

1. Complete.

   Alla Stazione Terminal di Roma

   Passeggero: Un _____ per Milano, per favore.

                                       1

   Impiegato: Un biglietto di andata o _____ _____ _____

                                                                        2

   _____ _____ _____ ?

Passeggero: Non credo di tornare a Roma. Un _____ _____

_____, per favore.

2. Complete.

Alla stazione di Bologna

Passeggero: Un _____ per Padova, per piacere.

Impiegato: Un biglietto di andata e ritorno o un _____ _____

_____?

Passeggero: Ritornerò a Bologna fra due giorni. Un _____

_____ _____ _____, per piacere.

Fare il biglietto	to buy a ticket
Per fare il biglietto si deve andare allo *sportello (alla biglietteria)*.	ticket window (ticket office)
I biglietti si vendono allo sportello.	
Se uno viaggia con *il rapido (treno espresso)*, deve pagare *un supplemento*.	express supplement
Se si viaggia con *il treno locale* o con l'accellerato, o con un diretto o direttissimo, costa meno.	local train
Non dobbiamo *cambiare treno*.	change trains

3. Complete.

Vado a Firenze e non ho il biglietto. Devo andare allo _____. Lì posso comprarmi il

biglietto. Ma dov'è lo _____? Ah! È lì e non c'è molta gente.

4. Allo _____

—Un _____ per Firenze, per favore.

—Desidera un biglietto _____ _____ o di _____

_____.

—Non ritornerò qui. Un _____ _____ _____, per favore. Quanto

costa?

—Vuole viaggiare con un treno normale o con il _____?

—Non con il treno normale. Con il _____, per favore.

—Un biglietto di _____ con il rapido per Firenze. Cinque euro.

WAITING FOR THE TRAIN

Orario			schedule

Destinazione	*Partenza*	*Ritardo*	destination; departure;
Ancona	~~14:20~~		delay
	15:10	50 minuti	

Il treno per Ancona dovrebbe partire alle 14:20.
Il treno non partirà *in orario*.   on time
Partirà alle 15:10.
Parte *con ritardo*.   late
C'è un ritardo di 50 minuti.
Il treno partirà con 50 minuti di ritardo.
Devo aspettare.
Aspetterò nella *sala d'aspetto*.   waiting room

5. Answer.
1. A che ora dovrebbe partire il treno per Ancona?
2. Partirà in orario?
3. A che ora partirà?
4. C'è un ritardo?
5. Con quanti minuti di ritardo partirà il treno?
6. Dove aspettano il treno i passeggeri?

6. Complete.

Il treno non partirà in orario. C'è un _____. Il treno partirà alle 15:10 e non alle
                                            1
14:10. Partirà con _____ minuti di _____. I passeggeri possono aspettare il
                        2   3
treno nella _____ d'_____.
                  4   5

CHECKING YOUR LUGGAGE

Ho molto *bagaglio*.   luggage
Ho molte *valige*.   suitcases
Non posso *portare* tutte le valige.   carry
Il facchino le può portare.   porter
Vado a *depositare* le valige.   check
Vado a depositarle al *deposito bagagli*.   luggage checkroom
Il facchino le può portare al *bagagliaio*.   luggage checkroom
Al deposito bagagli, l'impiegato mi dà *uno scontrino*.   check stub
Per *ritirare* il bagaglio, devo *consegnare* lo scontrino.   to take back, claim; hand over

7. Complete.
1. Ho molte valige. Porto molto _____.
2. Non posso portare le valige. Il _____ me le può portare.
3. Devo aspettare un'ora. Vado a _____ il bagaglio.
4. Posso depositare il bagaglio al _____ _____.
5. Quando ho depositato il bagaglio, l'impiegato mi ha dato uno _____.
6. Devo _____ il bagaglio prima di salire in treno.
7. È un treno diretto. Non dobbiamo _____ _____.

8. Complete.

Il signore arriva alla stazione ferroviaria. Ha molto _____ e non lo può portare.
                                                            1
Chiama un _____. Il _____ glielo può portare. Il treno non parte fino
                2   3
alle tre. Il signore deve aspettare un'ora. Decide di _____ il bagaglio. Il facchino lo
                                                              4

porta al _____ _____. Il signore _____ il suo bagaglio al
              5   6
_____ _____ Lì gli danno uno _____. Il signore dovrà
              7   8
_____ lo scontrino per _____ il suo bagaglio.
    9   10

GETTING ON THE TRAIN

Il treno per Ancona parte fra 5 minuti.
Parte dal *binario* numero otto.   platform, track
Nel treno ho *un posto prenotato*.   reserved seat
Il mio posto sta nel *vagone* (nella *vettura*) numero 114D.   car
Il mio posto è il numero 6 nel *compartimento* 3.   compartment

9. Complete.
    1. Il treno per Ancona parte _____ _____ numero otto.
    2. Devo guardare il mio biglietto. Ho un _____ prenotato, ma non so il numero.
    3. Ho il posto numero 6 nel _____ 3 del _____ 114D.

10. Complete.
    1. Il treno parte subito. Dobbiamo andare al _____.
    2. Nei _____ dei vagoni di prima classe ci sono sei posti. Nei compartimenti di seconda classe ci sono otto _____.
    3. Ci sono più o meno dieci compartimenti in ogni _____ del treno.

ON THE TRAIN

Ecco viene *il controllore*.   conductor
Vuole *controllare* i biglietti.   check
I passeggeri mangiano nel *vagone ristorante*.   dining car
I passeggeri dormono nel *vagone letto*.   sleeping car

11. Complete.
    1. La persona che controlla i biglietti nel treno è il _____.
    2. Dato che il viaggio è molto lungo, i passeggeri dormono nel _____ _____.
    3. Se i passeggeri hanno fame durante il viaggio, possono mangiare qualcosa nel _____ _____.

    La signora Calvi fa un viaggio in treno. Scende dal tassì davanti alla stazione ferroviaria. La signora ha quattro valige. Desidera un aiuto per il bagaglio e chiama un facchino. Alla stazione viene a sapere che il treno non è in orario. C'è un ritardo. Il treno partirà con un'ora e mezzo di ritardo. Per questo motivo la signora decide di depositare le sue valige al deposito bagagli. Dopo aver depositato il bagaglio, la signora va allo sportello a fare il biglietto. Compra un biglietto di andata e ritorno di prima classe sul rapido per Genova. Poi si siede nella sala d'aspetto. Dopo un'ora la signora Calvi va al deposito a ritirare il suo bagaglio. Chiama un'altra volta il facchino. Il facchino porta il bagaglio al binario numero 10. Il treno è già arrivato. La signora ed il facchino cercano il vagone numero 114D. Lo trovano, la signora paga il facchino e sale in treno. Nel vagone numero 114D, che è un vagone di prima classe, la signora cerca il posto numero 6 nel compartimento C. Il suo posto prenotato è il numero 6 nel compartimento C del vagone 114D.

Dato che il viaggio per Genova non è molto lungo, la signora non ha riservato una cuccetta nel vagone letto. Se ha sonno, può fare un pisolino seduta al suo posto. Quando il treno parte, viene il controllore. Lui controlla il biglietto della signora e le dice che tutto è in ordine. La signora gli chiede dov'è il vagone ristorante. Il controllore le spiega che il vagone ristorante è la seconda vettura avanti.

12. Based on the story, decide whether each statement is *true* or *false*.
1. La signora fa un viaggio in treno.
2. La signora va alla stazione ferroviaria in autobus.
3. La signora non ha bisogno d'aiuto per il bagaglio perché porta solamente una valigia.
4. Il treno parte in orario.
5. La signora compra un biglietto di andata.
6. La signora ha una cuccetta riservata nel vagone letto.
7. La signora deposita il bagaglio al deposito bagagli.
8. La signora dà lo scontrino all'impiegato.

13. Answer.
1. Come va la signora alla stazione ferroviaria?
2. Quante valige porta?
3. Chi chiama la signora?
4. Parte in orario il treno?
5. Con quanto ritardo partirà il treno?
6. Dove deposita il bagaglio la signora?
7. Dove fa il biglietto la signora?
8. Che biglietto compra?
9. Con quale treno viaggerà la signora?
10. Cosa dà la signora all'impiegato per ritirare il bagaglio?
11. Dove porta il facchino il bagaglio?
12. Che vagone cercano loro?
13. Quale posto ha la signora?
14. Perché non ha una cuccetta la signora?
15. Che cosa chiede la signora al controllore?

14. Match.
1. il bagaglio
2. il binario
3. lo sportello
4. il facchino
5. il deposito
6. in ritardo

(a) posto dove un passeggero può depositare il bagaglio
(b) l'insieme di valige ed altre cose che porta un passeggero
(c) non è in orario
(d) il posto da dove partono i treni nella stazione ferroviaria
(e) il posto dove vanno i viaggiatori a fare il biglietto
(f) la persona che aiuta a portare il bagaglio

Key Words

di andata   one-way
di andata e ritorno   round trip
il bagagliaio   luggage checkroom
il bagaglio   luggage
il biglietto   ticket

il binario   platform, track
cambiare treno   to change trains
il compartimento   compartment
consegnare   to hand over
controllare   to check, to examine

il controllore　conductor
dato che　since
depositare　to check (luggage)
il deposito bagagli　luggage checkroom
la destinazione　destination
fare il biglietto　to buy a ticket
il facchino　porter
lì　there
l'orario　schedule, timetable
in orario　on time
la partenza　departure
partire　to leave
portare　to carry
il posto　seat
prenotato　reserved
il rapido　express train
riservato(a)　reserved

il ritardo　delay
in ritardo　late
ritirare　to take back
la sala d'aspetto　waiting room
salire　to get on, to board
seduto(a)　seated
lo sportello　ticket window
la stazione ferroviaria　train station
il treno　train
il treno locale　local train
il vagone　car of a train
il vagone letto　sleeping car
il vagone ristorante　dining car
la valigia　suitcase
la vettura　car of a train
il viaggiatore (la viaggiatrice)　traveler

Chapter 5: The automobile
Capitolo 5: L'automobile

RENTING A CAR

Vorrei *prendere in affitto una macchina (un'auto; un'automobile).*	rent a car
Vorrei affittare un'auto *di giorno in giorno.*	day by day
Quanto fate pagare (costa) al giorno?	How much do you charge per day?
Quanto costa per settimana (alla settimana)?	how much does it cost by the week
È incluso *il chilometraggio?*	mileage (in kilometers)
Quanto è al chilometro?	
È inclusa *la benzina?*	gas (gasoline)
Ha una macchina con *la trasmissione automatica?*	automatic transmission
Devo *lasciare un deposito?*	leave a deposit
Desidero *contrarre un'assicurazione con copertura totale.*	to contract; full-coverage insurance
Ecco la mia *patente automobilistica.*	driver's license
Desidero pagare con *una carta di credito.*	credit card
Faccia il favore di *firmare il contratto* qui.	sign the contract

1. Complete.
   1. Non voglio fare il viaggio in treno. Preferisco _____ una macchina.
   2. Lei può affittare l'auto _____ _____ _____ _____ o _____ _____.
   3. _____ quindici euro al _____ o sessanta euro _____ _____.
   4. A volte il _____ non è incluso.
   5. Ora si deve pagare anche un tanto al _____.
   6. In alcuni paesi si deve avere la _____ _____ internazionale per affittare una macchina.
   7. Poiché è possibile avere un incidente automobilistico, è buona norma contrarre un'_____ _____ _____ _____ quando si prende in affitto una macchina.

2. Complete.

   —Vorrei _____ una macchina.

1

   —Desidera una _____ grande o piccola?

2

   —_____, per favore.

3

   —Per quanto tempo la desidera?

   —Quanto fate pagare _____ e _____?

4   5

   —Al giorno, quindici euro. Alla _____ sessanta euro. Il _____ non è incluso

6   7
   nel prezzo.

   —Quanto _____ al chilometro?

8

   —Tre euro e la benzina è _____.

9

—Benissimo. Desidero l'auto per una settimana.

—Io le consiglio di contrarre l'_____ nel caso che dovesse avere un incidente.
                                         10

—Sì, naturalmente.

—Mi faccia vedere la sua _____ , _____ , per favore.
                                        11

—Eccola. Scusi, ma.... devo lasciare un _____?
                                                   12

—Se Lei paga con una carta di _____ , no; altrimenti deve lasciare un deposito.
                                       13

—Bene, pagherò con una _____ _____ _____.
                                              14

—Benissimo. Ecco la sua patente automobilistica.

   Faccia il favore di _____ il contratto qui.
                              15

CHECKING OUT THE CAR (Figs. 5-1 and 5-2)

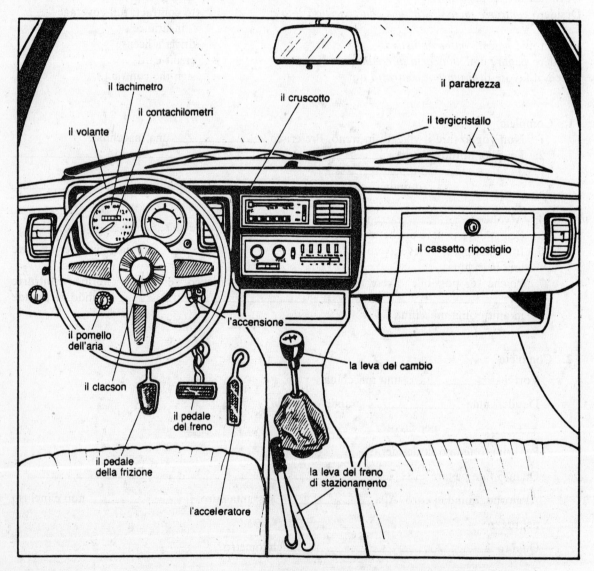

Fig. 5-1

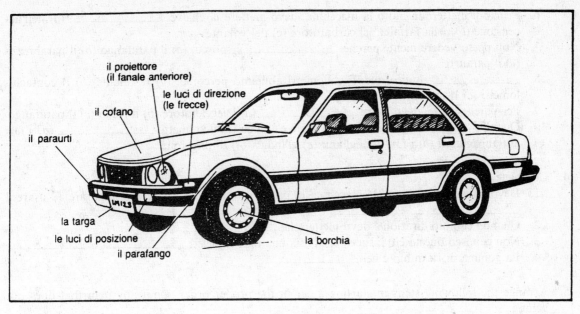

il proiettore
(il fanale anteriore)

le luci di direzione
(le frecce)

il cofano

il paraurti

la targa

le luci di posizione

il parafango

la borchia

Fig. 5-2

Io so *frenare*.	to brake
usare il pedale della frizione.	to use (engage) the clutch
fermare l'auto.	to stop
mettere in moto l'auto.	to start the car
Come posso *fare funzionare gl'indicatori di direzione (le*	make the directional signals
frecce)?	work
Come posso fare funzionare *i fanali anteriori?*	headlights
i fari antiabbaglianti?	low beams
i fari abbaglianti?	high beams
i tergicristallo?	windshield wipers
Faccia il favore di mostrarmi come *si usa il cambio di velocità.*	to use the gearshift
Come posso metterlo *in prima?*	in first gear
in folle?	neutral
in retromarcia?	reverse
C'è una mappa nel *cassetto ripostiglio?*	glove compartment
C'è *un cricco?*	jack
È nel *bagagliaio?*	trunk
C'è anche *una gomma di ricambio?*	spare tire
Faccia il favore di notare che *manca una borchia.*	a hubcap is missing

3. Choose the appropriate word(s).

1. Devo mettere il piede nel _____ prima di cambiare di velocità. (*a*) freno (*b*) pedale della frizione (*c*) acceleratore
2. Per fermare l'automobile, si deve _____. (*a*) frenare (*b*) accelerare (*c*) usare il pedale della frizione
3. Prima di cambiare direzione, devo mettere _____. (*a*) il cruscotto (*b*) la freccia (*c*) il clacson
4. Di notte devo usare _____. (*a*) i fanali (*b*) le luci di direzione (*c*) i tergicristallo
5. C'è traffico sull'autostrada. Devo suonare _____. (*a*) il cassetto ripostiglio (*b*) il tachimetro (*c*) il clacson

6. Prima di mettere in moto la macchina, devo mettere la chiave _____. (*a*) nell'accensione (*b*) nella farfalla del carburatore (*c*) nel volante

7. Non posso vedere niente perché _____ è sporco. (*a*) il parafango (*b*) il parabrezza (*c*) il paraurti

8. _____ indica quanti chilometri abbiamo percorso. (*a*) Il volante (*b*) Il contachilometri (*c*) Il cruscotto

9. Per parcheggiare, devo usare _____. (*a*) l'acceleratore (*b*) il freno (*c*) il parafango

10. Quando viaggio di notte sull'autostrada e c'è poco traffico, metto _____. (*a*) i fari antiabbaglianti (*b*) i fari abbaglianti (*c*) gl'indicatori di direzione

4. Complete.

1. Devo imparare a mettere la macchina in prima o in retromarcia. Devo imparare ad usare il _____ _____.

2. Quando cambio direzione, devo mettere la _____.

3. Non conosco questa città; spero che ci sia una mappa nel _____ _____.

4. La gomma di ricambio è nel _____

5. Arrange the following steps in starting a car in the proper order. Omit any item that does not belong.

1. frenare
2. mettere in moto la macchina ponendo il piede sull'acceleratore
3. usare il pedale della frizione
4. suonare il clacson
5. mettere la chiave nell'accensione
6. mettere gl'indicatori di direzione (le frecce)
7. mettere la macchina in prima

AT THE GAS STATION

Il serbatoio è quasi *vuoto.*	tank; empty
Dov'è *il distributore di benzina?*	gas station
Mi dia *dieci euro* di benzina.	10 euros' worth
venti litri di benzina.	20 liters
Mi dia venti litri di benzina *senza piombo.*	unleaded
con piombo.	leaded
Riempa il serbatoio, per favore.	fill the tank
Faccia il pieno, per piacere.	fill it up
Faccia il favore di controllare *l'acqua nel radiatore.*	water in the radiator
l'acqua nella batteria.	water in the battery
l'olio dei freni.	brake fluid
l'olio.	oil
le candele.	sparkplugs
Faccia il favore di guardare *i pneumatici (le gomme).*	tires
Può *cambiare questa gomma*, per favore?	change this tire
Faccia il favore di *pulire il parabrezza.*	clean the windshield
Può darle *una lubrificazione?*	grease job
una messa a punto?	tune-up

6. Complete.

1. La macchina ha bisogno di benzina. Il _____ è quasi vuoto. Devo andare dal _____ di _____.

2. Non faccio _____ il serbatoio. Desidero solamente venti _____ di benzina.
3. Faccia il favore di controllare l'acqua nel _____ e nella _____.
4. Deve anche controllare l'aria nei _____.
5. Deve pulire il _____. È molto sporco e non posso vedere niente.
6. Dopo un paio di centinaia di chilometri, è una buona idea controllare _____ ed anche l'olio dei _____.
7. Se Lei vuole mantenere la sua macchina in buone condizioni, deve ogni tanto _____ e _____ _____ _____.

SOME MINOR CAR PROBLEMS

Ho avuto *un guasto (una panne)*.	breakdown
L'auto *si arrestò*.	stalled
L'automobile *non si mette in moto*.	won't start
Il motore *si surriscalda*.	is overheating
Sta *battendo in testa*.	knocking
Sta *perdendo colpi*.	skipping
Sta *vibrando*.	vibrating
Sta *perdendo (gocciolando)* olio.	leaking, dripping
Fa molto rumore quando *uso i freni*.	I use the brakes
Ho *una gomma a terra (gomma forata)*.	flat tire
Può mandare *un carro attrezzi*?	tow truck
Ho bisogno di un carro attrezzi per *rimorchiare* l'auto.	to tow
Può Lei *fare le riparazioni*?	make the repairs
Può *ripararla* subito?	repair it
Può Lei ottenere immediatamente *i pezzi di ricambio*?	spare parts

7. Say in another way.
1. Ho avuto *un guasto*.
2. L'auto *sta gocciolando* olio.
3. Ho *una gomma forata*.
4. Può Lei *riparare la macchina*?
5. Può Lei riparare la macchina *immediatamente*?
6. Il motore *diventa molto caldo*.

8. Complete.
L'altro giorno eravamo sull'autostrada quando ci capitò un _____. L'auto si _____ e non la potei _____ _____ _____ di nuovo. Dovetti chiamare un _____ _____ per _____ l'auto fino all'officina di riparazione (l'autofficina).

9. Complete.
1. Quando una macchina sta _____ _____ o _____ _____, fa rumore.
2. Molta acqua sta _____ dal radiatore e credo che il _____ si stia surriscaldando.
3. Poiché non posso mettere in moto la macchina, dovrò chiamare un _____ _____.
4. Se ho bisogno di alcuni _____ _____ _____, spero che li possiate trovare immediatamente all'officina riparazione.
5. Il meccanico mi dice che può _____ subito la macchina.

ROAD SIGNS

Attraversamento pedonale
Crosswalk

Dare la precedenza
Yield

Parcheggio
Parking

Divieto di fermata
No stopping

Divieto di sosta
No standing

Senso vietato
Do not enter

Informazioni
Information

Fermarsi e dare la precedenza
Stop

Lavori
Men working

Centro urbano
Downtown

Semaforo
Stoplight

Farmacia
Pharmacy

Polizia
Police

Pronto soccorso
Emergency room

Inizio autostrada
Highway

Inversione di marcia
U-turn

Rifornimento
Gas station

Strada sdrucciolevole
Slippery road

Strettoia a sinistra
Left lane closed

Limite di velocità
Speed limit (70 km/h)

Divieto di sorpasso
No passing

Key Words

l'acceleratore   accelerator, gas pedal
l'accensione   ignition, starter
affittare   to rent
alcuni   some, a few
altrimenti   otherwise
anteriore   front
arrestarsi   to stall
l'assicurazione con   full-coverage
   copertura totale   insurance
l'attraversamento pedonale   crosswalk
l'auto   car, auto
l'autofficina   car-repair garage
l'automobile   car, automobile
l'autoriparazione   car repairs
il bagagliaio   trunk (car)
battendo in testa   knocking
la batteria   battery
la benzina   gas (gasoline)
la borchia   hubcap
cambiare   to change
il cambio di velocità   gearshift
le candele   sparkplugs
capitare   to happen
il carro attrezzi   tow truck
la carta di credito   credit card
il cassetto ripostiglio   glove compartment
il centro urbano   downtown
la chiave dell'accensione   ignition key
il chilometraggio   mileage (in kilometers)
il clacson   horn
il cofano   hood (car)
il contachilometri   odometer (reading in
                kilometers)
contrarre   to contract
il contratto   contract
controllare   to check
costare   to cost
il cruscotto   dashboard
dare la precedenza   to yield
il distributore di benzina   gas station
il divieto di fermata   no stopping
il divieto di sorpasso   no passing
il divieto di sosta   no standing
il fanale   headlight
fare pagare   to charge
i fari abbaglianti   high beams
i fari antiabbaglianti   low beams
la farmacia   pharmacy
fermare   to stop

fermarsi   to stop
firmare   to sign
in folle   neutral
le frecce   directional signals
frenare   to brake
il freno a mano   hand brake
il freno a pedale   foot brake
di giorno in giorno   day by day
gocciolando   dripping
la gomma   tire
una gomma forata, una gomma   flat tire
  a terra
un guasto   breakdown
immediatamente   immediately, at once
imparare   to learn
le informazioni   information
l'inizio autostrada   highway entrance
l'inversione di marcia   U-turn
lavori   men working
il limite di velocità   speed limit
la lubrificazione   grease job, lube job
le luci di direzione   directional signals,
                indicator lights
le luci di posizione   parking lights
la macchina   car
una messa a punto   tune-up
mettere in moto   to start
il motorino d'avviamento   starter
naturalmente   naturally
la norma   rule, regulation
l'officina di riparazione   repair shop
l'olio   oil
l'olio dei freni   brake fluid
paio   pair, couple, a few
una panne (panna)   breakdown
il parabrezza   windshield
il parafango   fender
il paraurti   bumper
il parcheggio   parking
la patente automobilistica   driver's license
con piombo   leaded (gasoline)
senza piombo   unleaded (gasoline)
il pedale della frizione   clutch pedal
perdendo   leaking
perdendo colpi   skipping
per settimana   by the week
i pezzi di ricambio   spare parts
il pneumatico   tire
poiché   since, because

la polizia   police
il pomello dell'aria   choke
posteriore   back, rear
in prima   in first gear
il pronto soccorso   emergency room
quasi   almost
il radiatore   radiator
in retromarcia   in reverse
di ricambio   spare
riempire   to fill
il rifornimento   gas station
rimorchiare   to tow
riparare   to repair
le riparazioni   repairs
la ruota   wheel
scaldarsi   to heat
mi scusi   excuse me
il semaforo   stoplight
senso vietato   do not enter

il serbatoio   gas tank
suonare il clacson   to sound, to blow the horn
la strada sdrucciolevole   slippery road
la strettoia a sinistra   left lane closed
subito   at once, immediately
surriscaldarsi   to overheat
il tachimetro   speedometer
la targa   license plate
il tergicristallo   windshield wiper
la trasmissione automatica   automatic transmission
trovare   to find
un tanto   so much
usare   to use
la velocità   speed, gear
vibrando   vibrating
il volante   steering wheel
vuoto   empty

Chapter 6:   Asking for directions
Capitolo 6:   Chiedere direzioni

ASKING FOR DIRECTIONS WHILE ON FOOT (Fig. 6-1)

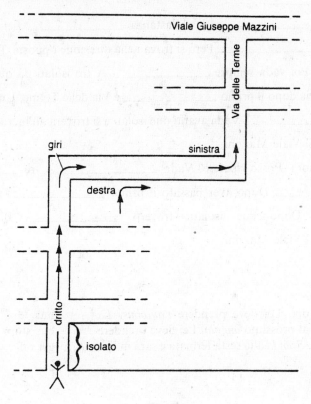

Fig. 6-1

Mi scusi, signora. Mi sono *perduto(a)*.	lost
Dov'è *Via* delle Terme?	street
Via delle Terme e che altra via?	
L'incrocio di Via della Terme con *il Viale* Giuseppe Mazzini.	intersection, crossing; avenue
È *lontano* o *vicino?*	far; near
Posso *andarci a piedi?*	walk
Lei deve *tornare indietro*.	turn around
Giri *a destra*.	turn; to the right
a sinistra.	to the left
Vada sempre *dritto*.	straight (straight ahead)
Si trova a tre *isolati* da qui.	blocks
Tre isolati *più avanti (più oltre)*.	farther on

1. Complete

—Mi scusi, signora. Non so dove sono. Mi sono _____.
                                                        1

—La posso aiutare. Che _____ sta cercando?
                            2

—Via delle Terme.

—Ah! Via delle Terme è molto lunga. Attraversa quasi tutta la città. Che numero cerca?

—Non lo so. Desidero andare all' _____ di Via delle Terme con il Viale Giuseppe

3
Mazzini.

—Ho capito. So dov'è.

—È molto _____?

4

—No, non è molto _____. È abbastanza _____. Lei può _____

5 6
_____ _____. Però si trova nella direzione opposta. Deve _____

7 8
_____. Poi vada sempre _____. A tre isolati da qui, _____ a

9 10
destra. La prima via dopo il primo _____ è Via delle Terme. Una volta qui, non giri a

11
destra, ma a _____. Vada avanti due isolati e si troverà all'incrocio di Via della Terme

12
_____ il Viale Mazzini.

13

—Molte grazie, signora. Posso ripetere? Vado _____. A tre _____ da qui,

14 15
giro a _____. Dopo aver passato il primo _____, giro _____

16 17 18
_____. Dopo due isolati, troverò _____ di Via delle Terme

19
_____ il Viale Mazzini.

20

—Esatto, signore.

— Dov'è Via Tagliamento?
— È molto lontano da qui. Lei deve prendere *l'autobus. La*   bus
fermata dell'autobus è al prossimo *angolo.* Lei deve prendere   bus stop; corner
il numero centocinque. *Scenda* alla sesta fermata e sarà in Via   get off
Tagliamento.

2. Complete.

—Scusi, signore. Sa dov'è Via Tagliamento?

—Ah, sì, signore! Però è abbastanza _____. Non può _____ _____.

1 2
_____. Dovrà prendere l'_____.

3

—Dove posso prendere l'autobus?

—La _____ _____ è al prossimo _____. Ci sono

4 5
due autobus che partono dalla stessa _____. Lei deve _____ il numero

6 7
centocinque. _____ alla sesta fermata e sarà in Via Tagliamento.

8

—La ringrazio infinitamente.

—Prego.

ASKING FOR DIRECTIONS WHILE IN A CAR (Fig. 6-2)

Come *si va* da qui al paese di Monsano?   does one go (get to)
Monsano non è molto lontano.
Deve prendere *l'autostrada per* Ancona.   highway to
     (*l'autostrada normale*).   freeway
O può anche prendere *l'autostrada a pedaggio.*   turnpike

Come vado all'autostrada a pedaggio?

Vada al secondo *semaforo*.	traffic light
Al secondo semaforo, *giri* a sinistra e *vada dritto*.	turn; go straight
Non è *una strada a senso unico (direzione unica)*.	one-way street
Dopo aver pagato *il pedaggio, stia* nella *corsia* destra.	toll; stay; lane
Lei uscirà dall'autostrada a pedaggio alla seconda *uscita*, dopo	exit
aver pagato al *casello autostradale*.	tollbooth
C'è molto *traffico*.	traffic
È *l'ora di punta*.	rush hour

3. Complete.
   1. Monsano non è molto _____.
   2. Per andare a Monsano, Lei può prendere _____ _____ _____.
   3. Ci sono moltissime automobili, autocarri ed autobus. C'è molto _____ sull'autostrada.
   4. Tutti smettono di lavorare alla stessa ora. È l'_____ _____ _____.

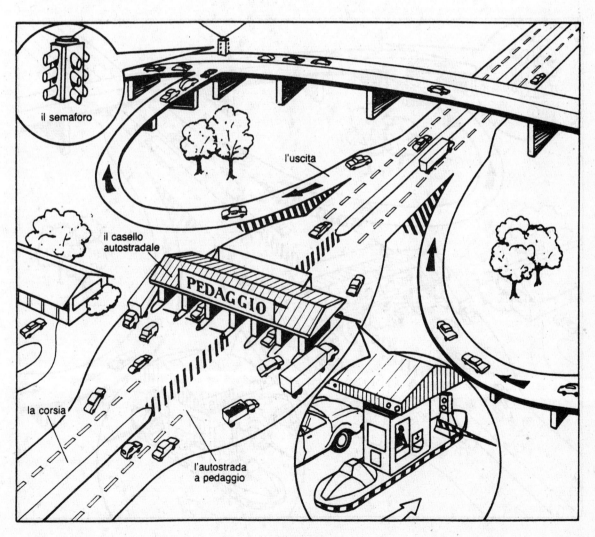

Fig. 6-2

5. Penso che sarà meglio prendere l'_____ _____ _____ invece dell'autostrada normale.

6. Se si usa l'autostrada a pedaggio, si deve pagare il _____.

7. Si paga il _____ al _____ _____.

8. Sull'autostrada ci sono tre _____ per ciascuna direzione.

9. Devo stare nella _____ _____ perché usciremo dall'autostrada alla prossima _____.

10. Non possiamo prendere questa strada. È una strada a _____ _____.

11. Non vedi il _____? Ha la luce rossa, ci dobbiamo fermare.

4. Identify each item in Fig. 6-3.

5. Give other words for:
   1. l'autostrada a pedaggio
   2. a pedaggio
   3. il traffico

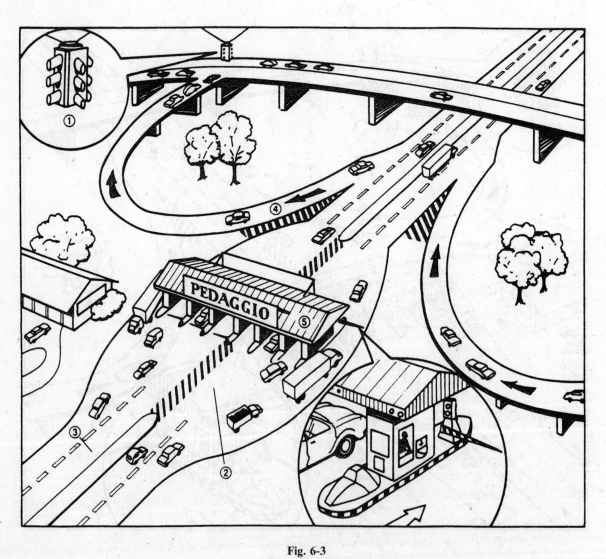

Fig. 6-3

   4. senso unico
   5. casello autostradale
   6. andare a piedi
   7. quando tutti smettono di lavorare alla stessa ora e vanno a casa

6. Match.
   1. ciò che si deve pagare per l'uso dell'autostrada   (*a*) il semaforo
   2. la luce che indica se le automobili devono fermarsi o proseguire   (*b*) il casello
   3. una strada sulla quale le automobili non possono andare in tutte   autostradale
      e due le direzioni   (*c*) il pedaggio
   4. dove s'incontrano due strade   (*d*) l'ora di punta
   5. dove si paga sull'autostrada   (*e*) senso unico
   6. il periodo di tempo quando c'è molto traffico   (*f*) l'angolo
   7. non giri né a destra né a sinistra   (*g*) vada dritto

7. Complete.
   1. Desidero andare all'incrocio di Via Salaria _____ Via Tirso.
   2. Via Poggio Moiano è _____ tre isolati da qui.
   3. Il paese di Monsano è _____ tre chilometri da qui.
   4. Lei deve prendere l'autostrada _____ Ancona.
   5. Il paese di Monsano sta sull'autostrada _____ Ancona.

Key Words

anche	also	*il pedaggio*	toll
andare a piedi	to walk	*perduto(a)*	lost
l'angolo	corner	*perso(a)*	lost
l'autobus	bus	*più oltre*	farther on
l'autostrada a pedaggio	turnpike	*prendere*	to take
l'autostrada normale	freeway	*scendere*	to get off
camminare	to walk	*seguire (segua [Lei])*	to follow
il casello autostradale	tollbooth	*il semaforo*	traffic light
cercare	to look for	*senso unico*	one-way
la corsia	lane	*a sinistra*	to the left
a destra	to the right	*smettere*	to stop
direzione unica	one-way	*la strada*	street, road
dritto	straight	*tornare indietro*	to turn around
la fermata	stop	*il traffico*	traffic
girare	to turn	*il transito*	transit, traffic
l'incrocio	intersection, crossing	*trovare*	to find
invece	instead	*trovarsi*	to find oneself, to be
l'isolato	block	*l'uscita*	exit
lontano	far	*la via*	street
l'ora di punta	rush hour	*il viale*	avenue
il paese	village	*vicino*	near
il pagamento	payment	*una volta qui*	once here
pagare	to pay	*voltarsi*	to turn around

Chapter 7:   Making a telephone call
Capitolo 7:   Fare una telefonata

MAKING A LOCAL CALL (Fig. 7-1)

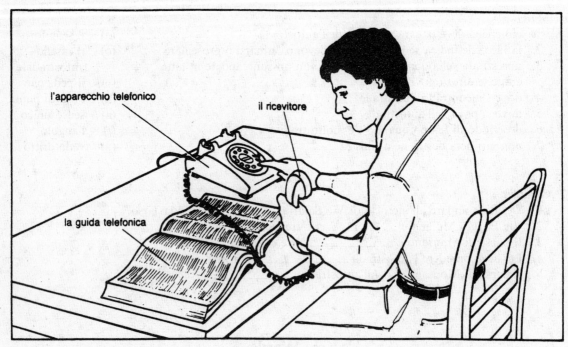

l'apparecchio telefonico

il ricevitore

la guida telefonica

Fig. 7-1

Voglio fare *una telefonata*.	telephone call
Non so *il numero* (del telefono).	number
Devo consultare la (devo guardare sulla) *guida telefonica (la guida degli abbonati al telefono)*.	telephone book, directory
Posso *fare il numero* direttamente?	dial
Per *una telefonata urbana (locale)*, Lei può fare il numero direttamente.	local call
Benissimo. *Stacco il ricevitore*.	I pick up the receiver.
Poi aspetto *il segnale di linea libera*.	dial tone
Sta *suonando (squillando)*.	ringing

1. Complete.

Il signor Goretti vuole fare una _____. Vuole chiamare un suo amico, ma non sa il
_____ (1) del telefono. Deve consultare la _____ (3) _____. Ecco il
(2)
numero. È 88-05-18. Poiché l'amico abita nella medesima città, il signor Goretti fa una telefonata
_____ (4). Poiché è una _____ (5) _____, lui può _____
_____ (6) _____ direttamente. Il signor Goretti _____ (7) il ricevitore.
Aspetta _____ _____ _____ (8),
poi fa il numero. È fortunato. Sta suonando.

MAKING A LONG-DISTANCE CALL

Vorrei fare *una telefonata interurbana.*	long-distance call
Per fare una telefonata interurbana, devo chiamare *il (la)* *telefonista (centralinista).*	operator
Vorrei fare *una telefonata con preavviso.*	person-to-person call
Non voglio pagare. Desidero fare *una telefonata a carico del destinatario.*	collect call
Dica!	
Voglio telefonare a Bologna.	
Può *mettermi in comunicazione con* il numero 52-07-66?	connect me, put me through to
Ha Lei *il prefisso?*	area code
Sì. È 51.	
Un momento, per favore. *Resti in linea (non attacchi).*	hold on, don't hang up

2. Complete.

1. Non faccio una telefonata urbana. Devo fare una telefonata _____.
2. Non posso fare il numero direttamente. Devo chiamare _____ _____.
3. Per fare una telefonata interurbana, è necessario sapere il numero ed anche _____ _____.
4. Non voglio pagare per la telefonata. Faccio una telefonata _____ _____ _____ _____.
5. Desidero parlare solamente con il signor Angeletti. Faccio una telefonata _____ _____.
6. —Signorina (signore), per favore, mi può _____ _____ _____ il numero 52-07-66?
7. —Questa è una telefonata interurbana. Ha Lei _____ _____?

USING A PUBLIC TELEPHONE (Fig. 7-2)

Dov'è *una cabina telefonica?*	telephone booth
Lei deve avere *un gettone.*	token
Questo è quello che deve fare:	
1. *Stacchi il ricevitore.*	pick up the receiver
2. Metta (depositi) il gettone nella *fessura per gettone.*	slot
3. Aspetti *il segnale di linea libera.*	dial tone
4. *Faccia il numero.*	dial the number
5. Aspetti *la risposta.*	answer
6. *Spinga il bottone.*	push the button
7. Incominci a parlare.	

3. Complete.

Allora, amici: Sono qui in una cabina _____. È la prima volta che faccio una
_____ da un _____ pubblico. Cosa devo fare? Ah, sì! Qui ho
il _____. Però, dove lo metto? Ah, sì! lì c'è una _____ _____
_____ _____. Metto il _____ nella _____. Però, prima
devo _____ il ricevitore. Molto bene. _____ il ricevitore, _____
il gettone nella _____ _____ _____ ed aspetto

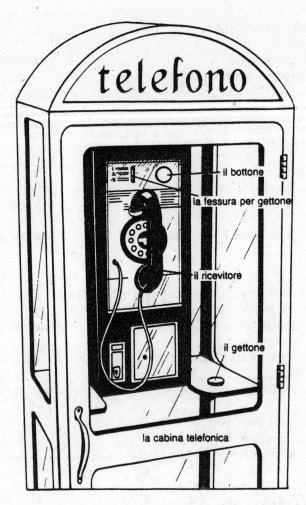

il bottone

la fessura per gettone

il ricevitore

il gettone

la cabina telefonica

Fig. 7-2

_____ _____ _____ _____ _____. Eccolo.
                                    12

    Poi faccio il _____.
                        13

       Se qualcuno risponde, spingo il _____ ed incomincio a parlare.
                                                 14

SPEAKING ON THE TELEPHONE

— Pronto!
— C'è il signor Schiavoni, per piacere?
— *Chi parla*, per favore?   who's calling?
— Qui parla la signora Filipponi.
— Un momento, per favore, *vado a vedere*.   I'll go see
  No, signora, il signor Schiavoni *non è in casa*.   he is not at home
— Posso lasciargli *un messaggio*?   message
— Sì, signora, naturalmente.

  4. Use the following as a guide to make up your own telephone conversation.

    —Pronto!

    —_____! _____ _____ _____ _____ , per
          1   2
piacere?

—_____ _____, per favore?
        3

—_____ _____ _____ _____ _____.
                                                    4

—Un _____ per favore, _____ _____ _____.
          5   6

—No, _____ _____ _____.
                                        7

—Posso lasciargli un _____?
                            8

SOME THINGS THAT MAY GO WRONG

Non c'è il segnale di linea libera.   There's no dial tone.
Il telefono *non funziona (è guasto, è fuori servizio).*   doesn't work, is broken, is out of
                                                          service (out of order)

Ho *un numero sbagliato.*   wrong number
La linea è occupata.   It's busy.
Si è interrotta la linea.   We were cut off.
Proverò a richiamare più tardi (chiamare di nuovo).   I'll try to call back later.
Scusi. Lei sta parlando con *il centralino.*   switchboard
Ha *il numero interno,* per favore?   extension
La *scheda telefonica* non funziona.   phone card
Il *numero verde* non risponde.   toll-free number

5. Complete.
   1. Non posso fare il numero. Non c'è _____ _____ _____

      _____ _____.

   2. Penso che il telefono _____ _____.

   3. La linea non è libera, è _____.

   4. —No, il signor Galdi non abita qui.
      —Mi scusi. Ho il _____ _____.

   5. Non risponde nessuno. _____ a richiamare _____ _____.

   6. Stavamo parlando, poi all'improvviso _____ _____ _____

      _____ _____.

   7. —La signorina Luciani? Sì, lavora qui, però Lei sta parlando con il _____. Ha il

      _____?

La signora Agostinelli fa una telefonata interurbana. Non deve consultare la guida telefonica, poiché lei già sa il numero della sua amica. Ha anche il prefisso. Poiché non è una telefonata urbana, la signora Agostinelli deve chiamare la telefonista. La signora stacca il ricevitore, aspetta il segnale di linea libera e fa zero. La telefonista risponde:
—Dica!
—Signorina, mi può mettere in comunicazione con 34-88-57, per favore? Il prefisso è 42.
—Un momento, signora. Non attacchi, per favore.... Mi dispiace, signora, ma la linea è occupata.
—Sì, lo so. Sento il segnale che fa occupato. Grazie, signorina. Proverò a richiamare più tardi.

Cinque minuti più tardi, la signora prova a chiamare di nuovo. Ancora una volta stacca il ricevitore, aspetta il segnale di linea libera, fa zero e dà al telefonista il prefisso ed il numero che desidera. Che fortuna! Sta squillando.
—Mi dispiace, signora—dice il telefonista.—Non risponde nessuno.
—Ahimè! Cinque minuti fa la linea era occupata ed ora non c'è nessuno.

Un'ora più tardi la signora prova di nuovo. Qualcuno risponde e la signora comincia a parlare. È incredibile! Il telefonista le ha dato un numero sbagliato. Di nuovo la signora fa zero e spiega il suo problema alla telefonista, la quale la mette in comunicazione con il numero che desidera. Il telefono suona e qualcuno risponde. È la sua amica.

—Pronto!

—Pronto, Adriana!

—Marisa, come stai?

E poi niente. Silenzio completo ed un'altra volta il segnale della linea libera. Lo loro breve conversazione è stata interrotta. Sembra che la signora Agostinelli non parlerà mai con la sua amica.

6. Write in Italian. Mrs. Agostinelli had four problems with the phone call. What were they?

1.

2.

3.

4.

7. Put the following in the proper order for making a phone call.

1. Staccare il ricevitore
2. Attaccare il ricevitore
3. Fare il numero
4. Cercare il numero desiderato sulla guida telefonica
5. Aspettare il segnale di linea libera
6. Aspettare una risposta
7. Fare una conversazione

8. Complete.

1. Non c'è la linea libera. Il telefono _____ _____.
2. Qualcuno sta parlando al telefono. La linea è _____.
3. Devo dare il numero interno. Sto parlando con il _____.
4. La persona con la quale desidero parlare non c'è. Posso lasciare un _____.
5. La persona con la quale desidero parlare non abita qui. Ho il _____ _____.

9. Answer on the basis of the story.

1. Che tipo di telefonata fa la signora?
2. Perché non deve guardare sulla guida telefonica?
3. Che altro sa la signora?
4. Perché non può fare il numero direttamente?
5. Cosa stacca la signora?
6. Cosa aspetta?
7. Che numero fa?
8. Chi risponde?
9. Con che numero desidera mettersi in comunicazione la signora Agostinelli?
10. Qual è il prefisso?
11. Perché la signora Agostinelli non può parlare con la sua amica?
12. Perché non può parlare la seconda volta che chiama?
13. La terza volta che telefona, risponde qualcuno?
14. È la sua amica?
15. Cosa le ha dato il telefonista?
16. La quarta volta, risponde la sua amica?
17. Parlano le due amiche?
18. Perché non possono terminare la conversazione?

CELLULAR PHONES

Marco ha appena *acquistato* un nuovo *telefonino* (cellulare).   bought; cellular phone

Ha un modem *integrato* che permette la *trasmissione di dati/fax*.   built-in; data/fax transmission

Il display è ad *alta risoluzione*.	high resolution
Può essere *collegato* ad un PC.	connected
Il *WAP* (Wireless Application Protocol) permette di *accedere* all'Internet senza l'*ausilio* di un PC.	access help
Il PIN o codice di sicurezza (Personal Identification Number) *protegge* il cellulare dall'uso *non autorizzato*.	protects; unauthorized
Invece di *suonare*, il telefonino *vibra* in modo discreto e silenzioso.	ring; vibrates
Il telefonino funziona con una *scheda Sim* (Modulo Identificazione Utente).	Sim card; smart card
Ha anche una *sveglia* ed un *convertivaluta*.	alarm; currency converter

10. Complete.

1. Marco è contento di avere _____ il nuovo telefonino.
2. Il telefonino gli permette di trasmettere dati e fax attraverso il _____ _____.
3. Ha un bel display _____ _____ _____ e si può _____ al PC.
4. Con il WAP, si può anche _____ all'Internet.
5. Marco deve ricordare il codice segreto che blocca l'uso _____ _____.
6. Adesso non deve preoccuparsi di spegnerlo, perché _____ invece di suonare.
7. Quando viaggia, può convertire la valuta con il _____.

Key Words

abitare to live, to reside	*è guasto* is broken
accedere to access	*è incredibile* it's incredible
acquistare to buy	*fare i numero* to dial
ahimè! alas	*fare una chiamata* to make a call
l'alta risoluzione high resolution	*fare una telefonata* to make a phone call
attaccare to hang up	*la fessura per gettone* slot
aumentare to increase	*fuori servizio* out of order
l'ausilio help	*il gettone* token
il bottone button	*la guida telefonica* phone book, directory
brevemente briefly	*all'improvviso* suddenly
la cabina telefonica telephone booth	*integrato* built-in
il (la) centralinista telephone operator	*interrompere la linea* to cut off (telephone)
il centralino switchboard	*la linea* line
che fortuna! what luck!	*medesimo(a)* same
chiamare al telefono to call on the phone, to telephone	*il messaggio* message
la chiamata telefonica telephone call	*mettere in comunicazione con* to put through to, to connect
chi parla? who's calling?	*non autorizzato* unauthorized
collegare to connect	*non funziona* doesn't work
depositare to deposit	*il numero del telefono* telephone number
diminuire to decrease	*il numero interno* extension
di nuovo again	*il numero sbagliato* wrong number
direttamente directly	*il numero verde* toll-free number

nuovamente   again
occupato   busy
più tardi   later
il prefisso   area code
proteggere   to protect
provare   to try
resti in linea   hold on, don't hang up
riattaccare   to hang up
non riattacchi   hold on, don't hang up
il ricevitore   receiver (of telephone)
richiamare   to call again
la risposta   answer
la scheda Sim   Sim card
la scheda telefonica   phone card
il segnale di linea libera   dial tone
il segnale di linea occupata   busy signal
solamente   only

spingere   to push
squillare   to ring
staccare   to pick up (receiver)
suonare   to ring
telefonare   to telephone
la telefonata a carico del destinatario   collect call
la telefonata con preavviso   person-to-person call
la telefonata interurbana   long-distance call, toll call
la telefonata urbana (locale)   local call
il (la) telefonista   telephone operator
il telefono   telephone
la trasmissione di dati/fax   data/fax transmission
vibrare   to vibrate

Chapter 8: At the hotel
Capitolo 8: In albergo

CHECKING IN (Figs. 8-1 and 8-2)

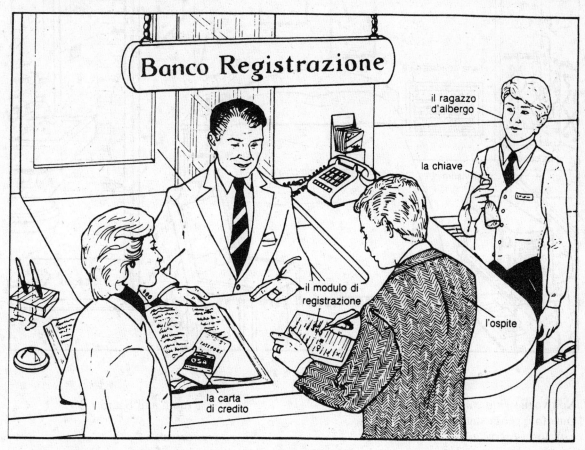

Fig. 8-1

Il signore è al *banco registrazione (reception)*. — registration counter
Parla *l'ospite:* — guest
Vorrei una camera a un letto (camera singola). — I would like a single room
    una camera doppia. — double room
Vorrei *una stanza a due letti.* — room; twin beds
    con *letto matrimoniale.* — double bed
Preferisco *una camera che dia sul mare.* — a room with a sea view
    sull'*interno.* — courtyard
    sulla strada. — faces the street
    sulla *piscina.* — swimming pool
Ha la stanza *l'aria condizionata?* — air conditioning
    il riscaldamento? — heating
    la radio?
    il balcone?
    il televisore?
    un bagno privato? — private bath
    la doccia? — shower

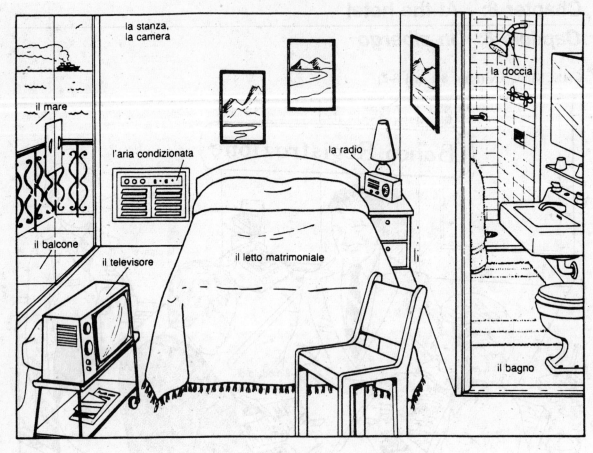

Fig. 8-2

Non voglio *vitto e alloggio*.	room and board
Quanto è per la stanza?	
È incluso *il servizio?*	service
È inclusa *la prima colazione?*	breakfast
Sono incluse *le tasse?*	taxes
Ci tratterremo fino al giorno....	we will stay
Abbiamo *una prenotazione*.	reservation
Ecco la nostra *conferma*.	confirmation
Parla *l'impiegato (il receptionist)*.	desk clerk
L'albergo non è *al completo (pieno)*.	full
Abbiamo camere (stanze) *disponibili (libere)*.	available
Mi può far vedere il suo passaporto?	
Faccia il favore di *completare questo modulo di registrazione*.	complete this registration form
Pagherà con *una carta di credito?*	credit card
Il ragazzo d'albergo può portare le valige.	bellhop
Quando partiranno, facciano il favore di lasciare *le chiavi* in *portineria*.	keys doorman's station

1. Complete.

1. Una camera _____ _____ _____ è per una persona sola-mente.

2. Una stanza per due persone è una _____ _____.

3. Una stanza _____ può avere due _____ o un letto _____.

4. C'è più rumore in una stanza che dà sulla _____ che in una camera che dà sull'_____.

5. Poiché l'albergo è sul lido, desidero una stanza che dia sul _____.

6. Non voglio mangiare in albergo. Così non voglio il _____.

7. Il _____, la _____ _____ e le _____ sono incluse nel prezzo della stanza.

8. D'estate desidero sempre l'_____ _____ e d'inverno sempre desidero il _____.

9. So che costa di più, ma sempre chiedo una stanza con _____ _____ privato.

10. Feci una _____ per la camera ed ecco la _____.

11. L'_____ lavora al banco registrazione (reception).

12. Se l'albergo è al _____ , non ci sono camere _____.

13. Al banco registrazione l'ospite deve completare un _____. Molte volte, se si trova in un paese straniero, deve mostrare all'impiegato il _____.

14. Il _____ _____ porta in camera le valige.

15. Molta gente preferisce pagare con una _____ _____ _____.

2. Complete.

Al banco registrazione (reception) dell'albergo
—Buon giorno, signore.

—Buon giorno. Ha una _____ doppia?
                        1
—Ha Lei una _____ ?
              2
—No, non l'ho fatta.

—Vediamo allora. L'albergo è quasi _____ _____, però abbiamo tre camere
                                              3
doppie _____. Preferisce una stanza a _____ _____ o una con
          4   5
letto _____?
       6
—_____ _____ _____ , per piacere. La stanza dà sulla strada o
                            7
nell'_____?
       8
—Le uniche stanze doppie che mi rimangono _____ _____ strada.
                                                        9
—Va bene. Quanto è per la _____?
                              10
—Sessanta euro al giorno.

—È incluso il _____?
                11
—Sì, il _____ e le _____ sono inclusi, ma la prima colazione, no.
          12   13
—Va bene.

—Fino a quando si tratterranno?

—Ci tratteremo fino al _____. Mi scusi, ma poiché durante questi giorni sta facendo
                          14
molto caldo, vorrei sapere se nella stanza c'è _____ _____.
                                                            15
—Sì, signore. Ha anche un _____ privato.
                            16
—Molto bene.

—Allora, faccia il favore di _____ questo modulo e _____ qui. Mi può
                                17   18
mostrare il suo _____?
                  19

—Eccolo.

—Grazie. Il _____ _____ può portare le valige.
                           20

—Grazie.

—Prego.

SPEAKING WITH THE MAID (Fig. 8-3)

Fig. 8-3

la cameriera	maid
Avanti! (Entri!)	come in
Ha *servizio guardaroba?*	laundry service
Mi può *lavare* e *stirare....*	wash; iron
Desidero che mi *puliscano a secco....*	dry-clean
Per quando sarà *pronto (pronta)?*	by when; ready
Se Lei lo (la) desidera per oggi, dève pagare *un supplemento.*	additional charge
Può *pulire (rimettere in ordine)* la stanza (camera) adesso?	clean (tidy up)
Ho bisogno di un altro *guanciale.*	I need; pillow
un'altra *coperta.*	blanket
un'altro *asciugamano.*	towel

Ho bisogno di *un lenzuolo da bagno.*   bath towel
         un altro *sapone (una saponetta).*   soap (a bar of soap)
         altre *stampelle (grucce).*   hangers
         carta igienica.   toilet paper
Dov'è *la presa* per *il rasoio elettrico?*   outlet; electric razor
            l'asciugacapelli?   hair dryer
Qual è *il voltaggio* qui?   voltage

3. Complete.
    1. Desidero che ci puliscano la camera. Chiamerò la _____.
    2. Ho molti indumenti sporchi. Guardo se hanno servizio _____.
    3. Signora, mi possono _____ e _____ questa camicia?
    4. Mi possono _____ _____ _____ questa sottana?
    5. Non posso usare il rasoio elettrico perché non so dov'è la _____.
    6. La notte scorsa faceva freddo. Desidero un'altra _____ sul letto.
    7. Un asciugamano grande è un _____ _____.
    8. Voglio fare una doccia, però non c'è _____.
    9. Io ho sempre molti vestiti. Negli alberghi non ci sono mai abbastanza _____ nell'armadio.
   10. Generalmente mettono un rotolo di _____ _____ in più nella stanza da bagno.

4. Identify each item in Fig. 8-4.

Fig. 8-4

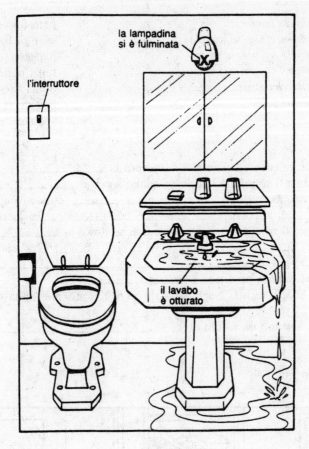

Fig. 8-5

SOME PROBLEMS YOU MAY HAVE (Fig. 8-5)

Il rubinetto non funziona.	faucet; doesn't work
la luce	light
il water	toilet
l'interruttore	light switch
La lampadina si è *fulminata.*	bulb; burned out
Il lavabo è *otturato.*	basin; clogged
Non c'è *l'acqua calda.*	hot water

5. Complete.
1. Ho acceso la luce ma la lampada non si è accesa. Credo che la _____ si sia fulminata o forse non funziona l'_____.
2. Ho aperto il _____ ma l'acqua non viene.
3. Il lavabo non si è vuotato (*empty*). Sarà _____.
4. Non posso farmi la doccia se non c'è l'acqua _____.

6. Identify each item in Fig. 8-6.

CHECKING OUT

All'*ufficio cassa*   cashier's office
Parla l'ospite:
A che ora dobbiamo *lasciar libera* la camera?   vacate

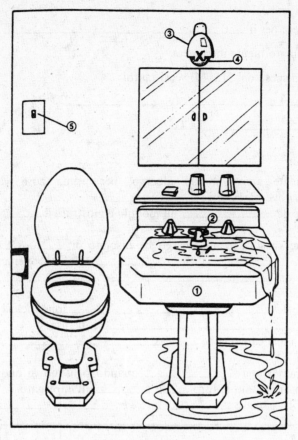

Fig. 8-6

Ha *il conto* per la stanza 215?	bill
Questa *spesa per il servizio in camera* non è mia.	room-service charge
Accetta *le carte di credito?*	credit cards
Parla *il cassiere:*	cashier
Ha qualche *addebito* questa mattina?	charge
Ha fatto qualche *telefonata?*	phone call
Ecco il totale.	

7. Complete.

   All'ufficio cassa dell'albergo

   —Ha il _____ per la camera 215, per favore?
                1

   —Qual è il nome, per piacere?

   _____
      2

   —Ha degli _____ questa mattina?
              3

   —No, nessuno. Ho pagato la prima colazione.

   —Ha fatto nessuna _____ questa mattina?
                  4

   —No.

   —Benissimo. Ecco il _____. Il _____ è di 65 euro.
                      5   6

—Scusi, ma questa spesa per il _____ _____ _____ non può essere

                                      7

mia. Io non ho ordinato niente in camera.

—Ah! Mi scusi! È una spesa del 315. Mi scusi tanto!

—Accetta _____ _____ _____?

                           8

—Sì, signore. Quale _____ ha Lei?

                   9

8. Complete.

1. Quando un cliente arriva in un albergo, per prima cosa va al _____ _____ dove parla con l'_____.

2. Generalmente c'è da _____ un modulo e mostrare il _____ all'impiegato (al receptionist).

3. Una persona che va sola in un albergo ha bisogno di _____ _____ _____ _____. Se due persone viaggiano insieme, hanno bisogno di _____ _____ _____ _____.

4. In molti alberghi, il _____ e le _____ sono inclusi nel prezzo della stanza. A volte anche la _____ _____ è inclusa.

5. C'è più rumore in una camera che _____ _____ strada che in una stanza _____.

6. Molte persone fanno una _____ quando pensano di andare in un albergo. Poi quando arrivano, mostrano la loro _____ all'impiegato.

7. Se l'albergo non ha camere _____, è _____ _____.

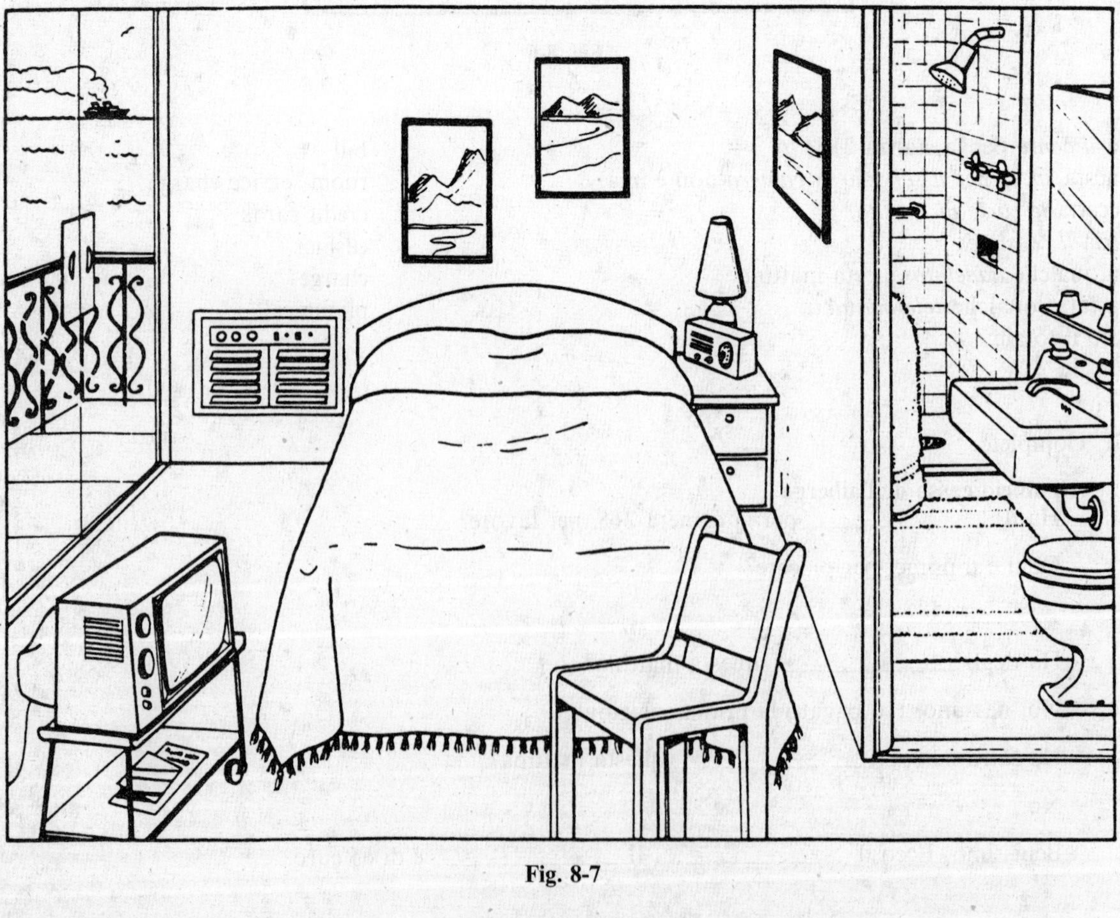

Fig. 8-7

8. Il _____ _____ aiuta gli ospiti a portare le loro valige in camera.

9. La _____ pulisce le camere nell'albergo.

10. Alcune cose necessarie nella stanza da bagno sono gli _____, il _____ e la _____ _____.

11. D'inverno quasi tutti gli alberghi hanno _____ e d'estate molti hanno l'_____ _____.

12. Se un ospite ha freddo quando dorme, vuole una _____ in più da mettere sul _____.

13. È necessario avere _____ nell'armadio per appendere i vestiti.

14. Molti alberghi offrono alla loro clientela un _____ _____ per lavare e stirare i loro indumenti.

15. Se gli ospiti vogliono prendere qualcosa in camera, devono chiamare il _____ _____ _____.

16. In molti alberghi, gli ospiti che sono in partenza devono _____ _____ la stanza a mezzogiorno.

17. Quando gli ospiti arrivano in albergo, vanno al _____ _____ e quando partono vanno all'_____ _____.

18. Oggigiorno molta gente preferisce pagare il conto d'albergo con una _____ _____ _____.

9. Answer on the basis of Fig. 8-7.
　　1. Dà sulla strada la stanza?
　　2. Ha balcone?
　　3. Di che tipo è il letto nella stanza?
　　4. Di che tipo è la camera?

Fig. 8-8

5. Ha un bagno privato?
6. Cosa c'è nel bagno?
7. Cosa ha la camera nei mesi caldi?
8. E cosa ha durante i mesi invernali?

10. Look at Fig. 8-8 and correct each false statement.
    1. I signori sono all'ufficio cassa.
    2. Loro partono dall'albergo.
    3. Loro parlano con il ragazzo d'albergo.
    4. La signora sta completando un modulo.
    5. L'impiegato (il receptionist) ha la chiave della stanza.
    6. Il signore ha una carta di credito in mano.

11. Answer on the basis of Fig. 8-9.
    1. Che tipo di camera è?
    2. Cosa c'è sul letto?
    3. Chi sta lavorando nella camera?
    4. Cosa fa lei?
    5. Cosa c'è nell'armadio?
    6. Il lavabo è in camera o nel bagno?
    7. C'è una doccia nel bagno?
    8. Quanti asciugamani ci sono?
    9. Quanti rotoli di carta igienica ci sono?

Fig. 8-9

Key Words

l'acqua calda   hot water
l'addebito   charge
appendere   to hang
l'aria condizionata   air conditioning
l'asciugacapelli   hair dryer
l'asciugamano   towel
avanti!   come in!
il bagno   bathroom, bath
il bagno privato   private bath
il balcone   balcony
il banco registrazione   registration counter
aver bisogno   to need
la camera   room
la camera a un letto   single room
la camera a due letti   room with two beds
la camera doppia   double room
la camera singola   single room
la cameriera   maid
la carta di credito   credit card
la carta igienica   toilet paper
il cassiere   cashier
completare   to fill out, to complete
al completo   full
la conferma   confirmation of a reservation
il conto   bill
la coperta   blanket
disponibile   available
la doccia   shower
firmare   to sign
fulminato(a)   burned out
la gruccia   hanger
il guanciale   pillow
l'impiegato (receptionist)   desk clerk
gli indumenti   clothes
l'interno   inside, interior
l'interruttore   light switch
la lampadina   light bulb
lasciar libero(a)   to vacate
il lavabo   basin
lavare   to wash
il lenzuolo da bagno   bath towel
il letto   bed
il letto matrimoniale   double bed
libero(a)   available
il lido   shore, beach

la luce   light
il mare   sea
il modulo di registrazione   registration form
necessario   necessary
l'ospite   guest
otturato(a)   clogged
per quando?   by when?
pieno(a)   full
la piscina   swimming pool
la portineria   doorman's station
la prenotazione   reservation
la presa   outlet
la prima colazione   breakfast
pronto(a)   ready
pulire   to clean
pulire a secco   to dry-clean
il ragazzo d'albergo   bellhop
il rasoio elettrico   electric razor
il (la) receptionist   receptionist, clerk at the reception desk
rimettere in ordine   to tidy up
il riscaldamento   heating
il rubinetto   faucet
il sapone   soap
la saponetta   bar of soap
il servizio   service
il servizio di camera   room service
il servizio guardaroba   laundry service
la spesa   charge, expense
la stampella   hanger
la stanza   room
stirare   to iron
la strada   street
il supplemento   additional charge
le tasse   taxes
la telefonata   phone call
il televisore   television set
il totale   total
trattenersi   to remain, to stay
l'ufficio cassa   cashier's office
i vestiti   dresses, suits, clothes
il vitto e alloggio   room and board
il voltaggio   voltage
il water   toilet

Chapter 9: At the bank
Capitolo 9: Alla banca

EXCHANGING MONEY (Fig. 9-1)

Fig. 9-1

Dov'è *la banca?*	bank
Dov'è *un ufficio di cambio?*[1]	exchange bureau
Ho bisogno di *denaro* italiano.	money
Desidero *cambiare* cento dollari.	exchange
Desidero cambiare cento dollari in euro.	
Ha Lei *assegni turistici* o *denaro liquido (denaro in contanti)?*	traveler's checks cash
Qual è *il cambio* di oggi?	rate of exchange
È di 1.1086 *euro al dollaro.*	1.1086 euros to the dollar
Che *commissione fanno pagare?*	commission; they charge
Lei può passare alla *cassa.*	cashier's window

---

[1] In many large cities in Italy, you may change your dollars or traveler's checks into euros at the bank or at the exchange bureau. Generally, exchange bureaus are not available in small towns.

1. Complete.

Il signor Marani è in Italia e non ha _____ italiano. Desidera cambiare cento
                                          1
dollari _____ euro. Non vuole cambiare il denaro in albergo perché negli alberghi
              2
fanno pagare una _____ più alta. Lui vuole cambiarlo all'ufficio di _____
                        3   4
perché sa che all'_____ di cambio fanno pagare meno.
                        5

2. Complete.

—Desidero _____ cento dollari, per favore.
                  1

—Sì, signore.

—Qual è il cambio di oggi?

—Ha Lei _____ _____ o denaro liquido?
                            2

—Assegni turistici.

—Oggi è di 1.1086 euro _____ dollaro.
                              3

—Benissimo.

—Ha Lei il passaporto, per favore?

—Sì, signore, eccolo.

—Può passare alla _____ dove le daranno il denaro.
                          4

MAKING CHANGE

Ho pagato *il conto in contanti*.	bill; in cash
Non ho più *denaro liquido*.	cash
Devo *cambiare un assegno*.	to cash a check
Ho solamente *biglietti di grosso taglio*.	bills of high denomination (big bills)
Mi può *cambiare* questo biglietto da 20 euro?	change
Non ho *il cambio (gli spiccioli)*.	change, coins
Mi può cambiare questo biglietto da 5 euro?	
questa *moneta* da 50 centesimi?	coin

3. Complete.

La signora Calvi non pagò il conto con un assegno. Lo pagò _____
                                                                        1
_____. Adesso non ha abbastanza _____ _____. La signora
                                                              2
deve andare alla banca a _____ _____ _____.
                                              3

4. Complete.

Scusi, giovanotto. Non ho il _____. Mi può cambiare questo _____ da 5
                                  1   2
_____?
      3

5. Complete.

In banca

—Desidero cambiare un assegno turistico, per favore.

—Sì, signore. È in euro l'assegno?

—No, è in _____.
                    1
—Ma non le posso dare dollari.

—Lo so. Desidero cambiarlo in euro. Qual è il _____?
                                                          2
—1.1086 euro _____ dollaro.
                      3
—Va bene.

—Allora, può passare alla _____.
                                    4
Alla _____.
              5
—Sono 50 euro. Ecco cinque _____ da 10 euro.
                                        6
—Scusi, mi può _____ un _____ da dieci euro? Ho bisogno di alcuni biglietti
                          7   8
di piccolo taglio.

—Ecco dieci _____ da un euro.
                    9
—Mi scusi ancora. Non ho _____. Mi può cambiare due _____ da un euro,
                                  10   11
per favore?

—Ecco quattro _____ da cinquanta euro.
                      12
—Grazie infinite. Lei è molto gentile.

Fig. 9-2

A SAVINGS ACCOUNT (Fig. 9-2)

Vorrei *aprire un libretto di risparmio*.	open a savings account
Vorrei *fare un deposito*.	make a deposit
Vorrei *depositare* cento dollari.	to deposit
Non voglio *ritirare* il denaro dal mio libretto di risparmio.	take out, withdraw
Lì vedo *l'iscrizione* «Risparmi».	sign, inscription
Vado allo *sportello*.	window
Do il mio *libretto* al *cassiere*.	bankbook (passbook); teller

6. Complete.

A me piace risparmiare denaro. Ho un _____ _____ _____
                                                                    1
alla banca. Domani depositerò cento _____ sul mio conto. Cercherò di fare un
                                                  2
_____ al mese. In banca vado allo _____ con l'iscrizione «Risparmi». Do
        3   4
il _____ al cassiere. È evidente che mi piace _____, ma non mi piace
       5   6
_____ denaro dal mio libretto di risparmi.
        7

A CHECKING ACCOUNT (Fig. 9-3)

Ho *un conto corrente* in banca.	checking account
Voglio *cambiare* un assegno.	cash

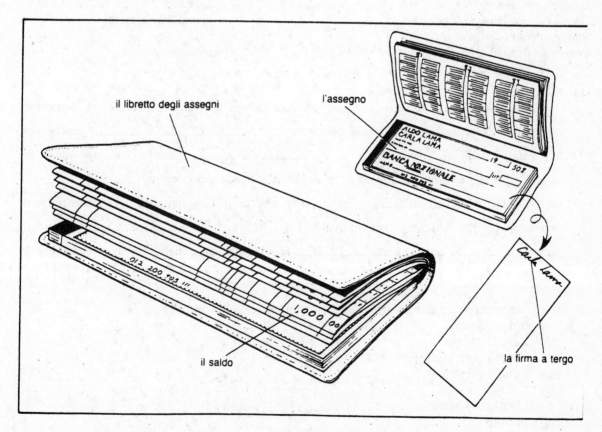

il libretto degli assegni   l'assegno

il saldo   la firma a tergo

Fig. 9-3

Devo *firmare a tergo* l'assegno prima di cambiarlo.   endorse
Non ho più assegni. Ho bisogno di un altro *libretto degli*   checkbook
  assegni.
Qual è *il saldo* del mio conto?   balance

7. Complete.
1. Mi sono rimasti duecento dollari nel mio conto corrente. Ho un _____ di duecento dollari.
2. Ahimè! Non ho più assegni. Ho bisogno di un altro _____ _____ _____.
3. Mi può _____ questo assegno? Sì, signore. Però solo se Lei ha un _____ _____ in questa banca.
4. Se voglio cambiare un assegno, lo devo prima _____ _____ _____.
5. Non voglio pagare con denaro liquido. Pago con un _____.

GETTING A LOAN

Non posso pagarlo *in contanti*.   in cash, all at once
Non lo voglio comprare *a rate*.   in installments
prendere un prestito   to borrow
Do *un anticipo (una caparra)* di cinquecento dollari.   down payment
Di quanto è *il tasso d'interesse?*   interest rate
È del 18 *per cento*.   percent
Dovrò fare *pagamenti mensili*.   monthly payments
Qual è *la data di scadenza?*   due date
Comprerò una casa. Ho bisogno di *un'ipoteca*.   mortgage

8. Complete.
La signorina Moretti vuole comprare un'automobile. La macchina le costerà dodicimila dollari. La signorina Moretti la vuole comprare _____ , _____ perché non ha denaro sufficiente per pagarla _____ _____. Lei può dare un _____ di mille dollari, ma deve andare alla banca a chiedere un _____ per pagare gli altri undicimila dollari. Ci sono due cose importanti che la signorina deve sapere prima di prendere il prestito. Lei deve sapere di quanto è il _____ e di quanto saranno i _____ _____. L'impiegato della banca le dice anche che la _____ _____ _____ di ogni pagamento sarà il primo di ogni mese.

9. Select the appropriate word(s) from the list to complete each item below.
(*a*) firmare a tergo
(*b*) assegni turistici
(*c*) libretto degli assegni
(*d*) cambio del giorno
(*e*) tasso d'interesse
(*f*) libretto di risparmi
(*g*) prestito
(*h*) pagamento mensile

(*i*) data di scadenza
(*j*) denaro liquido (in contanti)
(*k*) moneta spicciola
(*l*) assegno
(*m*) per cento
(*n*) biglietto (banconota)
(*o*) libretto
(*p*) a rate
(*q*) saldo
(*r*) in contanti
(*s*) conto corrente

1. Lei va a fare un viaggio e non vuole portare con sé molto denaro liquido. Lei allora compra degli _____ _____.
2. Lei non vuole pagare in contanti. Preferisce pagare con un _____.
3. Per pagare con un assegno, è necessario avere un _____ _____ in banca.
4. Se Lei non ha _____ , deve cambiare un biglietto (una banconota).
5. Prima di cambiare un assegno, Lei lo deve _____ _____ _____.
6. Prima di cambiare del denaro, Lei deve essere al corrente del _____ _____ _____.
7. Se Lei non ha abbastanza denaro per comprare qualche cosa di cui ha bisogno, deve chiedere un _____ alla banca.
8. Si deve fare il pagamento il giorno della _____ _____ _____.
9. Non lo pagai in contanti, lo pagai _____ _____.
10. Non posso pagare con un assegno perché non ho il _____ _____ _____ con me.
11. Per ritirare o depositare del denaro in banca, si deve dare il _____ alla cassiera.
12. A me piace risparmiare denaro. Ho un _____ _____ _____.
13. Non so quanto mi è rimasto nel mio conto. Non ne so il _____.

10. Complete each item with an appropriate verb.
1. Ho bisogno di denaro italiano. Vado a _____ un assegno turistico.
2. Ho del denaro di cui non ho bisogno. Lo vado a _____ nel mio libretto di risparmi.
3. Voglio _____ un assegno.
4. Prima di cambiarlo, lo devo _____ a tergo.
5. Desidero _____ questa banconota da cento dollari.
6. Per comprarlo vado a _____ un prestito.
7. So che loro mi faranno _____ una commissione.
8. Lo vado a _____ a rate.
9. Per primo devo _____ una caparra.
10. Poi devo _____ pagamenti mensili.

11. Complete.
1. Il cambio di oggi è _____ 0,9 euro _____ _____ dollaro.
2. Qual è il cambio? 0,9 euro _____ _____ dollaro.
3. Il tasso d'interesse è _____ 18 _____ cento.
4. Desidero cambiare dollari _____ euro.
5. Lui pagò _____ contanti. Io invece pagai _____ rate.

USING ATM MACHINES

Scusi, mi sa dire dov'è il *Bancomat* più vicino?	ATM machine
Ormai i Bancomat sono dappertutto e sono molto *comodi*.	convenient
Per usarlo, bisogna avere la *carta bancaria*.	bank card
Bisogna inserire la carte e poi *digitare* il PIN (codice segreto).	enter
Al Bancomat si può *prelevare moneta contante* e *fare versamenti*.	withdraw cash; make deposits
Per motivi di sicurezza, il *titolare* (proprietario) della carta	owner
deve tenere segreto il PIN.	

12. Complete.
1. È molto _____ usare il Bancomat perché non devi andare in banca.
2. Al proprietario della carta viene assegnato un _____ che deve tenere segreto.
3. Quando hai bisogno di soldi, il Bancomat ti permette di _____ contanti.

Key Words

l'anticipo   down payment
aprire   to open
gli assegni turistici   traveler's checks
la banca   bank
il Bancomat   ATM machine
la banconota   bill, money
il biglietto   bill, money, banknote
i biglietti di grosso taglio   bills of high denominations (big bills)
i biglietti di piccolo taglio   bills of low denominations
cambiare   to exchange, to cash
cambiare un assegno   to cash a check
il cambio   rate of exchange; change, coins
la caparra   down payment
la carta bancaria   bank card
la cassa   cashier's window, cashier's counter
il (la) cassiere(a)   cashier, teller
la commissione   commission, charge
comodo   convenient
i contanti   cash
in contanti   in cash
il conto   bill, account
il conto corrente   checking account
dare   to give
la data di scadenza   due date
il denaro   money
il denaro in contanti   cash
il denaro liquido   cash
depositare   to deposit (money or funds into an account)
il deposito   deposit
digitare   to enter, to key in
essere al corrente   to be well-informed

far pagare   to charge
fare un deposito   to make a deposit
fare un versamento   to make a deposit
firmare a tergo   to endorse
l'interesse   interest
l'ipoteca   mortgage
l'iscrizione   sign, inscription
il libretto   passbook, bankbook
il libretto degli assegni   checkbook
il libretto di risparmio   savings account
meno   less
la moneta   coin
la moneta contante   cash
ottenere   to obtain
i pagamenti mensili   monthly payments
pagare   to pay
pagare a rate   to pay in installments
pagare in contanti   to pay cash, to pay in one lump sum
per cento   percent
il PIN (codice segreto)   PIN
prelevare   to withdraw
prendere   to get (e.g., a loan)
il prestito   loan
a rate   in installments
risparmiare   to save
ritirare   to take out, to withdraw
il saldo   balance
gli spiccioli   small change, coins
lo sportello   teller's window
il tasso d'interesse   interest rate
il titolare (proprietario)   owner
l'ufficio di cambio   exchange bureau
il versamento   deposit

Chapter 10: At the post office
Capitolo 10: All'ufficio postale

SENDING A LETTER (Fig. 10-1)

lo sportello

la cassetta postale

la cartolina

la lettera

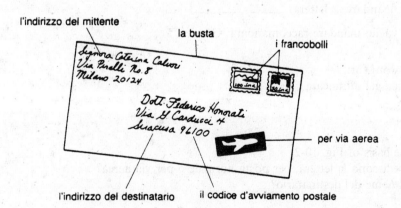

l'indirizzo del mittente

la busta

i francobolli

per via aerea

l'indirizzo del destinatario

il codice d'avviamento postale

Fig. 10-1

Voglio *spedire una lettera.*	send; letter
una cartolina.[1]	postcard
Non la posso *imbucare* nella *cassetta postale.*	drop; mailbox
Non ho *francobolli.*	stamps
Devo andare all'*ufficio postale.*	post office
Vado allo *sportello.*	window
Quanto è *l'affrancatura?*	postage
Per via aerea, 15 centesimi.	by airmail
Compro un francobollo da 10 centesimi ed uno da 5.	
La voglio spedire (mandare) *raccomandata (registrata).*	certified (registered) mail
Sulla busta devo mettere *l'indirizzo del destinatario.*	address of the recipient
Metto anche *l'indirizzo del mittente.*	address of the sender
il codice d'avviamento postale.	postal code
Voglio spedire una *lettera espresso.*	express letter

1. Complete.

    Voglio spedire questa lettera. Però non la posso imbucare nella _____ ₁

_____ . Dovrò andare all'_____ _____ per due motivi. Non so
                                        2

quanto è l'_____ e non ho _____ . Devo comprare i _____
                3   4   5

all' _____ _____ .
        6

2. Complete.

All' _____ **postale**.
         1

—Desidero mandare questa lettera in Sicilia. Quanto è l'_____ , per favore?
                                                         2

—La vuole spedire per posta normale o per _____ _____ ?
                                                   3

—Per via aerea.

—_____ _____ _____ per la Sicilia, l'_____ è di 15
                    4   5

centesimi.

—Benissimo. Mi dia, per favore, un _____ da 10 ed uno _____ 5.
                                        6   7

—Scusi, vuole mandare la lettera _____ ?
                                8

—No, non la voglio mandare raccomandata. Grazie.

3. Give another word for:
     1. la cartolina già affrancata
     2. mandare
     3. registrata

4. Answer on the basis of Fig. 10-2.
     1. Come spediscono la lettera, per posta normale o per via aerea?
     2. Qual è il nome del destinatario?

---

[1] Both the United States and Italy have two kinds of postcards: *la cartolina postale* (postcard) is sold already stamped; *la cartolina illustrata* (picture postcard) has a picture or a drawing on one side.

Fig. 10-2

3. Qual è il codice d'avviamento postale?
4. Qual è il nome della mittente?
5. Quanti francobolli ci sono sulla busta?

SENDING A PACKAGE

Desidero spedire questo *pacco*.	package, parcel
Quanto *pesa?*	weigh
Non so. Lo posso mettere sulla *pesa (bilancia)*.	scale
Lo vuole *assicurare?*	insure
È *fragile?*	fragile
Vuole Lei *completare* una *dichiarazione per la dogana?*	fill out; customs declaration
Quanto tempo *impiegherà* ad arrivare?	will take
In aereo impiegherà cinque giorni.	by plane
Via mare impiegherà tre mesi.	by boat
Voglio spedire questo pacco via Federal Express.	

5. Complete.
1. Voglio spedire questo _____ a Nuova York. Però non so quanto _____. Non lo posso pesare perché non ho la _____. Dovrò andare all'ufficio postale.
2. Questo pacco non è di molto valore. Vale meno di dieci dollari. Non lo vado ad _____ prima di spedirlo.
3. Non devo _____ _____ _____ per la dogana perché il valore è meno di dieci dollari.
4. Non vale molto, però è molto _____ perché è di cristallo.
5. Se io lo mando per _____ _____ , impiegherà solamente cinque giorni ad arrivare. Se invece lo spedisco via _____ , _____ tre mesi. L'affrancatura per via aerea costa molto di più dell'_____ normale (via mare).

OTHER WORDS YOU MAY NEED

C'è *posta* per me?	mail
Si distribuisce la corrispondenza (posta) tutti i giorni meno la domenica.	is delivered; mail
Il postino (portalettere) distribuisce la corrispondenza di mattina.	letter carrier

Ha Lei *una casella postale?*   post office box
Dove posso comprare *un vaglia postale?*   money order

6. Complete.

Non devo andare all'_____ _____ per le mie lettere. Il _____
1   2

le porta a casa. Lui _____ la corrispondenza ogni mattina verso le dieci. Vediamo se
                 3

ho _____ oggi.
      4

Key Words

in aereo by plane	*inviare* to send
l'affrancatura postage	*la lettera* letter
arrivare to arrive	*la lettera espresso* express letter
assicurare to insure	*mandare* to send
la bilancia scale	*di mattina* in the morning
la cartolina illustrata picture postcard	*il (la) mittente* sender
la cartolina postale stamped postcard	*il pacco* package, parcel
la casella postale post-office box	*la pesa* scale
la cassetta postale mailbox	*pesare* to weigh
il codice d'avviamento postale postal code	*il portalettere* letter carrier
completare to fill out	*la posta* mail
la corrispondenza mail	*la posta aerea* airmail
il (la) destinatario(a) recipient	*la posta normale* regular mail
la dichiarazione per customs declaration	*il postino* letter carrier
la dogana	*la raccomandata* certified (registered) mail
distribuire to deliver (mail)	*spedire* to send
la distribuzione delivery (of mail)	*lo sportello* window
fragile fragile	*l'ufficio postale* post office
i francobolli stamps	*il vaglia postale* money order
imbucare to drop, to mail	*per via aerea* by airmail
impiegare to take (time)	*via mare* by boat
l'indirizzo address	

Chapter 11: At the hairdresser
Capitolo 11: Dal barbiere,[1] *Dal parrucchiere*[2]

FOR MEN

Desidero *farmi tagliare i capelli.*	to have my hair cut
Il barbiere (il parrucchiere, la parrucchiera) taglia i capelli.	barber, hairdresser
Vuole un *taglio* con *il rasoio* o con *le forbici?*	haircut; razor; scissors
Ho bisogno solo di *una spuntata (spuntatina).*	trim
Non me li tagli troppo corti.	don't cut it too short
Per favore, mi spunti *i baffi.*	mustache
la barba.	beard
le basette.	sideburns
Per favore, mi *accorci* le basette.	shorten
Per favore, mi *faccia la barba.*	shave
Per favore, mi tagli un po' di più *dietro.*	in the back
ai lati.	on the sides
sopra.	on the top
sul collo.	on the neck
Desidero anche *uno sciampo (una lavatura dei capelli).*	shampoo
Non voglio né *brillantina* né *spray (lacca).*	oil; spray

1. Complete.
  1. Ho i capelli molto lunghi. Ho bisogno di un _____ dei capelli.
  2. Non ho i capelli molto lunghi. Ho bisogno solamente di una _____.
  3. Mi sono lavato i capelli. Non ho bisogno di un altro _____.
  4. Voglio che il barbiere mi tagli i _____ e le _____.
  5. Ho le basette troppo lunghe. Me le può _____, per favore?
  6. Non mi piacciono i capelli molto corti. Non me li _____ troppo, per favore.
  7. Il barbiere taglia i capelli con il _____ o con le _____.
  8. Io mi _____ _____ _____ a casa. Non voglio che il barbiere mi faccia la barba.

2. Complete this exercise on the basis of Fig. 11-1.
  Faccia il favore di tagliarmi di più....
  1.
  2.
  3.
  4.

---

[1] *Il barbiere* (barber) is a hairdresser for men.

[2] *Il parrucchiere* or *la parrucchiera* is a hairdresser for women. However, you may see *parrucchiere per signora* (women's hairdresser) and *parrucchiere da uomo* (men's hairdresser).

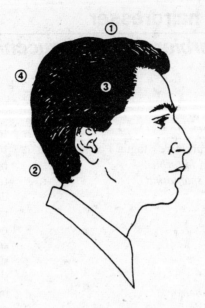

Fig. 11-1

3. Match.

1. Ho i capelli molto lunghi.	(*a*) Ho bisogno solamente di una spuntatina.
2. Voglio che mi lavino i capelli.	(*b*) Faccia il favore di accorciarmele.
3. Non ho i capelli molto lunghi.	(*c*) Ho bisogno di tagliare i capelli.
4. Ho le basette molto lunghe.	(*d*) Devo andare dal barbiere.
5. Ho bisogno di un taglio dei capelli.	(*e*) Ho bisogno di uno sciampo.
6. Desidera un taglio con il rasoio?	(*f*) No, con le forbici, per piacere.

FOR WOMEN

Desidero *un taglio dei capelli.*	haircut
uno sciampo ed una messa in piega.	wash and set
una permanente.	permanent (wave)
una pettinata.	comb out
una spuntata.	trim
una tintura.	tint
un taglio a rasoio.	razor cut
Non voglio *spray (lacca).*	hair spray
un manicure.	manicure
un pedicure.	pedicure
Non voglio *smalta* sulle *unghie.*	nail polish; nails

4. Complete

—Buon giorno. Desidera una _____?
                            1

—No, grazie. Desidero solamente uno _____ ed _____
                                        2   3

_____ _____.

—Mi sembra che abbia i capelli un po' lunghi. Non vuole un _____?
                                                            4

—No, grazie. Mi piacciono i capelli così. Non voglio nemmeno una ＿＿＿＿＿＿＿ perché mi
5

piace il colore che ho.

—Va bene. Vuole il manicure?

—Sì, per favore. Ma non metta lo ＿＿＿＿＿＿＿ sulle unghie.
6

Key Words

accorciare to shorten	*il (la) parucchiere(a)* men's (women's)
i baffi mustache	hairdresser
la barba beard	*il pedicure* pedicure
il barbiere barber	*la permanente* permanent (wave)
la barbieria barber shop	*la pettinata* comb-out
le basette sideburns	*il rasoio* razor
la brillantina hair oil	*lo sciampo* shampoo
sul collo on the neck	*lo smalto per le unghie* nail polish
dietro in the back	*sopra* on top
fare la barba to shave	*lo spray* hair spray
le forbici scissors	*la spuntata* trim
la lacca hair spray	*la spuntatina* trim
ai lati on the sides	*tagliare* to cut
la lavatura dei capelli shampoo	*il taglio dei capelli* haircut
il manicure manicure	*la tintura* tint
la messa in piega set	*troppo corti* too short
	l'unghia fingernail

Chapter 12: At the clothing store
Capitolo 12: In un negozio di abbigliamento

BUYING SHOES (Fig. 12-1)

Fig. 12-1

In che posso servirla?	What can I do for you?
Vorrei *un paio di scarpe.*	pair of shoes
stivaletti (stivali).	boots
sandali.	sandals
pantofole.	slippers
scarpe da tennis.	tennis shoes, sneakers
Che *numero* porta?	size
Porto il 39.	
Le voglio di *pelle* marrone (avana, bianca, nera).	leather
Il tacco è troppo alto.	heel
Non mi piacciono *i tacchi alti.*	high heels
Non voglio *le suole di gomma.*	rubber soles
Voglio *le suole di cuoio.*	leather soles
Queste non mi *stanno* bene.	fit
Sono troppo *strette.*	narrow
larghe. .	wide

Mi *fanno male* sulle *dita*.   hurt; toes
Desidero anche un paio di *lacci* ed *il lucido per le scarpe*.   shoelaces; shoe polish

1. Answer on the basis of Fig. 12-2.
   1. Sono scarpe, sandali o stivali?
   2. Come sono le suole delle scarpe, di gomma o di cuoio?
   3. I tacchi sono alti o bassi?
   4. Hanno i lacci le scarpe?

Fig. 12-2

2. Complete.

   —In che posso servirla, signore?

   —Vorrei un paio di _____, per favore.
                           1

   —Benissimo. Che _____ porta?
                      2

   —Porto il _____ 40.
                3

   —Preferisce il _____ basso o un po' alto?
                     4

   —Basso, per favore. Non mi piacciono i _____ alti.
                                            5

   —Va bene. Che _____ desidera?
                    6

   —Marrone, per favore.

   —Le piacciono queste?

   —Mi piacciono, però non mi _____ bene. Mi fanno male sulle _____.
                                 7   8
   Sono troppo _____. Ha le stesse scarpe ma un po' più _____?
                9   10

BUYING MEN'S CLOTHING

—*In che posso servirla?*   May I help you?
—Vorrei *un paio di blue jeans.*   pair of blue jeans
l'abito completo (da uomo o da donna)   suit
i calzini   socks
la camicia   shirt
il cappello   hat

il cappotto (soprabito)	overcoat, coat
la cinta (cintura)	belt
il costume da bagno	bathing suit
la cravatta	necktie
il fazzoletto	handkerchief
la giacca	jacket
i guanti	gloves
l'impermeabile	raincoat
la maglia	sweater
la maglietta	sweater, undershirt
il maglione	sweater
le mutandine	underpants
i pantaloni	pants, slacks
Vorrei una camicia di *cotone.*	cotton
flanella.	flannel
gabardine.	gabardine
seta.	silk
lana.	wool
nailon (nylon).	nylon
stoffa (tessuto) sintetica(o).	synthetic fabric
stoffa ingualcibile (resistente alle pieghe).	wrinkle-resistant fabric
La desidero con *la maniche lunghe* e *polsini.*	long sleeves; cuffs
Desidero una giacca di *velluto a coste.*	corduroy
cotone ritorto.	denim
cuoio (pelle).	leather
pelle scamosciata.	suede
lana.	wool
lana pettinata.	worsted wool
Mi piace questa camicia *rigata.*	striped
Non mi piace quella *a quadri.*	checked
Questa cravatta rigata non *va bene insieme con* questa camicia a quadri.	matches, goes well with
Che *taglia* porta?	size
Non so. Mi può *prendere le misure?*	take my measurements
Non mi va bene. È un po' stretto.	It doesn't fit; tight
Preferisce i pantaloni con bottoni nella *patta* o li preferisce con *una chiusura lampo?*	fly; zipper

3. List the items in a complete outfit of clothing for a man.

4. Complete

—Sì, signore. In che ＿＿＿＿＿＿ ＿＿＿＿＿＿?
＿＿＿＿＿＿＿＿1

—Vorrei una camicia, per favore.

—La desidera di cotone?

—No, non di cotone. La preferisco di un tessuto ＿＿＿＿＿＿.
＿＿＿＿＿＿＿＿＿＿2

—Ma poiché siamo in estate, Lei non la vorrà né di ＿＿＿＿＿＿ né di ＿＿＿＿＿＿. Io le
＿＿＿＿＿＿＿＿3 ＿＿＿＿＿＿＿＿4

consiglio una stoffa ＿＿＿＿＿＿.
＿＿＿＿＿＿＿＿5

—Benissimo.

—Che _____ porta?
        6

—Porto la _____ quarantuno.
              7

—Desidera le _____ corte o lunghe?
                    8

—Le _____ lunghe, per favore.
           9

—La desidera _____ o a quadri?
                      10

—Non la voglio né _____ né _____ _____. Desidero una camicia
                          11

bianca o celeste perché la porterò con un _____ blu. Voglio comprare anche una
                                                      13

_____ che vada _____ _____ con la camicia.
          14   15

5. Choose the word that does *not* belong.
   1. Vorrei una camicia di _____. (*a*) lana (*b*) cotone (*c*) pelle (*d*) stoffa sintetica
   2. Vorrei un paio di pantaloni di _____. (*a*) lana (*b*) velluto a coste (*c*) gabardine
      (*d*) seta
   3. Vorrei una giacca di _____. (*a*) lana (*b*) velluto a coste (*c*) flanella (*d*) cotone ritorto
   4. Vorrei un paio di guanti di _____. (*a*) pelle (*b*) pelle scamosciata (*c*) lana (*d*) velluto
      a coste

6. Complete.
   1. Questa camicia rigata non va molto bene insieme con la giacca _____
      _____.
   2. Mi si è rotta la _____ _____ nei pantaloni che ho comprato ieri.
   3. Non mi piace portare le scarpe senza i _____.
   4. Con questi pantaloni non devo portare la _____.
   5. Quando piove mi devo mettere l'_____.
   6. Ho bisogno di biancheria intima. Vado a comprarmi sei _____ e sei paia di
      _____.
   7. Non so che taglia porto. Il commesso dovrà prendermi le _____.
   8. Non mi piace il cotone. Preferisco stoffe _____ perché non si sgualciscono
      tanto.
   9. Questa giacca non mi _____ bene.
   10. Questa giacca è molto _____. Ho bisogno di una taglia più grande.

BUYING WOMEN'S CLOTHING

—*In che posso servirla?*	What can I do for you?
—Vorrei *una sciarpa.*	scarf
la borsa	pocketbook
un paio di blue jeans	a pair of blue jeans
il busto	corset, bustier
un paio di *calze*	stockings
un *collant*	pantyhose
la camicetta	blouse
il cappello	hat
il cappotto (soprabito)	coat, overcoat
il completo pantalone	pantsuit
il costume da bagno	bathing suit

il fazzoletto	handkerchief
la gonna	skirt
un paio di *guanti*	gloves
l'impermeabile	raincoat
la maglia (il maglione)	sweater
un paio di *mutandine*	panties
il reggipetto (reggiseno)	brassiere
il sottabito (la sottoveste)	slip
la sottana	half-slip
la vestaglia	dressing gown
il vestito	dress, suit
Vorrei una camicetta di *cotone.*	cotton
seta.	silk
nailon (nylon).	nylon
stoffa (tessuto) sintetica(o).	synthetic fabric
stoffa ingualcibile.	wrinkle-resistant fabric
La desidera con *maniche* lunghe o corte?	sleeves
Desidero una camicetta *a righe.*	striped
a quadri.	checked
a pallini.	with polka dots
senza pizzo (merietto).	with no lace
Vorrei una gonna di *velluto a coste.*	corduroy
lana.	wool
pelle scamosciata.	suede
lana pettinata.	worsted wool
Preferisco una stoffa sintetica.	
Questa camicetta *va bene insieme con* la gonna.	matches, goes well with
Che *taglia* porta?	size
La mia taglia è quaranta.	
Non so. Mi può *prendere le misure?*	take my measurements

7. List the items in a complete outfit of clothing for a woman.

8. Choose the appropriate word.
 1. Vorrei una borsa di _____. (*a*) pelle (*b*) stoffa ingualcibile
 2. No, non voglio una gonna. Preferisco _____. (*a*) un completo pantalone (*b*) una sciarpa
 3. Ha _____ di nailon? (*a*) scarpe (*b*) calze
 4. Ho comprato un fazzoletto di _____. (*a*) pelle (*b*) seta
 5. Fa freddo. Desidero un _____. (*a*) maglione (*b*) costume da bagno

9. Complete.
 1. Mi occorre biancheria intima. Comprerò delle _____ , un _____ ed un _____. Non ho bisogno di un _____.
 2. Non voglio una camicetta di cotone perché si sgualcisce troppo. Preferisco una _____ sintetica.
 3. Una camicetta a righe non _____ bene insieme con una gonna _____.
 4. Non so la mia taglia. Mi dovrà prendere le _____.

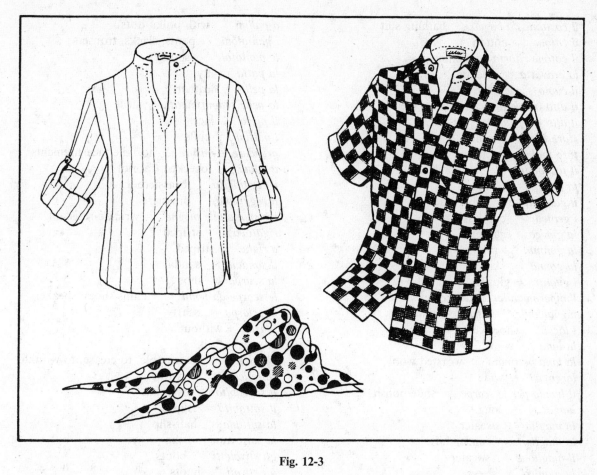

Fig. 12-3

10. Using Fig. 12-3, fill in the blanks.
1. È una camicetta _____ _____.
2. È una camicia _____ _____.
3. È una sciarpa _____ _____.

Key Words

l'abito completo (da uomo o da donna)	suit
alto(a)	tall, high
andare bene insieme con	to match, to go well with
la biancheria intima	underwear
i blue jeans	blue jeans
la borsa	pocketbook
il bottone	button
il busto	corset, bustier
le calze	stockings
i calzini	socks
i calzoni	trousers, pants
la camicetta	blouse
la camicia	shirt
il cappello	hat
il cappotto	coat
celeste	sky blue, light blue
la chiusura lampo	zipper
la cinta	belt
la cintura	belt
un collant	pantyhose
il (la) commesso(a)	salesperson (in a shop), sales clerk
il completo pantalone	pantsuit
corto(a)	short

il costume da bagno   bathing suit
il cotone   cotton
il cotone ritorto   denim
la cravatta   necktie
il cuoio   leather
il dito (pl. *le dita*)   finger, toe
il dito del piede   toe
stare bene   to fit
fare male   to hurt
il fazzoletto   handkerchief
la flanella   flannel
il gabardine   gabardine
i gemelli   cuff links
la giacca   jacket
la gomma   rubber
la gonna   skirt
i guanti   gloves
l'impermeabile   raincoat
ingualcibile   wrinkle-resistant
i lacci   shoelaces
la lana   wool
la lana pettinata   worsted wool
largo(a)   wide
il lucido per le scarpe   shoe polish
lungo(a)   long
la maglia   sweater
la maglietta   undershirt
il maglione   sweater
la manica   sleeve
marrone   brown
il merletto   lace
misto(a)   blend (of fibers)
le mutandine   panties, underpants
il nailon   nylon
nero(a)   black
il nylon   nylon
occorrere (impersonal)   to need
mi occorre   I need
un paio   pair

a pallini   with polka dots
i pantaloni   pants, slacks, trousers
le pantofole   slippers
la patta   fly
la pelle   leather
la pelle scamosciata   suede
il pizzo   lace
i polsini   cuffs
prendere le misure   to take measurements
a quadri   checked (fabric)
il reggipetto   brassiere
il reggiseno   brassiere
resistente alle pieghe   wrinkle-resistant
rigato(a)   striped
a righe   striped
il sandalo   sandal
la scarpa   shoe
le scarpe da tennis   tennis shoes, sneakers
la sciarpa   scarf
senza   without
la seta   silk
sgualcirsi   to crumple, to crease, to wrinkle
sintetico(a)   synthetic
il soprabito   overcoat
il sottabito   slip
la sottana   half-slip
la sottoveste   slip
gli stivaletti   boots
gli stivali   boots
la stoffa   fabric
stretto(a)   narrow, tight
la suola di cuoio   leather sole
la suola di gomma   rubber sole
il tacco   heel
la taglia   size
il tessuto   fabric
il velluto a coste   corduroy
la vestaglia   dressing gown
il vestito   dress, suit

Chapter 13: At the dry cleaner
Capitolo 13: Alla tintoria (lavanderia)

Ho molti *panni (indumenti) sporchi.*	clothes; dirty
Vado in *tintoria (lavanderia).*	dry cleaner, laundry
Mi può *lavare* e *stirare* questa camicia?	wash; iron
Non voglio *l'amido.*	starch
Mi può *lavare a secco* questo abito?	dry-clean
Quando sarà *pronto(a)?*	ready
Mi *occorre* per....	need
Si restringerà la maglia a lavarla?	will shrink
Qui c'è *un buco.*	hole
Lo può *rammendare?*	mend, darn
Può *togliere* questa *macchia?*	remove; stain
Può *attaccare il bottone?*	sew on the button
La *fodera* è *scucita.*	lining; unstitched
La può *ricucire?*	sew again
Il (la) sarto(a) non c'è oggi.	tailor

1. Complete.
    1. Questo maglione di lana si _____ se lo lavo con l'acqua. Lo dovranno _____ _____ _____ in _____.
    2. Questa camicia è _____. La devo lavare e poi la devo _____.
    3. Quando lavano le mie camicie, preferisco che non mettano l'_____.
    4. La _____ di questa giacca è _____. Me la possono _____?
    5. C'è un buco in questa gonna. Me lo possono _____?
    6. Mi può _____ questo bottone?
    7. Ho rovesciato qualcosa sulla camicia. Può togliere la _____?
    8. Mi può _____ questi calzini?

2. Complete.

    Alla tintoria
    —Buon giorno. Mi può _____ e _____ questa camicia?
                              1   2
    —Certamente. Desidera l'_____?
                                     3
    —Sì, un poco, per favore. Guardi che qui c'è una macchia. La potrà _____?
                                                             4
    —Sa di che cosa è?

    —Sì, è di caffè.

    —Bene, ci possiamo provare, ma non lo prometto. _____ una _____ di caffè
                                                           5   6
      è molto difficile.

    —Sì, lo so. Mi può lavare anche questo maglione?

    —Lavarlo, no, perché è di lana. Se si lava, il maglione si può _____. Lo dovremo
                                                                             7
    _____ _____ _____.
                            8
    —Benissimo. Sarà pronto per domani?

—La camicia si, ma il maglione no. Per il lavaggio a secco sono necessari due giorni.

—Va bene.

Key Words

l'amido	starch	*occorrere*	to need
anche	also	*oggi*	today
attaccare il bottone	to sew on the button	*i panni*	clothes, clothing
il buco	hole	*promettere*	to promise
c'è	there is	*pronto(a)*	ready
certamente	certainly	*provare*	to try
cucire	to sew	*rammendare*	to mend, to darn
domani	tomorrow	*restringere*	to shrink
essere pronto(a)	to be ready	*ricucire*	to sew again
la fodera	lining	*rovesciare*	to spill
gli indumenti	clothes, clothing	*il (la) sarto(a)*	tailor
la lavanderia	dry cleaner	*scucito(a)*	unstitched
lavare	to wash	*sporco(a)*	dirty
lavare a secco	to dry-clean	*stirare*	to iron
il lavaggio a secco	dry cleaning	*la tintoria*	dry cleaner
la macchia	stain, spot	*togliere*	to remove, get out

Chapter 14: At the restaurant[1]
Capitolo 14: Al ristorante

GETTING SETTLED (Fig. 14-1)

Fig. 14-1

Questo è un ristorante *di lusso*.	luxurious
caro.	expensive
economico.	inexpensive
Sono il signor Marini. Ho *una prenotazione*.	reservation
Abbiamo prenotato un tavolo per tre persone.	we have reserved
Ci può dare un tavolo *d'angolo*?	in the corner
vicino alla finestra?	near the window
all'aperto (fuori)?	outside
dentro?	inside
Ecco viene *il cameriere*.	waiter
la cameriera.	waitress
I signori desiderano *un aperitivo*?	aperitif
Ci può portare *il menu (la lista delle vivande)*?	menu

---

[1] Refer to Appendix 6 for a list of foods you may wish to order.

1. Complete.
   1. Non ho _____ un tavolo. Spero che abbiano un _____ disponibile.
   2. Questo è un ristorante caro. È un ristorante _____ _____.
   3. I prezzi nei ristoranti di _____ sono più alti che nei ristoranti _____.
   4. Questa sera il tempo è proprio buono. Preferisco avere un tavolo _____.

2. Complete.

Al ristorante

—Buona sera, signori. Hanno una _____?
                                          1
—Sì. Abbiamo _____ un _____ per tre persone.
                      2   3
—Il nome, per favore?

—Il _____ è _____.
         4   5
—Preferiscono un tavolo _____ o preferiscono mangiare all' _____?
                              6   7
—Qui va bene.

—Desiderano un _____?
                        8
—Sì, prendiamo un cocktail.

3. Complete.

Il _____ lavora in un ristorante. Quando i clienti si siedono, lui chiede loro se
        1
desiderano un _____. Poi porta loro il _____. I clienti leggono la
                    2   3
_____ _____ _____ e poi ordinano cosa desiderano mangiare.
                        4

LOOKING AT THE MENU

antipasti	appetizers
minestre, insalate	soups, salads
pesce, frutti di mare	fish, shellfish
carni, pollame	meats, fowl
verdure	vegetables
frutta e formaggi	fruits and cheeses
dolci	desserts
Non ho molta fame.	
Mangerò solamente una minestra ed *un secondo piatto*.	main course
Ho molta fame.	
Per primo piatto prenderò una minestra.	as a first course
Per secondo piatto prenderò del pesce.	as a second course
Non hanno *un menu del giorno*[2]?	specialty of the day, fixed menu
Qual è *la specialità della casa*?	house specialty
Parla il cameriere:	
Cosa desiderano come primo piatto?	

---

[2] Many restaurants offer a *menu del giorno* or a *menu turistico* at a fixed price. A few selections are given for each
course. The fixed-price menu will almost always be less expensive than ordering each course separately.

Fig. 14-2

Cosa ci consiglia?	What do you suggest?
Io potrei consigliare loro....	
Buon appetito!	
Parla il cliente:	
Ha *la lista dei vini?*	wine list

4. Answer on the basis of Fig. 14-2.
1. È un ristorante di lusso o economico?
2. Quante persone ci sono a tavola?
3. A che cosa è vicino il tavolo?
4. Chi serve loro?
5. Cosa porta il cameriere sul vassoio?
6. Cosa tiene in mano il cameriere?

5. Complete.
1. In molti ristoranti c'è il _____ _____ _____ che offre un pasto completo ad un prezzo fisso.
2. Quando non ho molta fame, preferisco ordinare solamente un _____.
3. In alcuni paesi si mangia l'insalata prima del _____ _____ ed in altri paesi si mangia dopo.
4. Non so che vino ordinare. Devo vedere la _____ _____ _____.
5. Non so cosa mangiare. Probabilmente il cameriere mi potrà _____ qualcosa.

ORDERING MEAT OR FOWL (Fig. 14-3)

Fig. 14-3

Come le piace la carne?	
Mi piace *al sangue (poco cotta)*.	rare
cotta moderatamente.	medium
ben cotta.	well-done
Desidero una *cotoletta d'agnello*.	lamp chop
cotoletta di vitello.	veal cutlet
Mangerò *una bistecca*.	steak
A me piace la carne *arrostita*.	roasted
al forno.	baked
alla griglia (alla graticola).	broiled, grilled
in umido.	stewed
tagliata a pezzetti.	diced
tritata.	minced
nel suo sugo.	in its juices
rosolata in padella.	sautéed

6. Place orders for meat prepared in the following ways.
   1. Cooked on a grill
   2. Cooked in its natural juices
   3. Baked in the oven

    4. Cooked in liquid over low heat on top of the stove
    5. Cooked in a roasting pan
    6. Diced into small pieces
    7. Cooked lightly in butter in a frying pan

7. Complete.

La maggior parte della gente preferisce il maiale _____ _____. Credo che

la maggior parte della gente preferisca anche il pollo _____ _____. Però a

molti piace la bistecca o _____ _____ o _____ _____.

8. Identify each item in Fig. 14-4.

Fig. 14-4

ORDERING FISH OR SEAFOOD (SHELLFISH)

Mi piace molto il pesce *cotto con il vapore.*	steamed
lesso.	boiled
al forno.	baked
fritto (in olio).	deep-fried
rosolato in padella.	sautéed
alla griglia (alla graticola).	broiled, grilled
affumicato.	smoked
Alcuni pesci hanno molte *spine.*	bones

9. Place orders for fish prepared in the following ways.
   1. Boiled
   2. Cooked on a rack over boiling water
   3. Sautéed in butter
   4. Breaded and deep-fried in oil
   5. Cooked on a flat iron grill

SOME PROBLEMS YOU MAY HAVE

Ci (mi) manca *un bicchiere*.	glass
una tazza.	cup
un piattino.	saucer
un coltello.	knife
una forchetta.	fork
un cucchiaio.	soup spoon
un cucchiaino.	teaspoon
una salvietta (un tovagliolo).	napkin
una saliera.	salt shaker
una pepiera.	pepper shaker
un coperto.	place setting
Il pepe, per favore.	pepper
Il sale, per favore.	salt
L'acqua, per favore.	water
Lo zucchero, per favore.	sugar
La tovaglia è *sporca*.	tablecloth; dirty
Questa carne è *troppo al sangue*.	too rare
troppo cotta.	too well done
troppo dura.	too tough
La vivanda è *fredda*.	cold
Questo è molto *salato*.	salty

10. Complete.
   1. Sulla tavola il sale è in una _____ ed il pepe è in una _____. Lo _____ è in una zuccheriera.
   2. Generalmente un coperto consiste di un _____, un _____, una _____, un _____, un _____ ed un _____.
   3. C'è troppo sale nella salsa. È molto _____.
   4. Non posso tagliare la carne con questo coltello. La carne è molto _____.

11. Identify each item in Fig. 14-5.

GETTING THE CHECK

Il conto, per piacere.	check
È incluso il servizio?	Is the service charge included?
Lascio una mancia.	I leave a tip.
Accetta *le carte di credito?*	credit cards
Mi può dare *la ricevuta?*	receipt

Fig. 14-5

12. Complete.

Dopo aver terminato il pasto al ristorante, ho chiesto il _____ al cameriere. Lui me

1

lo ha portato. Io gli ho chiesto se il servizio era _____. Mi ha risposto di sì, ma io ho

2

deciso di lasciargli una _____ in più perché il servizio era stato eccellente.

3

Disgraziatamente il ristorante non accettava _____ _____ _____.

4

Per questo motivo ho dovuto pagare con denaro liquido ed ho chiesto una _____ al

5

cameriere.

L'altra sera andai con alcuni amici a cena al ristorante. Quando arrivammo, spiegai al capocameriere che avevamo una prenotazione per quattro persone. Ci diede un buon tavolo d'angolo. Decidemmo di non mangiare all'aperto perché faceva un po' fresco. Il cameriere ci chiese se volevamo un aperitivo. Tutti decidemmo di sì. Mentre bevevamo l'apertitivo il cameriere ci portò il menu. C'era anche un menu del giorno ma non ci sembrò particolarmente invitante. Ciascuno di noi ordinò tre portate ed ognuno ordinò vivande differenti.

Quando il cameriere portò il primo piatto, gli facemmo notare che mancava un coperto. Il cameriere ritornò immediatamente con un bicchiere, un cucchiaio, un cucchiaino, una forchetta, un coltello ed un tovagliolo. Poi il cameriere ci chiese se volevamo del vino. A me piace il vino rosso, ma ai miei amici piace di più il vino bianco. Così abbiamo ordinato una bottiglia di vino bianco. Tutto era delizioso, sebbene ciascuno di noi avesse mangiato cibi differenti. È raro che nello stesso ristorante si preparino ugualmente bene frutti di mare, pesce, carne e pollame.

Il cameriere ci chiese se volevamo del dolce, ma noi avevamo già mangiato fin troppo. Nessuno prese del dolce ma tutti ordinammo il caffé (espresso). Dopo aver bevuto il caffè, chiesi al cameriere il conto. Lui mi disse che il servizio era incluso, comunque io gli diedi la mancia per il suo servizio eccellente.

13. Complete.
1. Gli amici mangiarono in un _____.
2. Loro si sedettero ad un tavolo d'_____.
3. Avevano una _____ per quattro persone.
4. Non mangiarono all'_____ perché faceva un po' fresco.
5. Tutti decisero di prendere un _____.
6. Il _____ diede loro la lista delle vivande.
7. Il _____ _____ _____ non sembrò loro particolarmente invitante.
8. Ciascun amico ordinò tre _____ differenti.

14. Answer
1. Che cosa mancava sulla tavola?
2. Che vino bevvero?
3. Come fu la cena?
4. Cosa si preparava bene in quel ristorante?
5. Presero del dolce?
6. Cosa volevano i quattro amici?
7. Era incluso il servizio nel conto?
8. Che cosa lasciarono per il cameriere? Perché?

Key Words

l'acqua water	*cosa ci consiglia?* What do you suggest?
affumicato(a) smoked	*il conto* bill, check
l'agnello lamb	*il coperto* place setting
d'angolo in the corner	*la coscia* leg, thigh (of a chicken)
l'antipasto appetizer, hors d'oeuvres	*la cotoletta* chop, cutlet
l'aperitivo aperitif, cocktail	*la cotoletta d'agnello* lamb chop
all'aperto outdoors	*la cotoletta di vitello* veal cutlet
arrostito(a) roasted	*cotto(a) moderatamente* medium
bianco(a) white	*ben cotto(a)* well-done
il bicchiere glass	*cotto(a) con il vapore* steamed
la bistecca steak	*il cucchiaino* teaspoon
il (la) cameriere(a) waiter, waitress	*il cucchiaio* soup spoon
il capocameriere headwaiter, maître d'	*dentro* inside
la carne meat	*il dolce* dessert
la carne di maiale pork	*economico(a)* inexpensive
caro(a) expensive	*la finestra* window
la carta di credito credit card	*la forchetta* fork
la cena supper	*il formaggio* cheese
il coltello knife	*al forno* baked
consigliare to suggest	*freddo(a)* cold

fritto(a) in olio   deep-fried
la frutta   fruits
i frutti di mare   shellfish
fuori   outside
alla graticola   broiled, grilled
alla griglia   broiled, grilled
incluso(a)   included
l'insalata   salad
invitante   appetizing
lesso(a)   broiled
la lista dei vini   wine list
la lista delle vivande   menu
di lusso   luxurious
il maiale   pig, pork
la mancia   tip
il menù   menu
il menù del giorno   specialty of the day,
                      fixed menu
la minestra   soup
ordinare   to order
la padella   pan, frying pan, skillet
il pepe   pepper
la pepiera   pepper shaker
il pesce   fish
il petto   breast (of fowl)
il piattino   saucer
il piatto   plate, dish, course
il pollame   fowl
il pollo   fowl, chicken
la portata   course
la prenotazione   reservation
il primo piatto   first course
la ricevuta   receipt

rispondere   to answer
il ristorante   restaurant
rosolato(a) in padella   sautéed
rosso(a)   red
salato(a)   salty
il sale   salt
la saliera   salt shaker
la salvietta   napkin
al sangue   rare
il sangue   blood
il secondo piatto   main dish
il servizio   service, service charge
la specialità della casa   house specialty
le spine   bones (of fish only)
sporco(a)   dirty
nel suo sugo   in its juices
tagliato(a) a pezzetti   diced
il tavolo   table
la tazza   cup
la tovaglia   tablecloth
il tovagliolo   napkin
tritato(a)   minced
troppo al sangue   too rare
troppo cotto(a)   too well-done
troppo duro(a)   too tough
in umido   stewed
il vassoio   tray
le verdure   vegetables
vicino a   near
il vino   wine
la vivanda   food, dish
la zuccheriera   sugar bowl
lo zucchero   sugar

Chapter 15:   Shopping for food[1]

Capitolo 15:   *Fare la spesa per i generi alimentari*

TYPES OF STORES

Devo andare alla *panetteria*.	bakery
pasticceria.	pastry shop
latteria.	dairy store
salumeria.[2]	delicatessen
macelleria.	butcher shop
polleria.[2]	poultry store
pescheria.	fish store (fish market)
al *negozio di frutta e verdure*.	fruit and vegetable store
Devo comprare *generi alimentari*.	food (groceries)
Vado al *negozio di alimentari* (alla *drogheria*).	grocery store
supermercato.	supermarket
Spingo il carrello.	I push the cart.
Spingo il carrello per *le corsie*.	aisles

1. Complete.
   1. Si vendono paste, torte e biscotti in una _____.
   2. Si vendono le carni di manzo e di vitello nella _____.
   3. Si vendono frutta e legumi nel negozio di _____ _____ _____.
   4. Si vendono latticini nella _____.
   5. Si vende il pesce in una _____.
   6. Si vende il pane in una _____.
   7. Si vendono affettati in una _____.
   8. Si vendono polli in una _____.

2. Identify the stores where you would find the following.
   1. i fagiolini
   2. i panini
   3. la carne di manzo
   4. le sogliole
   5. l'aragosta
   6. le mele
   7. il latte
   8. il pollame
   9. il formaggio
   10. il salame
   11. i piselli
   12. le salsicce
   13. i biscotti

---

[1] Refer to Appendix 6 for food mentioned in this chapter.

[2] Pork products and poultry can also be bought at a regular butcher shop.

SPEAKING WITH THE VENDORS

Cosa costa il vitello?	how much
3.5 euro al chilo.	
Ha un bel colore.	It looks good.
Quanto costano i pomodori oggi?	how much; tomatoes
Costano 1.70 euro al chilo.	
Sono *freschissimi*.	very fresh
Me *ne dia* seicento grammi, per favore.	give me
Mi dia sei *fette di pancetta*.	slices of bacon
un pezzo di quel formaggio.	piece
un mazzo di carote.	bunch
un cespo di lattuga.	head
mezzo chilo di cotolette di maiale.	
tre *grappoli d'uva*.	bunches of grapes
una dozzina di *uova*.	dozen; eggs
una scatoletta di tonno.	can of tuna
Desidero *un sacchetto di patatine fritte*.	bag of potato chips
Mi dia *un barattolo (una lattina)* di *salsa di pomodoro*.	can; tomato sauce
Desidero *una scatola di sapone in polvere* per *la lavatrice*.	box of soap powder; washing machine
Desidero *un pacchetto di spinaci surgelati*.	package of frozen spinach
Può mettere tutto questo in *un sacchetto?*	bag (sack)
Lo può *incartare?*	wrap
Lo posso portare nella *sporta*.	shopping basket

3. Complete.
    1. **Al negozio di frutta e verdure**

        —Buona sera, signore.

        —_____ _____ la lattuga oggi?
                     1

        —Novecento centesimi al cespo.
    2. **Al negozio di frutta e verdure**

        —I pomodori sono nostrani?

        —Sì, e sono _____.
                       1

        —È vero, hanno un bel _____. _____ _____ oggi?
                                            2   3

        —Costano 1 euro al chilo.

        —_____ _____ _____ seicento grammi, per piacere.
                                  4

        Eccoli. Seicento grammi di pomodori. _____ _____.
                                                   5

        —Grazie. Me li può mettere in un _____ o me li può incartare?
                                                   6

4. Choose the appropriate word.
    1. Mi dia _____ _____ di uova, per favore. (*a*) una dozzina (*b*) una scatoletta (*c*) un cespo
    2. Mi dia due _____ di lattuga. (*a*) mazzi (*b*) cotolette (*c*) cespi
    3. Mi dia _____ _____ di carote. (*a*) un pezzo (*b*) una scatoletta (*c*) un mazzo

4. Mi dia _____ _____ d'acqua minerale. (*a*) un cespo (*b*) una bottiglia
   (*c*) un pacchetto
5. Mi dia quattro _____ di maiale. (*a*) cotolette (*b*) sacchetti (*c*) grammi
6. Mi dia sei _____ di quel prosciutto. (*a*) scatole (*b*) fette (*c*) bottiglie
7. Mi dia _____ _____ di farina. (*a*) un sacchetto (*b*) una bottiglia (*c*) una
   fetta
8. Mi dia _____ _____ di salsa di pomodoro. (*a*) una fetta (*b*) una lattina
   (*c*) un sacchetto

5. Complete.
1. No, il pesce non è fresco. È _____.
2. Mi dispiace. Non ho sacchetti, ma glielo posso _____.
3. Devo comprare una scatola di _____ _____ _____ per la
   lavatrice.
4. Non incarto la lattuga, la metto in un _____.

6. Complete.
1. un _____ di lattuga
2. una _____ di uova
3. un _____ di carote surgelate
4. un _____ di salsa di pomodoro
5. un _____ di formaggio
6. un _____ d'uva
7. mezzo _____ di ciliegie
8. quattro _____ di maiale
9. sei _____ di prosciutto
10. seicento _____ di vitello
11. una _____ di tonno
12. due _____ d'acqua minerale
13. un _____ di zucchero

Key Words

l'aragosta	lobster	*cosa costa?*	how much?
il barattolo	can	*la cotoletta di maiale*	pork chop
il biscotto	cookie	*la dozzina*	dozen
la bottiglia	bottle	*la drogheria*	grocery store
la carne	meat	*i fagiolini*	string beans
la carne di maiale	pork	*una fetta*	slice
la carne di manzo	beef	*il formaggio*	cheese
la carne suina	pork	*freschissimo(a)*	very fresh
la carota	carrot	*i generi alimentari*	food, groceries
il carrello	cart	*il grammo*	gram
un cespo	head (of lettuce)	*il grappolo*	bunch (of grapes)
il chilogrammo	kilogram	*incartare*	to wrap
la ciliegia (pl. *le ciliegie*)	cherry	*il latte*	milk
il colore	color	*la latteria*	dairy store
la corsia	aisle	*i latticini*	dairy products

la lattina   can
la lattuga   lettuce
la lavatrice   washing machine
i legumi   vegetables
la macelleria   butcher shop
il maiale   pig, pork
un mazzo   bunch
la mela   apple
mi dia   give me
il negozio di alimentari   grocery store
*il negozio di frutta   fruit and vegetable store
   e verdure*
nostrano(a)   homegrown, regional
un pacchetto   package
la pancetta   bacon
la panetteria   baker
il panino   roll
la pasta   pastry
la pasticceria   pastry shop
le patatine fritte   potato chips
la pescheria   fish store (fish market)
un pezzo   piece
i piselli   peas
il pollame   fowl
la polleria   poultry store
il pollo   fowl, chicken

il pomodoro   tomato
il prodotto   product
provenire   to derive
quanto costa?   how much is it?
quanto costano?   how much are they?
il sacchetto   bag, sack
la salsiccia   sausage
la salsa di pomodoro   tomato sauce
la salumeria   delicatessen
il sapone in polvere   soap powder
la scatola   box
la scatoletta   can
la sogliola   sole
gli spinaci   spinach
spingere   to push
la sporta   shopping bag, shopping basket
il suino   pig, pork
il supermercato   supermarket
surgelato(a)   frozen
il tonno   tuna
la torta   cake, pie
l'uovo (pl. *le uova)*   egg
l'uva   grapes
le verdure   vegetables
il vitello   calf, veal

Chapter 16: At home
Capitolo 16: In casa

THE KITCHEN (Fig. 16-1)

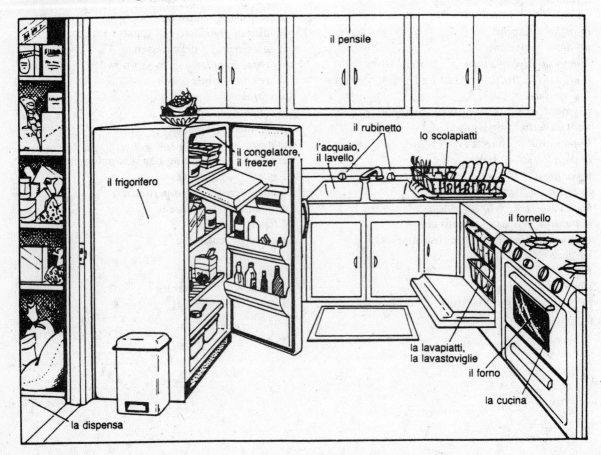

Fig. 16-1

WASHING THE DISHES

Lavo i piatti (le stoviglie) nel *lavello (nell'acquaio)*.	I wash the dishes; sink
Apro il rubinetto e riempo il lavello d'acqua.	I turn on the faucet
Prima però *chiudo lo scarico* con *un tappo*.	plug; drain; plug
Metto un po' di *sapone liquido*.	liquid soap
Lavo i piatti con *una spugnetta*.	small sponge
Poi li metto nello *scolapiatti*.	dish drainer
Li asciugo con *un panno*.	dish towel

1. Complete.

   Ho un mucchio di piatti sporchi. Li devo lavare. Prima di tutto chiudo lo ＿＿＿＿＿＿ del
   ＿＿＿＿＿＿ con un ＿＿＿＿＿＿. Apro il ＿＿＿＿＿＿ e riempo il ＿＿＿＿＿＿
   d'acqua. Metto un po' di ＿＿＿＿＿＿ e poi incomincio il mio lavoro.

94

Lavo i piatti con una _____ e poi li metto nello _____. Dopo averli lavati,
7

li devo _____ con un _____. Non sarebbe più facile avere una _____?
9 10 11

COOKING (Fig. 16-2)

In *cucina*[1] preparo *il pranzo*.	kitchen; dinner
Cucino su una *cucina*[1] *a gas*.	I cook; gas stove
La cucina *può essere* anche *elettrica*.	can be; electric
Vado a *cucinare*.	to cook
Vado a cucinare le uova in *un tegame*.	pan
Vado a bollire l'acqua in *un bollitore*.	kettle
Vado a *friggere* le patate in *una padella*.	to fry; frying pan, pan, skillet
Vado ad *arrostire* la carne nel forno.	to roast
Vado a *liquefare* il burro.	to melt
Lo vado a cuocere *a fuoco lento*.	on a low (slow) flame
Lo vado a *portare a ebollizione*.	to bring to a boil
Devo *tritare* le cipolle con un coltello.	to chop
Devo *pelare (sbucciare)* la frutta.	to pare, peel
Devo *trinciare* la carne con *un trinciante*.	to carve; carving knife
Devo *scolare* il riso con *un colino*.	drain; strainer

[1] *La cucina* can mean either *kitchen* or *stove*.

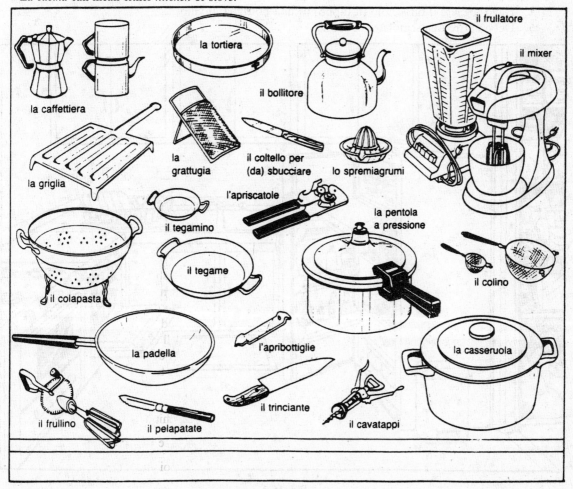

Fig. 16-2

2. Complete.
1. Devo _____ le cipolle e poi le devo _____ con olio in una padella.
2. Devo preparare delle uova sode. Le vado a _____ ora.
3. Devo _____ l'agnello al forno.
4. Prima di _____ il riso, devo _____ l'acqua ad ebollizione.

3. Give the Italian verb for:
1. to bake something in the oven
2. to fry something in a frying pan
3. to sauté something in butter
4. to boil something such as potatoes
5. to roast pork in the oven
6. to melt butter

4. Tell which pot you need.
1. Bollo l'acqua.
2. Cucino le uova.
3. Faccio una torta.
4. Friggo le patate.

5. Tell which utensil you need.
1. Devo trinciare la carne.
2. Devo pelare le patate.
3. Devo frullare le uova.
4. Devo scolare il riso.
5. Devo togliere il turacciolo (il tappo) in una bottiglia di vino.
6. Devo aprire una scatoletta di tonno.

Fig. 16-3

6. Answer on the basis of Fig. 16-3.

    1. C'è una lavastoviglie in cucina?
    2. Quanti rubinetti ha il lavello?
    3. Ci sono dei piatti nello scolapiatti?
    4. Ha una dispensa la cucina?
    5. Quanti pensili ci sono in cucina?
    6. Nella cucina c'è una cucina a gas o una cucina elettrica?
    7. Quanti fornelli ha la cucina?
    8. Ci sono cubetti di ghiaccio nel frigorifero?
    9. In che parte del frigorifero si trovano i cubetti di ghiaccio?

THE BATHROOM (Fig. 16-4)

Alla mattina *faccio il bagno* o *faccio la doccia*.	I bathe; I shower
mi lavo i capelli.	I wash my hair
mi asciugo con un asciugamano.	I dry myself
mi pulisco i denti con *lo spazzolino* e	I brush my teeth; toothbrush;
dentifricio.	toothpaste
mi rado con *il sapone da barba* ed *un rasoio*.	I shave; shaving soap; razor
mi metto *il trucco*.	I put on makeup
mi pettino.	I comb my hair

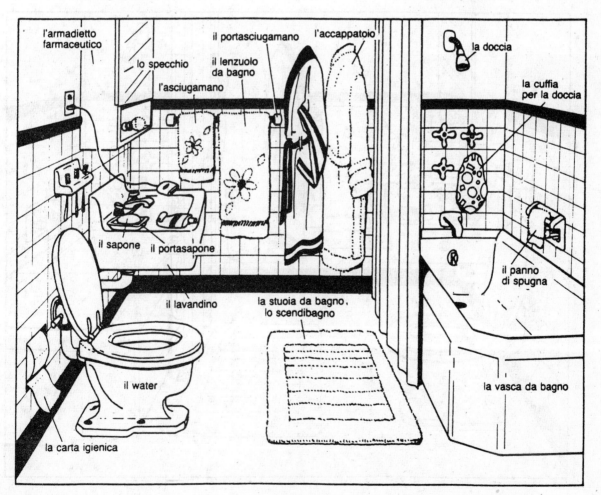

Fig. 16-4

7. Complete.

1. Mi lavo le mani nel _____. Quando mi lavo le mani uso il (la) _____ ed
   un _____ _____ _____.
2. Dopo aver usato il sapone, lo metto nel _____.
3. A volte faccio il _____ ed a volte faccio la _____ la mattina.
4. Dopo aver fatto la doccia o il bagno, mi asciugo con un _____ _____
   _____.
5. Gli asciugamani sono appesi al _____.
6. Mi guardo nello _____ mentre mi pettino.
7. Mi pulisco i denti con lo _____ e _____. Poi metto il _____
   nell' _____ _____.
8. Se non voglio bagnarmi i capelli, mi metto una _____ _____
   _____ _____ prima di fare la doccia.
9. Il _____ è al lato del lavabo.
10. Dopo aver fatto il bagno, mi metto l'_____.
11. Non voglio bagnare le mattonelle. Metto i piedi su una _____ _____
    _____.

8. Identify each item in Fig. 16-5.

Fig. 16-5

THE DINING ROOM (Figs. 16-6 and 16-7)

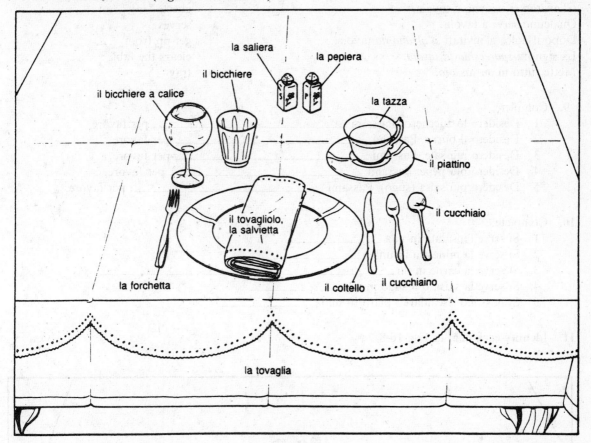

Fig. 16-6

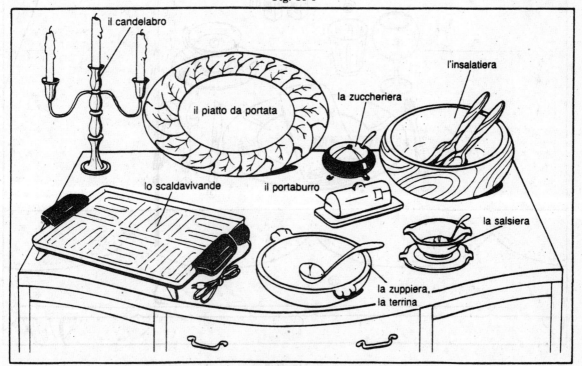

Fig. 16-7

La signora *apparecchia la tavola*.	sets the table
Gl'invitati si siedono a tavola.	guests
Qualcuno *serve* a tavola.	serves
Dopo il dolce gl'invitati *si alzano da* tavola.	get up from
La signora *sparecchia la tavola*.	clears the table
Mette tutto in *un vassoio*.	tray

9. Complete.
1. Desidero lo zucchero. Passami _____ _____, per favore.
2. Desidero il burro. Passami _____ _____, per favore.
3. Desidero più sale. Passami _____ _____, per favore.
4. Desidero più pepe. Passami _____ _____, per favore.
5. Desidero più salsa (sugo). Passami _____ _____, per favore.

10. Complete.
1. Si serve l'insalata in una _____.
2. Si serve la minestra in una _____.
3. Si serve la carne in un _____ _____ _____.
4. Si serve la salsa o il sugo in una _____.
5. Si possono riscaldare i piatti in uno _____.

11. Identify each item in Fig. 16-8.

Fig. 16-8

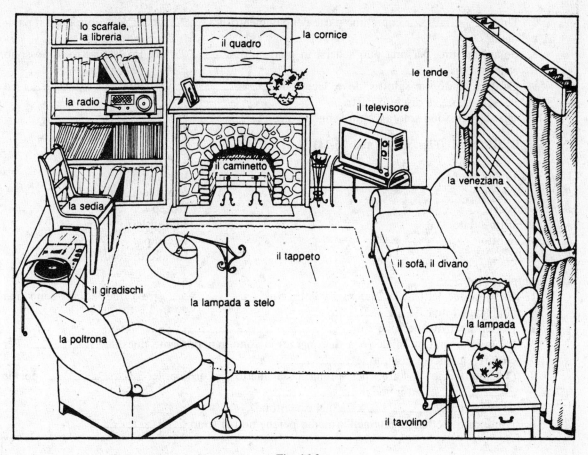

Fig. 16-9

THE LIVING ROOM (Fig. 16-9)

La famiglia si siede in *salotto*.	living room
Parlano (conversano).	They talk (chat).
Guardano la televisione.	they watch
Ascoltano un programma alla radio.	they listen to
Ascoltano *dischi (nastri)*.	records, tapes
Leggono *il giornale (la rivista)*.	newspaper, magazine
Ricevono i loro *ospiti (invitati)*.	guests
Nel salotto non c'è *una moquette* ma un bel	wall-to-wall carpeting
tappeto persiano.[2]	Persian rug

12. Complete.
   1. Ci sono _____ _____ e _____ sulla finestra.
   2. La signora ha molti libri nello _____.
   3. Quando fa freddo metto _____ _____ vicino al _____ e mi siedo lì.
   4. La lampada è sopra un _____ al lato del _____.
   5. Il quadro ha _____ _____ di legno.
   6. Di sera guardo la _____ ed _____ la radio.

---

[2] *Il tappeto* is an area rug, even a large one. *La moquette* is wall-to-wall carpeting.

7. Un _____ copre una parte del pavimento. La _____ copre tutto il pavimento.

8. Solamente una persona può sedersi in una _____, ma tre o quattro si possono sedere in un _____.

9. Di sera vado in salotto dove leggo un _____ o una _____ ed _____ dischi o nastri.

10. Questa sera sono solo(a). Non vengono _____.

IN THE BEDROOM (Figs. 16-10 and 16-11)

Vado a letto (mi corico).	I go to bed.
Regolo la sveglia.	I set the alarm clock.
Dormo otto ore.	I sleep
Mi addormento subito.	I fall asleep
Mi alzo alle otto.	I get up
Faccio il letto.	I make the bed.

13. Complete.
1. Ci sono due letti nella camera da letto. Sul _____, fra i due letti, ci sono una lampada ed una _____.
2. Un letto per due persone è un _____ _____.
3. In un letto matrimoniale (o a due piazze) ci sono generalmente due _____. Per coprire i guanciali, usiamo le _____.
4. Quando faccio il letto, per prima cosa metto in ordine le _____, poi le _____ ed infine il _____.
5. Ci sono cinque _____ nel cassettone.
6. Non posso mettere niente nell'armadio perché non ci sono _____.

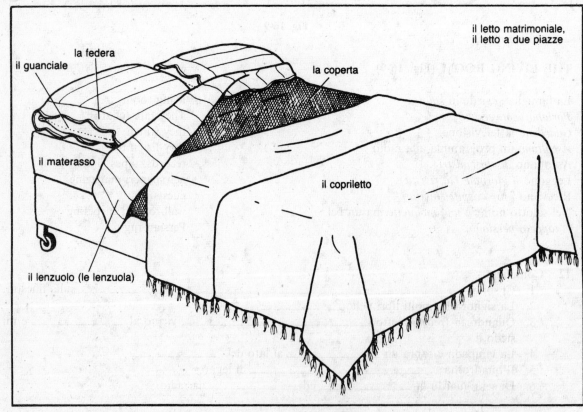

Fig. 16-10

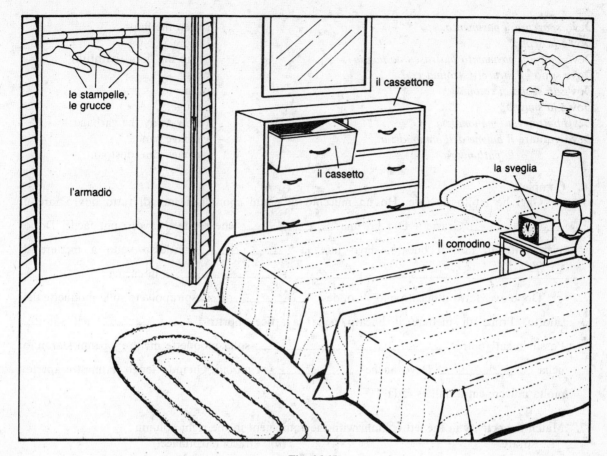

Fig. 16-11

14. Name six things that belong on a bed.

15. Answer.
1. A che ora vai a letto? (A che ora ti corichi?)
2. Regoli la sveglia prima di coricarti?
3. Quante ore dormi alla notte?
4. Ti addormenti subito o ti giri molto sul letto prima di prendere sonno?
5. A che ora ti alzi?
6. Fai subito il letto?

HOUSEWORK

Devo lavare *i panni sporchi*.	dirty clothes
Devo *fare il bucato*.	do the laundry
Lo metto nella *lavatrice*.	washing machine
Devo fare *lo stiro*.	ironing
Dov'è *il ferro (da stiro) e l'asse da stiro?*	iron; ironing board
Devo *spolverare i mobili*.	dust the furniture
Dov'è *lo straccio per la polvere?*	dustcloth
il piumino?	feather duster
Devo *usare l'aspirapolvere* sulla moquette.	vacuum-clean
Dov'è *l'aspirapolvere?*	vacuum cleaner
Devo *lucidare* i mobili.	shine

Devo *spazzare il pavimento*.   sweep the floor
Dov'è *la scopa?*   broom
Devo *pulire il pavimento (la vasca da bagno)*. scrub the floor (bathtub)
Dove sono *gli stracci (strofinacci)?*   rags
Dov'è *la scopa di cotone?*   mop
Dov'è *la spugna?*   sponge
Devo *buttar via l'immondizia*.   throw away the garbage
Devo vuotare *il bidone dell'immondizia*.   garbage can
        la pattumiera.   garbage can, dustpan

16. Complete.

Oggi ho molto da fare. Ho un mucchio di panni sporchi. Prima di tutto dovrò fare il

_____. Grazie a Dio ho una _____ che rende il lavoro più facile. Dopo
    1   2

aver finito di fare il bucato, devo fare la _____. Adesso vado a mettere il
                                      3

_____ e l'_____ _____ _____ in cucina.
    4   5

Dopo aver fatto il bucato e lo stiro, devo _____ l'aspirapolvere sulla moquette del
                                          6

salotto. Prima di mettere il bucato nella lavatrice, porto l'_____ nel salotto.
                                              7

Possibilmente potrò _____ _____ sulla moquette mentre i panni staranno
                         8

nella _____. Devo anche _____ i mobili. Quando tengo le finestre aperte,
      9   10

molta polvere entra dalla strada.

17. Match the activity in the left column with the equipment in the right column.

1. stirare		(*a*)	stracci (strofinacci)
2. spazzare		(*b*)	l'asse da stiro
3. pulire la vasca da bagno		(*c*)	uno straccio pulito
4. spolverare		(*d*)	la scopa
5. usare l'aspirapolvere sulla moquette		(*e*)	i mobili
		(*f*)	l'aspirapolvere

18. Complete.

Dopo aver preparato un gran pranzo, c'è sempre molta _____ che la butto tutta
                                              1

nella _____.
      2

SOME MINOR PROBLEMS AROUND THE HOME

Accendo la luce.   I turn on the light.
Non si accende.   It won't go on.
Si è *fulminata la lampadina?*   light bulb has burned out
Ah, no. Devo *attaccare* la lampada.   plug in
Qui è *la presa*.   plug
Le luci *si sono spente*.   gone out
Io non *le ho spente*.   turn them off
È saltata una valvola.   A fuse has blown.
Devo esaminare (controllare) *la scatola delle valvole*. fuse box
Dov'è *l'interruttore?*   light switch
Dovrò chiamare *l'elettricista*.   electrician
Non posso *vuotare il lavandino*.   empty the sink
Ho tolto il tappo.   I removed the plug (stopper).

È *otturato*.	clogged up
Sta gocciando acqua dalla doccia.	dripping, leaking
Dovrò chiamare *l'idraulico*.	plumber
La tubatura è molto vecchia.	pipes (plumbing)

19. Complete.

Non posso accendere la luce. Non so che cosa è successo. Sarà _____ la
1
_____ della lampada? Ah, no. Guarda! La lampada non è attaccata. La devo
2
_____. Ma dov'è la _____?
3   4

20. Complete.

Non ho luci. Cosa è successo? Non le ho _____. Forse _____
1   2
_____ una valvola. Dovrò esaminare la _____ _____. Se non è
3
saltata una _____, che io posso facilmente cambiare, dovrò chiamare
4
l'_____.
5

21. Complete.

—Il lavandino è pieno d'acqua e non lo posso _____.
1
—Bene, hai tolto il _____?
2
—Naturalmente che l'ho tolto.

—Allora, sarà _____. Dovremo chiamare l'_____. Presto dovremo cambiare
3   4
tutto la _____ in questa casa.
5

Key Words

The kitchen

		la cucina elẹttrica	electric range
		la cucina a gas	gas range
l'acquạio	sink (kitchen)	cucinạre	to cook
l'apribottịglia	bottle opener	cuọcere	to cook
l'apriscạtola	can opener	la dispẹnsa	pantry
arrostịre	to roast	il fornẹllo	burner on a stove
il bidọne dell'immondịzia	garbage can	il fọrno	oven
bollịre	to boil	il frẹezer	freezer
il bollitọre	kettle	frịggere	to fry
buttạr vịa	to throw away	il frigorịfero	refrigerator
la caffettiẹra	coffeepot	il frullatọre	blender
la casseruọla	casserole, (type of) pot	il frullịno	eggbeater
il cavatạppi	corkscrew	a fuọco lẹnto	on a low flame
il colapạsta	colander	la grattụgia	grater
colạre	to strain	la grịglia	grill
il colịno	strainer	l'immondịzia	garbage
il coltẹllo per (da) sbucciare	paring knife	lavạre	to wash
il congelatọre	freezer	la lavapiạtti	dishwasher
la credẹnza	kitchen closet, cupboard, cabinet	la lavastovịglie	dishwasher
la cucịna	kitchen, stove, range, cuisine	la lavatrịce	washing machine

il lavello   sink (kitchen)
liquefare   to melt
il manico   handle
il mixer   mixer
la padella   pan, frying pan, skillet
il panno   dishtowel, cloth
il passino   strainer
la pattumiera   garbage can, dustpan
il pelapatate   potato peeler
pelare   to pare, to peel
il pensile   kitchen closet, cupboard, cabinet
la pentola a pressione   pressure cooker
portare a ebollizione   bring to a boil
rosolare   to sauté
il rubinetto   faucet
la salsa   sauce
sbucciare   to pare, to peel
lo scolapiatti   dish drainer
scolare   to drain
lo spremiagrumi   citrus-fruit squeezer
la spugnetta   small sponge
le stoviglie   dishes, cutlery
il sugo   gravy
tagliare a cubetti   to dice
il tappo   plug, cork (in wine bottle)
il tegame   pan
la tortiera   baking pan
il trinciante   carving knife
trinciare   to carve
tritare   to chop

The bathroom

l'accappatoio   bathrobe
l'armadietto farmaceutico   medicine cabinet
asciugarsi   to dry oneself
l'asciugamano   towel
il bagno   bathroom
la carta igienica   toilet paper
il catino   basin (portable)
la cuffia per la doccia   shower cap
il dentifricio   toothpaste
la doccia   shower
fare il bagno   to bathe, to take a bath
fare la doccia   to take a shower
gocciare   to drip, to leak
il lavandino   sink (bathroom)
lavarsi   to wash oneself
lavarsi i capelli   to wash one's hair
il lenzuolo da bagno   bath towel
le mattonelle   tiles
mettersi   to put on

il mosaico   small tile
otturare   to plug, to clog
il panno di spugna   washcloth
il pavimento   floor
pettinarsi   to comb one's hair
il portasapone   soap dish
il portasciugamano   towel rack
radersi   to shave oneself
il rasoio   razor
il sapone   soap
il sapone da barba   shaving soap
la saponetta   bar of soap
lo scendibagno   bathmat
lo spazzolino   toothbrush
lo specchio   mirror
la spugna   sponge
la stuoia da bagno   bathmat
il trucco   makeup
la vasca da bagno   bathtub
il water   toilet

The dining room

alzarsi da tavola   to get up from the table
apparecchiare la tavola   to set the table
il bicchiere   glass
il bicchiere a calice   stem glass
il buffet   buffet, sideboard
il burro   butter
il candelabro   candelabra
il coltello   knife
la credenza   buffet, sideboard
il cucchiaino   teaspoon
il cucchiaio   soup spoon, tablespoon
il dolce   dessert
la forchetta   fork
l'insalatiera   salad bowl
gl'invitati   guests
mettere   to put, to place
la minestra   soup
il pepe   pepper
la pepiera   pepper shaker
il piattino   saucer
il piatto   plate, dish
il piatto da portata   serving platter
il portaburro   butter dish
la sala da pranzo   dining room
il sale   salt
la saliera   salt shaker
la salsiera   gravy boat
la salvietta   napkin
lo scaldavivande   plate warmer

servire   to serve
sparecchiare la tavola   to clear the table
la tazza   cup
la tovaglia   tablecloth
il tovagliolo   napkin
il vassoio   tray
la zuccheriera   sugar bowl
lo zucchero   sugar
la zuppiera   soup tureen

The living room

ascoltare   to listen to
il caminetto   fireplace
conversare   to chat
la cornice   frame
il disco   record
il divano   sofa, couch
il giornale   newspaper
il giradischi   record player
guardare   to watch
la lampada   lamp
la lampada a stelo   floor lamp
la lampadina   lightbulb
la libreria   bookcase
la moquette   wall-to-wall carpeting
il nastro (magnetico)   tape
l'ospite   guest
parlare   to talk, to chat
la poltrona   armchair
il quadro   picture, painting
la radio   radio
la rivista   magazine
il salotto   living room
lo scaffale   bookcase
la sedia   chair
il sofà   soft, couch
il tappeto   rug, carpet
il tavolino   table
la televisione   television
il televisore   television set
la tenda   drape
le veneziane   venetian blinds

The bedroom

addormentarsi   to fall asleep
alzarsi   to get up
andare a letto   to go to bed
l'armadio   closet
la camera da letto   bedroom

il cassetto   drawer
il cassettone   bureau, chest of drawers
il comodino   night table
la coperta   blanket
il copriletto   bedspread
coricarsi   to go to bed
dormire   to sleep
fare il letto   to make the bed
la federa   pillowcase
il guanciale   pillow
il lenzuolo (pl. *le lenzuola*)   sheet
il letto   bed
il materasso   mattress
prendere sonno   to go to sleep
regolare la sveglia   to set the alarm clock
la stampella   hanger
la stanza da letto   bedroom
la sveglia   alarm clock

Housework

l'aspirapolvere   vacuum cleaner
l'asse da stiro   ironing board
il bidone dell'immondizia   garbage can
il bucato   laundry
le faccende domestiche   housework
fare il bucato   to do the laundry
il ferro (da stiro)   iron
l'immondizia   garbage
lavare   to wash
la lavatrice   washing machine
i lavori domestici   housework
lucidare   to shine, to polish
i panni   clothes
i panni sporchi   dirty clothes
il panno   cloth
la pattumiera   garbage can, dustpan
il pavimento   floor
il piumino   feather duster
prima di tutto   first of all
pulire   to clean, to scrub
la scopa   broom
la scopa di cotone   mop
scopare   to sweep (with a broom)
spazzare (il pavimento)   to sweep
                                         (the floor)

spolverare   to dust
sporco   dirty
la spugna   sponge
stirare   to iron
lo stiro   ironing
lo straccio   rag

lo straccio per la polvere   dustcloth
lo strofinaccio   dustcloth
strofinare il pavimento   to scrub the floor
usare l'aspirapolvere   to vacuum-clean
vuotare   to empty

Some minor problems around the home

accendere la luce   to turn on the light
attaccare   to plug in
l'elettricista   electrician
fulminato(a)   burned out
gocciare   to drip, to leak

l'idraulico   plumber
l'interruttore   light switch
la lampadina   lightbulb
la luce   light
otturato   clogged
la presa   electric outlet, electric socket
lo scarico   drain
la scatola delle valvole   fuse box
spegnere la luce   to turn out (off) the light
la spina   electric plug
il tappo   plug (of sink), stopper (of bottle)
la tubatura   pipes, plumbing
la valvola   fuse

Chapter 17: At the doctor's office
Capitolo 17:   Dal dottore

I HAVE A COLD

Parla il (la) paziente:
Non mi sento bene. Sono *malato(a)*.   sick
Ho *un raffreddore*.
Sono raffreddato(a).
Non so se ho *l'influenza*.   flu, influenza
Mi fa male la gola.   My throat hurts.
Ho *mal d'orecchi*.   earache
   la febbre.   fever
   i brividi.   chills
   le ghiandole ingrossate.   swollen glands
   mal di testa.   headache
   tosse.   cough
   molto catarro.   a lot of congestion
Parla il dottore (la dottoressa)[1]:
Che *sintomi* ha?   symptoms
Ha *le vertigini?*   dizziness
Ha *la nausea?*   nausea
Apra la bocca.   Open your mouth.
Le voglio *esaminare* la gola.   examine
Respiri profondamente.   Take a deep breath.
Le fa male *il petto?*   chest
Le misuro la temperatura.
È allergico(a) alla penicillina?
Le faccio *un'iniezione*.   injection
Si rimbocchi la manica.   Roll up your sleeve.
Si spogli fino alla cintola.   Strip to the waist.
Le *ordino (prescrivo)* degli antibiotici.   prescribe
Lei deve prendere tre *pillole* al giorno.   pills.

1. **Complete.**

    Il povero signor Calcatelli non si sente bene. È _____. Ha la _____ molto
                                                   1   2
    infiammata e gli fa molto male. A volte ha molto freddo ed a volte ha molto caldo. Ha la

    _____. Ha le ghiandole _____, la _____ e molto _____.
        3   4   5   6
    Non sa se ha solamente un _____ o se ha l'_____. Deve andare dal dottore.
                                        7   8

2. **Complete.**

    Dal _____
          1
    —Buon giorno, dottore.

    —Buon giorno. Che cos'ha?

---

[1] The words *dottore* (m.), *dottoressa* (f.) and *medico* are used interchangeably when speaking of a medical doctor.
When addressing the doctor directly, *dottore* or *dottoressa* is used.

—Non so se ho solamente un _____ o l'_____.
                              2   3

—Che _____ ha?
            4

—Mi fa male la _____ ed ho molto _____.
                    5   6

—Va bene. Apra la _____, per favore. Le voglio esaminare la _____. È
                        7   8

vero, è molto infiammata. Lei ha pure le _____ un po' ingrossate. _____
                                              9   10

profondamente, per piacere. Le fa male il _____ quando respira?
                                                11

—Un poco, non molto.

—Ha la _____?
            12

—Sì, ho un po' di tosse.

—Apra di nuovo la bocca. Le voglio misurare la _____. Lei ha la _____ un
                                                    13   14

po' alta, ha 38. Sa se è _____ a qualche medicina?
                              15

—Credo di no.

—Bene, si rimbocchi la _____, per favore. Le faccio un'_____ di penicillina
                            16   17

e le _____ un antibiotico. Lei dovrà prendere tre _____ al giorno. In un
          18   19

paio di giorni si sentirà molto meglio.

3. Complete.
    1. Quando uno ha il _____, generalmente non ha febbre. Ma con l'_____
       normalmente la _____ viene.
    2. A volte, quando una persona ha la febbre, può avere freddo e caldo alternativamente.
       Quando ha freddo, può avere anche i _____.
    3. Il paziente deve aprire la _____ quando il medico gli _____ la gola.
    4. Quando il dottore gli fa un'_____ nel braccio, il paziente si deve rimboccare la
       _____.

A PHYSICAL EXAMINATION

Anamnesi   medical history
Ha Lei o qualche membro della sua famiglia mai sofferto di
    allergie?
    artrite?
    asma?
    cancro?
    diabete?
    malattia di cuore?   heart disease
    malattia mentale?   mental illness
    malattia venerea?   venereal disease
    epilessia?   epilepsy
    tubercolosi?
Da bambino(a), ha avuto la poliomelite?
                    il morbillo?   measles
                    la rosolia?   German measles
                    la varicella?   chicken pox
                    gli orecchioni (la parotite)?[2]   mumps

---

[2] Some other diseases you may have to know for travel purposes are *il vaiolo* (smallpox), *la malaria* (malaria), *la febbre gialla* (yellow fever), *il tifo* (typhoid fever), *il tetano* (tetanus).

THE VITAL ORGANS (Figs. 17-1 and 17-2)

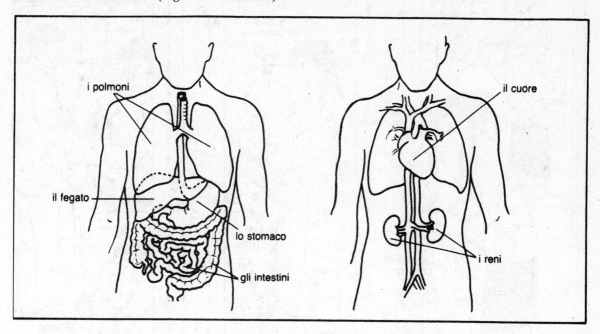

Fig. 17-1

Che *tipo di sangue* ha?	blood type
Ha nessun problema con le mestruazioni?	
Ha avuto nessuna operazione?	
Sì, mi hanno tolto *le tonsille.*	tonsils
l'appendice.	appendix
Parla il medico:	
Si rimbocchi la manica, per favore.	
Le voglio misurare *la pressione del sangue.*	blood pressure
Le voglio prendere *un campione di sangue.*	blood sample
Voglio fare *l'analisi del sangue.*	blood analysis
Le sento il polso.	I feel your pulse.
Le faccio *una radiografia (lastra) ai polmoni.*	x-rays of the lungs
L'ascolto con lo stetoscopio.	I examine it with a stethoscope.
Le faccio un elettrocardiogramma.	
Ho bisogno di un campione di *urina.*	urine
feci.	feces

4. Complete.

1. Una persona che ha una _____ _____ _____ può avere un attacco cardiaco (al cuore).
2. Il malato non può tollerare la penicillina. Ha una _____.
3. Nel passato molti bambini avevano la _____, il _____, la _____ o gli _____. Queste sono tutte malattie contagiose. Oggigiorno ci sono iniezioni di immunizzazione contro queste _____.
4. Una persona che ha l'_____ ha difficoltà nel respirare.
5. _____, _____, _____ e _____ sono organi vitali.
6. Quando una persona ha un incidente, è importante sapere il suo _____ _____ _____.

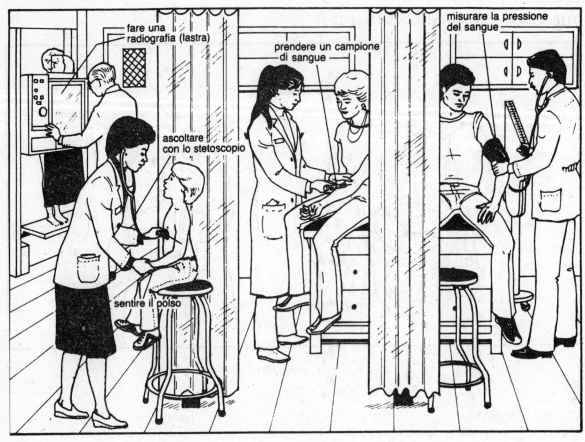

Fig. 17-2

7. Gli psichiatri curano le _____ _____.
8. Il cuore, il fegato ed i reni sono _____ _____.
9. Io non ho mai _____ d'epilessia.
10. L'asma è una malattia dei _____.
11. Ogni volta che vado dal medico, lui mi misura la _____ _____.
12. L'infermiera mi prende un campione di sangue perché vuole farne l'_____.
13. Se c'è anche la minima possibilità di una malattia al cuore, il dottore le farà un _____.
14. A volte quando una persona ha il mal di _____, vomita o ha diarrea.

5. Select the procedures that are part of a routine medical or physical examination.
1. Il medico le misura la temperatura.
2. La dottoressa le misura la pressione del sangue.
3. Il chirurgo le fa un'operazione.
4. Il radiologo le fa una radiografia ai polmoni.
5. Il medico le prende un campione di sangue per analizzarlo.
6. Il dottore le sente il polso.
7. Il medico le fa un'iniezione di penicillina.
8. La dottoressa le fa un elettrocardiogramma.
9. Il dottore le ordina degli antibiotici.
10. Il medico lo (la) esamina con lo stetoscopio.
11. La dottoressa le chiede un campione di urina.
12. Il medico esamina alcuni organi vitali.

I HAD AN ACCIDENT (Fig. 17-3)

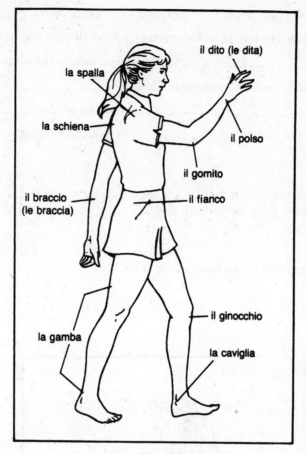

la spalla

la schiena

il braccio
(le braccia)

la gamba

il dito (le dita)

il polso

il gomito

il fianco

il ginocchio

la caviglia

Fig. 17-3

Mi sono rotto(a) *un dito.*	finger
un braccio.	arm
un polso.	wrist
un fianco.	hip
un ginocchio.	knee
un gomito.	elbow
una gamba.	leg
una caviglia.	ankle
una spalla.	shoulder
Mi sono slogato(a) una caviglia.	I sprained my ankle.
Mi fa male qui.	It hurts me here.
Il dottore vuole fare *una radiografia.*	x-ray
Ha *una frattura composta.*	compound fracture
Il dottore (chirurgo ortopedico) deve *ridurre la frattura.*	set the bone
Poi la deve *ingessare.*	set, put in a cast
Il paziente dovrà usare *le stampelle.*	crutches
Mi sono fatto(a) *un taglio* ad un dito.	cut
un piede.	foot
una guancia.	cheek
Il dottore gli (le) dà dei *punti.*	stitches
Poi gli (le) *fascia (benda)* bene la ferita.	bandages
Il dottore *toglierà i punti* fra cinque giorni.	will take out the stitches

6. Complete.

Il povero Carletto ha avuto un incidente. È caduto e si è rotto _____

_____. I suoi genitori lo hanno portato subito all'ospedale. Il dottore ha detto loro

che voleva fare una _____ all ferita per vedere meglio la frattura. Disgraziatamente la

radiografia indicò una frattura composta. Così il _____ ortopedico ha dovuto

_____ _____ _____ e poi ha dovuto _____ la gamba.

Il povero Carletto dovrà usare le _____ per qualche settimana.

7. Complete.
1. Si è fatto un taglio al dito. Il dottore non ingessa la ferita, ma la _____.
2. Prima di fasciarla, però, deve darci dei _____ perché è un taglio abbastanza profondo.

8. Identify each numbered part of the body in Fig. 17-4.

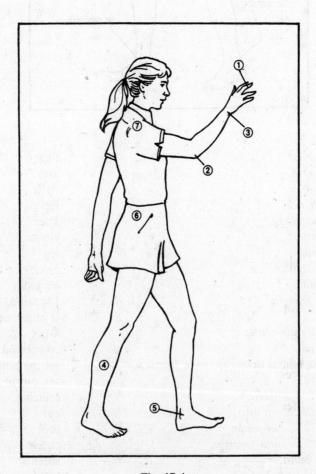

Fig. 17-4

Key Words

l'allergia allergy

allergico(a) allergic

alternativamente alternatively

l'analisi analysis

l'anamnesi medical history

l'anca hip

andare dal dottore to go to the doctor's office

l'antibiotico antibiotic

l'appendicite appendix

aprire la bocca to open one's mouth

l'artrite arthritis

ascoltare to listen to

l'asma asthma

l'attacco di cuore heart attack

la benda bandage

bendare to bandage, to dress

la bocca mouth

il braccio (pl. *le braccia*) arm

il brivido chill

il campione sample

il cancro cancer

il catarro phlegm, congestion

la caviglia ankle

il chirurgo surgeon

il chirurgo ortopedico orthopedic surgeon

costipato(a) constipated

il cuore heart

dare i punti to stitch, to suture

il diabete diabetes

la diarrea diarrhea

il dito (pl. *le dita*) finger

il dolore pain, ache

il dorso back

il dottore (la dottoressa) doctor

l'elettrocardiogramma electrocardiogram

l'epilessia epilepsy

esaminare to examine

essere raffreddato(a) to have a cold

fare male to hurt

la fascia bandage

fasciare to bandage

fasciare una ferita to dress a wound

la febbre fever

la febbre gialla yellow fever

le feci (pl. only) feces

il fegato liver

la ferita wound

il fianco hip

la frattura composta compound fracture

la gamba leg

la ghiandola gland

il ginocchio (pl. *le ginocchia*) knee

al giorno each day

la gola throat

il gomito elbow

il gruppo sanguigno blood type

la guancia cheek

l'infermiere(a) nurse

infiammato(a) inflamed

l'influenza influenza, flu

l'ingessatura cast

ingrossato(a) swollen

l'iniezione injection

gli intestini intestines, bowels

la lastra x-ray

malato(a) sick

la malattia illness, disease

la malattia di cuore heart disease

la malattia mentale mental illness

la malattia venerea venereal disease

mal di gola sore throat

mal di testa headache

la manica sleeve

il medico doctor

meglio better

la mestruazione menstruation

mettere to put, to place

misurare to measure

il morbillo measles

la nausea nausea

oggigiorno nowadays

l'operazione operation

ordinare to order, to prescribe

l'orecchio ear

gli orecchioni mumps

l'osso (pl. *le ossa*) bone

la parotite mumps

il (la) paziente patient

la penicillina penicillin

il petto chest

il piede foot

la pillola pill

la poliomelite polio

il polmone lung

il polso pulse, wrist

prendere to take

prescrivere to prescribe

la pressione del sangue blood pressure

il problema   problem
profondamente   deeply
il punto   stitch
pure   also, too
la radiografia   x-ray
il (la) radiologo(a)   radiologist
il raffreddore   cold
il rene   kidney
respirare   to breath
ridurre la frattura   to set the bone
rimboccare   to roll up
rompere   to break
la rosolia   German measles
il sangue   blood
la schiena   back
sentire il polso   to feel the pulse
il sintomo   symptom
slogarsi   to sprain
slogarsi una caviglia   to sprain one's ankle
sofferto   suffered
la spalla   shoulder
spogliarsi   to undress oneself
spogliarsi fino alla cintola   to strip to the waist

la stampella   crutch
lo stetoscopio   stethoscope
stitico(a)   constipated
lo stomaco   stomach
tagliare   to cut
la temperatura   temperature
la testa   head
il tetano   tetanus
il tifo   typhoid fever
il tipo   type
il tipo di sangue   blood type
togliere   to take out, to remove
tollerare   to tolerate, to bear
le tonsille   tonsils
la tosse   cough
tossire   to cough
la tubercolosi   tuberculosis
l'urina   urine
la varicella   chicken pox
le vertigini   dizziness
vomitare   to vomit
il vomito   vomit

Chapter 18: At the hospital
Capitolo 18: All'ospedale

ADMITTANCE

Faccia il favore di completare questo *modulo*.	form
Scriva il nome della sua società d'*assicurazioni*.	insurance
Scriva anche il numero della sua *polizza*.	policy

IN THE EMERGENCY ROOM (Fig. 18-1)

— il pronto soccorso—

Fig. 18-1

Arriva un'ambulanza.	
Il (la) paziente è in *una barella (lettiga)*.	stretcher
Non è in *una carrozzella (sedia a rotelle)*.	wheelchair
Lo (la) portano al *pronto soccorso*.	emergency room
Subito un (un') *infermiere(a)* gli (le) sente il polso.	nurse
Gli (le) misura *la pressione del sangue*.	blood pressure
Il dottore (la dottoressa) l'esamina.	doctor
Un internista l'esamina *appena* arriva al pronto soccorso.	internist; as soon as

Il (la) paziente ha dei *dolori* all'*addome*.	pains; abdomen
Il dottore vuole *una radiografia*.	x-ray
Portano il (la) paziente in *radiologia*.	radiology

1. Answer.
1. Come arriva il (la) paziente all'ospedale?
2. Può camminare il (la) paziente?
3. Come entra in ospedale?
4. Cosa gli (le) fa subito un'infermiera?
5. Chi esamina il (la) paziente?
6. Quando e dove lo (la) esamina?
7. Che cos'ha il (la) paziente?
8. Cosa vuole il dottore?
9. Dove portano il (la) paziente a fare la radiografia?

2. Complete.
Generalmente quando un paziente arriva all'ospedale, lui o un membro della sua famiglia deve

completare un _____. Nel _____ deve scrivere il nome della sua

_____ ed il numero della sua _____.

3. Complete.
1. Molti pazienti arrivano all'ospedale con l'_____.
2. Se il paziente non può camminare, lo transportano con una _____ o con una _____.
3. Quando un paziente arriva all'ospedale con l'ambulanza, generalmente lo portano subito al _____ _____.
4. Quasi sempre un'infermiera gli sente il _____ e gli misura la _____ _____.
5. Se il dottore non può diagnosticare quello che ha il paziente, generalmente ordinerà di fare una _____.

SURGERY (Fig. 18-2)

Operano il (la) paziente.	operate on
Gli (le) *fanno un intervento chirurgico*.	operate
Fanno al (alla) paziente un'iniezione *sedativa (calmante)*.	sedative, tranquilizing
Lo (la) preparano per l'operazione.	
Lo (la) trasportano in *sala operatoria* con la lettiga.	operating room
Lo (la) mettono sul *tavolo operatorio*.	operating table
L'anestesista gli (le) fa l'anestesia.	
Gli (le) dà *il pentotal di sodio*.	sodium pentothal
Il chirurgo lo (la) opera.	surgeon
Lo (la) opera di *appendicite*.	appendicitis
Gli (le) *toglie l'appendice*.	takes out, removes; appendix
Il (la) paziente ha avuto un attacco d'appendicite.	

4. Complete.
Il dottore decide che la paziente ha bisogno di un'_____. Le farà un _____

_____. Prima di trasportarla in _____ _____, le fanno un'iniezione

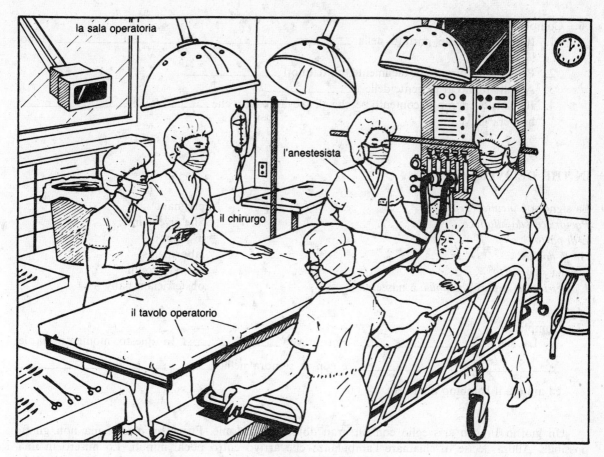

la sala operatoria

l'anestesista

il chirurgo

il tavolo operatorio

Fig. 18-2

_____ per farla rilassare. Poi la trasportano in sala operatoria con una _____
4   5
perché la paziente non può camminare. Quando arrivano alla sala operatoria, mettono la paziente

sul _____ _____. L'_____ le fa l'_____ e subito dopo
6   7   8
il _____ incomincia l'operazione. La operano _____ appendicite.
9   10

5. Give other words for:
    1. fare un intervento chirurgico
    2. un'operazione
    3. un calmante
    4. estrarre

IN THE RECOVERY ROOM

Dopo un'operazione, portano il paziente nella *sala di risveglio*.   recovery room
Nella sala di risveglio gli danno l'ossigeno.
Al paziente viene messa *una fleboclisi*.   intravenous infusion
L'infermiera gli spiega che *la prognosi* non è seria.   prognosis

6. Complete.
1. Il paziente viene portato nella _____ _____ _____ dopo l'operazione.
2. Per farlo respirare più facilmente, gli danno l'_____.
3. A volte fanno al paziente delle _____.
4. Il paziente era molto contento perché gli avevano detto che _____ _____ non era grave.

IN THE DELIVERY ROOM

La signora è *incinta (gravida)*.	pregnant
Partorisce (dà alla luce).	She gives birth.
È *di parto*.	in labor
Ha *le doglie*.	labor pains
È nella *sala parto*.	delivery room
L'ostetrico(a) aiuta il *bambino* a nascere.	obstetrician; baby

7. Complete.
La signora è _____. Fra breve _____. In questo momento ha le
$\underset{1}{\qquad}$ $\underset{2}{\qquad}$
_____. L'_____ è con la signora nella _____
$\underset{3}{\qquad}$ $\underset{4}{\qquad}$ $\underset{5}{\qquad}$
ed aiuterà il bambino a nascere.

Un giorno Franco si svegliò con un gran dolore all'addome. Provò ad alzarsi ma non gli fu possibile. Allora decise di chiamare l'ambulanza che arrivò entro pochi minuti. Lo misero in una barella e lo portarono all'ospedale. Appena arrivato, lo trasportarono al pronto soccorso. Un infermiere gli sentì subito il polso ed un altro gli misurò la pressione del sangue. Poi entrò il dottore il quale gli chiese quali erano i suoi sintomi. Franco descrisse il dolore che aveva. Il medico gli chiese se aveva vomitato o se aveva la diarrea. Franco rispose di no, che aveva solamente il dolore all'addome. Il dottore l'esaminò e disse che voleva una radiografia. Un'infermiera aiutò Franco a sedersi in una carrozzella, poi lo accompagnò in radiologia, dove gli fecero subito una radiografia. Entro un'ora il dottore spiegò a Franco che lui stava soffrendo un attacco d'appendicite e che era necessario un intervento chirurgico. Gli fecero un'iniezione sedativa e quasi subito il paziente si trovò sdraiato sul tavolo operatorio in sala operatoria. L'anestesista gli fece un'iniezione sul braccio destro e gli disse di contrare da uno a dieci. Il chirurgo l'operò di appendicite, poi gli diede dei punti. Quando Franco si svegliò, era nella sala di risveglio con dei tubi d'ossigeno nel naso. Gli avevano messo anche una fleboclisi. Il povero Franco non sapeva proprio dove fosse. Un'infermiera gli si avvicinò e gli disse che era stato operato e che tutto era andato bene. Poi venne il chirurgo che gli disse che l'operazione era andata bene e che la prognosi era molto buona. Fra due giorni Franco potrà lasciare sano e salvo l'ospedale, non in una carrozzella a rotelle ma a piedi.

8. Complete.
1. Franco aveva un gran _____ all'addome.
2. Andò all'ospedale con un'_____.
3. Lui non si sedette nell'ambulanza. Lo misero in una _____.
4. Una volta all'ospedale, lo portarono al _____ _____.
5. Lì gli sentirono il _____ e gli misurarono la _____ _____ _____.
6. Franco descrisse i suoi _____ al dottore.
7. Portarono il paziente in _____ per fare una _____.

8. Il dottore decise di _____.
9. Prima di portarlo in sala operatoria, gli fecero un'_____ _____.
10. In sala operatoria lo misero sul _____ _____.
11. L'_____ gli fece l'anestesia.
12. Il _____ l'operò d'_____.
13. Dopo l'operazione, il chirurgo gli _____ dei _____.
14. Quando Franco si svegliò, era nella _____ _____ _____.
15. Per respirare bene, aveva un _____ _____ nel naso.
16. Gli avevano messo anche una _____.
17. Franco non era preoccupato perché il chirurgo gli diede una _____ molto buona.

Key Words

accompagnare to accompany	*l'internista* internist
l'addome abdomen	*l'intervento chirurgico* surgery
l'ambulanza ambulance	*l'intestino* intestine, bowel
l'anestesia anesthesia	*l'isterectomia* hysterectomy
l'anestesista anesthetist	*la lettiga* stretcher
appena as soon as	*il medico* doctor
l'appendice appendix	*il modulo* form
l'appendicite appendicitis	*operare* to operate
l'assicurazione insurance	*l'operazione* operation
l'attacco attack	*l'ospedale* hospital
il (la) bambino(a) baby	*l'ossigeno* oxygen
la barella stretcher	*l'ostetrico(a)* obstetrician
il calmante tranquilizer	*l'ovaia* ovary
la carrozzella wheelchair	*partorire* to give birth
le cateratte cataracts	*il (la) paziente* patient
il chirurgo surgeon	*il pentotal di sodio* sodium pentothal
la cisti cyst	*il petto* breast
il colon colon	*il polipo* polyp
dare alla luce to give birth	*la polizza* policy
diagnosticare to diagnose	*il polso* pulse
le doglie labor pains	*preoccupato(a)* worried
il dolore pain, ache	*la pressione del sangue* blood pressure
il dottore (la dottoressa) doctor	*la prognosi* prognosis
il dottore interno intern	*il pronto soccorso* emergency room
le emorroidi haemorrhoids	*la radiografia* x-ray
endovenoso(a) intravenous	*la radiologia* radiology
esaminare to examine	*rilassare* to relax
essere di parto to be in labor	*la sala operatoria* operating room
fare un intervento to operate, to perform	*la sala di parto* delivery room
chirurgico surgery	*la sala di risveglio* recovery room
la fleboclisi intravenous infusion	*sdraiarsi* to lie down
gravida pregnant	*sedativo(a)* sedative
incinta pregnant	*la sedia a rotelle* wheelchair
l'infermiere(a) nurse	*il seno* breast
l'iniezione injection	*il siero* serum

la società di assicurazioni   insurance company
il tavolo operatorio   operating table
togliere   to remove
le tonsille   tonsils

l'ulcera   ulcer
la vescica   bladder
la vescichetta biliare, la   gallbladder
   cistifellea

Chapter 19: At the theater and the movies
Capitolo 19: A teatro ed al cinema

SEEING A SHOW

Desidero andare a *teatro*.	theater
Che genere di *lavoro* vuoi vedere?	work, production
Un dramma?	drama
Una tragedia?	tragedy
Una commedia?	comedy
Mi piacerebbe vedere un lavoro *musicale*.	I would like to see; musical
una rivista musicale.	musical revue
un varietà.	vaudeville
un'operetta.	operetta
Chi è *l'attore (l'attrice)?*	actor (actress)
Chi *fa la parte* di Roberto?	plays the part
Chi è *il (la) protagonista?*	lead actor
Il dramma è in tre *atti*.	acts
Ogni atto ha due *scene*.	scenes
C'è *un intervallo* dopo il secondo atto.	intermission
L'attore (l'attrice) *entra in scena*.	enters, comes on stage
Gli *spettatori* applaudono.	spectators
A loro piace *lo spettacolo*.	show
Gli spettatori *battono i piedi sul pavimento* se a loro non piace lo spettacolo.	stamp their feet
Si alza il sipario.	The curtain goes up.
Cala il sipario.	The curtain goes down.

1. Complete.
   1. Perché non andiamo a _____?
   2. Non voglio vedere una tragedia. Preferisco vedere una _____.
   3. L'_____ Alberto Sordi fa la parte del re e l'_____ Eleonora Giorgi fa la _____ della regina.
   4. La Giorgi ha la parte più importante. È la _____.
   5. Lo spettacolo è abbastanza lungo. È in cinque _____ ed ognuno ha due _____.
   6. Scende il _____ dopo ogni atto.
   7. Fra il terzo e quarto atto c'è un _____ di quindici minuti.
   8. Tutti gli spettatori applaudono quando la protagonista _____ _____ _____ per la prima volta.
   9. Gli spettatori applaudono perché a loro piace lo _____.
   10. Se agli spettatori non piace lo spettacolo, loro _____ _____ _____ sul pavimento.

2. Give the opposite.
   1. una commedia
   2. un attore
   3. applaudire
   4. cala il sipario

AT THE TICKET WINDOW (Fig. 19-1)

Fig. 19-1

Al *botteghino*	ticket window, box office
Hanno dei *posti* per *lo spettacolo di questa sera?*	seats; tonight's performance
Mi dispiace. È *tutto esaurito.*	sold out
Ci sono dei posti in *platea* per lo spettacolo di domani?	orchestra
Ci sono dei posti in *galleria?*	mezzanine
Vorrei dei posti nella *seconda galleria.*	balcony
nel *loggione.*	top balcony
Vorrei due *poltrone* in platea.	orchestra seats
Vorrei *un palco di prim'ordine.*	a first-tier box
second'ordine.	a second-tier box
terz'ordine.	a third-tier box
un palco di proscenio.	stage box
Vorrei due *posti* in prima *fila.*	front-row seats
Quanto costano i biglietti?	how much are
Ecco i suoi biglietti.	
Lei ha i posti numero 15 e 16 in *fila* D.	row
A che ora *incomincia* lo spettacolo?	starts
Possiamo lasciare il soprabito in *guardaroba?*	cloakroom
La mascherina (maschera) ci darà il programma.	usher
Dobbiamo dare *una mancia* alla mascherina.	tip

3. Complete.

Al _____ **del teatro**
1

—Hanno dei _____ per lo _____ di questa sera?
2   3

—No, signore. È tutto _____. Però ci sono dei _____ per lo spettacolo di
4   5

domani.

—Per domani va bene.

—Desidera sedersi in _____, in _____ o nella _____
6   7   8

_____?

—Vorrei due _____ _____ _____, per favore.
9

—Ah! Mi dispiace, ma per lo spettacolo di domani la platea è tutta esaurita. Comunque ho dei

_____ in prima fila.
10

—Va bene. Quanto _____ i biglietti?
11

—Dieci euro ciascuno.

—Va bene.

—Ecco i suoi _____. Sono nella _____ A.
12   13

—Grazie. Scusi, a che ora _____ lo spettacolo?
14

—Si _____ il sipario alle otto in punto.
15

4. Read the conversation and answer the questions that follow.

Clara: Sei andata oggi al botteghino del teatro?
Adriana: Sì, ci sono andata.
Clara: Allora, andiamo a teatro questa sera?
Adriana: Questa sera no. Non c'erano posti. Era tutto esaurito. Ho però due biglietti per lo
            spettacolo di domani.
Clara: Va bene. Sono in platea?
Adriana: No, non avevano poltrone libere in platea, ma avevano alcuni posti nelle prime file
            della prima galleria. Ho preso due posti in prima fila nella prima galleria.
Clara: Va bene. Da lì si vede molto bene. A me non piacciono nè i posti nella seconda galleria,
            nè nel loggione. Da là non si sente bene. A me piace sedermi o in platea o nella prima
            galleria.

1. Dov'è andata Adriana?
2. Vanno a teatro questa sera Clara e Adriana?
3. C'erano posti liberi per lo spettacolo di questa sera?
4. Era tutto esaurito anche per lo spettacolo di domani?
5. Quanti posti ha preso Adriana per lo spettacolo di domani?
6. Sono in platea?
7. Perché no?
8. Dove si sederanno Clara ed Adriana?
9. Perché a Clara non piacciono nè i posti nella seconda galleria nè nel loggione?
10. Dove le piace sedersi?

5. Correct each statement.
1. Si possono comprare i biglietti per il teatro in guardaroba.
2. L'impiegato del botteghino accompagna gli spettatori al loro posto.

3. Quando si va a teatro, una persona può lasciare il suo soprabito al botteghino.
4. Cala il sipario quando incomincia lo spettacolo.
5. A teatro si sente meglio dal loggione.

AT THE MOVIES

Al *cinema*	movies, movie theater
Che *film danno* questa sera?	movie, film; are they showing, are they playing
Chi sono gli attori?	Who are the actors?
Ci sono dei posti per questa sera?	
Non voglio sedermi molto vicino allo *schermo*.	screen
È un film italiano, ma è stato *doppiato* in inglese.	dubbed
Dov'è stato *girato* il film?	shot
Il nuovo *multisale* ha della *poltrone* comodissime.	multiplex, seats
Il cinema è *chiuso per ferie*.	closed for summer vacation

6. Complete.
   1. Questa sera _____ un nuovo _____ diretto da Federico Fellini al _____ Orfeo.
   2. È un film italiano _____ nell'Italia del nord.
   3. Non comprendo molto bene l'italiano. Sa se il film è stato _____ in inglese?
   4. Perché non andiamo a vedere il film questa sera, se ci sono ancora dei _____.
   5. Al cinema non mi piace sedermi troppo vicino allo _____.

Key Words

accompagnare	to accompany	*il guardaroba*	cloakroom
alzare	to go up	*incominciare*	to start, to begin
applaudire	to applaud	*l'intervallo*	intermission
l'atto	act	*il lavoro*	work, production
l'attore (l'attrice)	actor (actress)	*libero(a)*	available, free
battere i piedi sul pavimento	to stamp one's feet (on the floor)	*il loggione*	top balcony
		la mancia	tip
il biglietto	ticket	*la maschera* (f. *la mascherina*)	usher
il botteghino	ticket window, box office	*il multisale*	multiplex
calare	to go down	*musicale*	musical
chiuso per ferie	closed for summer vacation	*l'operetta*	operetta
il cinema	movies, movie theater	*il palco*	box seat
la commedia	comedy	*il palco di prim'ordine*	first-tier box
doppiato(a)	dubbed	*il palco di proscenio*	stage box
il dramma	drama	*il palco di second'ordine*	second-tier box
entrare in scena	to enter (come) on stage	*il palco di terz'ordine*	third-tier box
fare la parte	to play the part	*il palcoscenico*	stage
la fila	row	*la platea*	orchestra section
il film	movie, film	*la poltrona*	seat
la galleria	mezzanine	*la poltrona in platea*	orchestra seat
girare	to shoot (a film)	*il posto*	seat

il programma   program

il (la) protagonista   lead actor (actress)

quanto costano?   how much are they?

questa sera   tonight

la rivista musicale   musical revue

la scena   scene

lo schermo   screen

la seconda galleria   balcony

il sipario   curtain (of a stage)

lo spettacolo   show

lo spettatore (la spettatrice)   spectator

il teatro   theater

la tragedia   tragedy

troppo   too

tutto esaurito   sold out

il varietà   vaudeville

vicino(a)   near

Chapter 20: Sports
Capitolo 20: Gli sport

SOCCER

È *una squadra* di *calcio*.	team; soccer
Ci sono undici *giocatori* in ogni squadra.	players
Sono allo *stadio (al campo di calcio)*.	stadium, soccer field
Il calcio è lo sport nazionale.	
L'anno scorso la *Roma* ha vinto lo *scudetto*.	Rome's soccer team, soccer championship
Mio fratello è *tifoso* della Roma.	fan
L'Italia ha vinto il *campionato del mondo* tre volte.	world cup
I giocatori *calciano il pallone*.	kick the ball
Il portiere difende *la porta*.	goalie; goal
Il portiere *para* il pallone.	stops, blocks
L'ala sinistra passa il pallone ad un altro giocatore.	left end
Il giocatore *segna un gol (una rete)*.	makes (scores) a goal
Fa un punto.	He scores a point.
Un giocatore *dà un calcio* ad un altro.	kicks
L'arbitro fischia.	The referee whistles.
Fischia *un fallo* con *il fischietto*.	foul; whistle
È la fine del primo *tempo*.	period
La partita è *pari*.	tied
Il punteggio è di zero a zero.	It is a scoreless game.
Nessuna delle due squadre *ha vinto*.	has won
Si vedono *i punti* sul *tabellone*.	points; scoreboard

1. Answer.

1. Quanti giocatori ci sono in una squadra di calcio?
2. Quante squadre giocano in una partita di calcio?
3. Dove giocano al calcio i giocatori?
4. Chi difende la porta?
5. Con che giocano a pallone i giocatori?
6. Cosa vuol fare con il pallone il portiere?
7. Se un giocatore segna una rete, fa o non fa un punto?
8. Chi fischia un fallo?
9. Con che cosa fischia l'arbitro?
10. È pari la partita alla fine del primo tempo?

2. Complete.

La partita incomincia. Le due _____ sono nel _____ di calcio. In tutto ci
_____1_____ _____2_____
sono 22 _____. Un giocatore dà un _____ al pallone. Un giocatore dell'altra
_____3_____ _____4_____
squadra lo intercetta e lo _____ ad un suo compagno. Lui lo manda vicino alla
_____5_____
_____, ma il pallone non entra dentro. Il portiere salta e _____ il pallone.
_____6_____ _____7_____
È quasi la fine del primo _____ e la _____ è _____ a zero.
_____8_____ _____9_____ _____10_____
Nessuna delle due squadre sta vincendo.

Fig. 20-1

3. Identify each item in Fig. 20-1.

TENNIS

C'è *un torneo* di tennis.	tournament
Le due giocatrici sono nel *campo da tennis*.	tennis court
Ciascuna ha la sua *racchetta*.	racket
Stanno giocando *un incontro singolo*.	singles
Non stanno giocando *un incontro doppio*.	doubles
Una tennista *serve la palla*.	serves the ball
L'altra *la rimanda*.	returns it
Lancia la palla *sopra la rete*.	over the net
La palla è *fuori campo*.	out of bounds
Il punteggio è di quindici a *zero*.	love (tennis score)
Ha *colpito la rete*.	hit the net
La tennista ha vinto due *partite* su tre.	sets

4. Complete.

1. Ci sono due _____ in un incontro singolo e quattro in un incontro _____.
2. Per giocare a tennis, si devono avere una _____ ed alcune _____.
3. Si gioca a tennis in un _____ da tennis.
4. Quando si gioca a tennis, la _____ deve essere lanciata sopra la _____.

5. Una giocatrice _____ la palla e l'altra la _____.
6. Quando un giocatore ha fatto un punto e l'altro non ha fatto niente, il punteggio è di quindici a _____.

BASKETBALL

È una squadra di *pallacanestro*.	basketball
I giocatori sono in *palestra*.	gymnasium
Un giocatore *tira* la palla.	shoots
Fa cesto (canestro).	makes a basket
Deve fare cesto nella *zona* della squadra avversaria.	zone, area
Se tira la palla e non fa cesto, *fallisce il tiro*.	misses the shot
Se il giocatore fa canestro, *fa due punti*.	scores two points

5. Answer on the basis of Fig. 20-2.
    1. Dov'è la giocatrice?
    2. A che gioca?
    3. Cosa ha tirato?
    4. Ha fatto canestro?
    5. Ha fallito il tiro?
    6. Ha fatto punti?

Fig. 20-2

GOLF (Fig. 20-3)

il campo di golf

la mazza,
il bastone

la buca

la palla

Fig. 20-3

6. Complete.

Il golf si gioca in un _____ di golf. Il giocatore o la giocatrice deve dare un colpo alla
                              1

_____ con _____ per farla andare in una _____.
        2   3   4

VOLLEYBALL

È una squadra di *palla a volo*.   volleyball
Il *battitore* deve colpire il pallone con molta precisione.   server
I *difensori* rimangono nella *zona di difesa*.   defenders; defense zone
I *giocatori a rete* (attaccanti) giocano nella *zona di attacco*.   front-line players; attack zone
Il *punteggio* viene calcolato dal *segnapunti*.   score; scorekeeper
Il *giudice di linea* segnala quando il pallone è fuori.   linesman

7. Complete.

1. I _____ giocano nella zona di difesa.
2. Il _____ calcola il punteggio.
3. Il _____ decide quando il pallone è dentro o fuori.
4. I _____ giocano sotto la rete.

Key Words

l'ala sinistra   left end

l'arbitro   referee

avversario(a)   opposing

il bastone   stick

il battitore   server

la buca   hole (golf)

calciare   to kick

il calcio   soccer

il campionato del mondo   world cup

il campo   court, field

il campo di calcio   soccer field

il campo da tennis   tennis court

colpire   to hit, to strike

dare un calcio   to kick

difendere   to defend

il difensore   defender

un (incontro) doppio   doubles (tennis)

fallire il tiro   to miss the shot

il fallo   foul

fare canestro (cesto)   to make a basket
                              (basketball)

fare un gol   to make a goal

fare un punto   to score a point

fischiare   to whistle

il fischietto   whistle

il fischio   whistle

fuori campo   out of bounds

giocare   to play

il giocatore (la giocatrice)   player

il giudice di linea   linesman

mandare   to send

la mazza   club (golf)

mettere   to put

la palla   ball

la palla a volo   volleyball

la pallacanestro   basketball

il pallone   ball, soccer ball

parare   to stop, to block

pari   tied

la partita   match, set (tennis)

passare   to pass

la porta   goal

portare   to bring

il portiere   goalie

il primo tempo   first period

il punteggio   score

il punto   point

la racchetta   racket

la rete   net

rimandare la palla   to return the ball

lo scudetto   soccer championship

il segnapunti   scorekeeper

segnare un gol   to make (score) a goal
   (una rete)

servire la palla   to serve the ball

un (incontro) singolo   singles (tennis)

sopra la rete   over the net

lo sport   sport

la squadra   team

lo stadio   stadium, soccer field

il tabellone   scoreboard

il tempo   period

il tennis   tennis

il tifoso   fan

tirare   to shoot, to throw

il torneo   tournament

vincere   to win

lo zero   zero, love (tennis)

la zona   zone, area

la zona di difesa   defense zone

Chapter 21: The beach
Capitolo 21: La spiaggia

TALKING ABOUT THE SEA

Oggi il mare è *calmo (tranquillo)*.	calm
Il mare è calmo come l'olio.	The sea is as smooth as a sheet of glass.
Ieri era molto *mosso (agitato, grosso)*.	rough
Le *onde* sono molto alte e coperte di *schiuma*.	waves; foam
Le onde *sbattono* contro *le rocce (gli scogli)*.	beat, slam; rocks
Quando è *l'alta marea?*	high tide
Quando è *la bassa marea?*	low tide
C'è *una corrente forte.*	strong current
C'è *una controcorrente pericolosa.*	dangerous undertow

1. Complete.
1. Oggi non ci sono onde nel mare. Il mare è _____.
2. Ieri invece le onde erano molto alte. Il mare era molto _____.
3. Questa mattina c'è l'alta marea e questa sera ci sarà la _____ _____.
4. A volte le onde _____ contro le rocce con molta violenza.
5. È pericoloso andare in mare quando c'è una _____.

2. Match to complete each statement.
1. C'è più spiaggia durante....
2. Le onde sono molto alte.....
3. Quando il mare è agitato.....
4. C'è meno spiaggia durante.....
5. È meglio andare in mare....

   (a) l'alta marea.
   (b) le onde sono coperte di schiuma.
   (c) quando c'è una controcorrente.
   (d) quando il mare è tranquillo.
   (e) quando il mare è molto mosso.
   (f) la bassa marea.

ACTIVITIES ON THE BEACH (Fig. 21-1)

Vado a *trascorrere l'estate* al mare.	spend the summer
È *un luogo marino di villeggiatura* molto conosciuto.	seaside resort
Si può affittare *un capanno (una cabina)*.	cabana, cabin
Si può affittare *un villino (una villetta)*.	bungalow
Mi piace *nuotare.*	to swim
fare il morto (stare a galla, galleggiare).	to float
fare il surfing.	to surf, ride the waves
fare lo sci acquatico (fare dell'idroscì).	to waterski
camminare lungo la spiaggia.	to walk along the seashore
fare i bagni di mare.	to bathe in the sea
prendere il sole.	to sunbathe
Stai prendendo troppo sole.	You are getting too much sun.
Il tuo viso è bruciato dal sole.	Your face is sunburned.
Sei molto *abbronzato(a)*.	tanned
Hai una bella *abbronzatura (tintarella)*.	suntan
Che *lozione abbronzante* hai?	suntan lotion

Fig. 21-1

Mi piace il tuo *costume da bagno*.   bathing suit
                  cappello da spiaggia.   beach hat
Mi piacciono i tuoi *occhiali da sole*.   sunglasses
                  sandali da spiaggia.   beach sandals

3. Complete.
1. Mi sembra che stai prendendo troppo sole. Ti devi sedere sotto l'_____ ed usa la

   _____ _____.
2. Mi piace molto _____ in mare e poi _____ il sole.
3. Non mi piace sedermi sulla _____. Preferisco sedermi su una _____

   _____ _____.
4. Perché non camminiamo un poco lungo la _____?
5. La signorina porta un _____ da bagno a due pezzi.
6. Mi piace galleggiare su questo _____ _____.

4. Write in a different way.
1. Mi piace stare a galla.
2. Hai una bella tintarella.
3. Oggi il mare è tranquillo.
4. Ieri il mare era molto agitato.
5. Le onde sbattono contro gli scogli.

5. Complete.

1. Prima di togliermi il vestito e di mettermi il costume da bagno, affitto _____ _____

2. Non mi voglio sedere al sole. Prendo in affitto un _____.

3. Voglio sciare sull'acqua. Prenderò in affitto gl'_____ _____.

4. Non mi piace sedermi sulla sabbia. Prenderò in affitto una _____ _____ _____

5. Mi piace stare a galla. Prenderò in affitto un _____ _____.

6. Mi piace fare il surfing. Prenderò in affitto una _____ _____ _____

7. Desidero fare una gita in barca. Prenderò in affitto una _____ _____ _____

6. Write *sì* or *no*.

Possiamo nuotare quando.....

1. c'è il bagnino per i salvataggi.
2. la spiaggia non è sorvegliata.
3. c'è una controcorrente.
4. il mare è calmo.
5. le onde sono molto alte.
6. ci sono molti motoscafi in mare.

Key Words

abbronzato(a) tanned
l'abbronzatura suntan
affittare to rent
agitato(a) rough, choppy
l'alta marea high tide
alto(a) tall
i bagni di mare ocean swimming
il bagnino (la bagnina) lifeguard
  per i salvataggi
la barca a vela sailboat
la bassa marea low tide
bruciato(a) burned
la cabina cabin
calmo(a) calm
camminare lungo to walk along
  la spiaggia the beach
il capanno cabana, cabin
il cappello da spiaggia beach hat
conosciuto(a) known, well-known
contro against
la controcorrente undertow
coperto(a) covered
il costume da bagno bathing suit
la corrente current

fare to make, to do
fare dell'idroscì to waterski
fare i bagni di mare to swim in the ocean
fare il morto to float with arms stretched out
fare lo sci acquatico to waterski
fare il surfing to surf, to ride the waves
il faro lighthouse
forte strong
grosso(a) rough (sea)
gl'idroscì water skis (equipment)
ieri yesterday
la lozione abbronzante suntan lotion
il luogo place
il mare sea
il materassino gonfiabile air mattress
mosso(a) rough
il motoscafo motorboat, launch
nuotare to swim
gli occhiali da sole sunglasses
l'olio oil
l'ombrellone beach umbrella
l'onda wave
pericoloso(a) dangerous
il pezzo piece

prendere   to take, to catch
prendere il sole   to sunbathe
la rena   sand
la roccia   rock
la sabbia   sand
il sandalo   sandal
sbattere   to beat, to slam
la schiuma   foam
lo sci acquatico   waterskiing
gli sci d'acqua   water skis (equipment)
sciare   to ski (snow)
lo scoglio   rock, reef
la sedia a sdraio   reclining beach chair
la sedia pieghevole   folding chair

il sole   sun
sorvegliare   to guard, to watch
la spiaggia   beach
stare a galla   to float
la tavola da surfing   surfboard
la tintarella   suntan
tranquillo(a)   calm
trascorrere l'estate   to spend the summer
troppo   too much
la villeggiatura   vacation, summer vacation
la villetta   bungalow
il villino   bungalow
il viso   face

Capitolo 22: Il campeggio

Ci si può *accampare (fare il campeggio)* qui?	to camp
È questo *un campeggio* pubblico?	campground
Dove possiamo *parcheggiare (posteggiare) la roulotte (il camper)?*	to park; trailer (camper)
Che *servizi* hanno?	facilities
Dove sono *i bagni?*	baths
le docce?	showers
i gabinetti?	toilets
Dov'è *l'acqua potabile?*	drinking water
Vado a mettere l'acqua nel *termos.*	thermos

1. Complete.

Colle Ameno è un _____ pubblico. Durante l'estate, molta gente viene qui a

1

_____ _____ _____. C'è un posteggio molto grande dove gli ospiti

2

un fuoco, un falò

un fornello

un serbatoio di gas butano

un tavolino pieghevole

una sedia pieghevole

i fiammiferi

il temperino, il coltellino

la lampadina tascabile

le pile

l'amaca

il sacco a pelo

il materassino gonfiabile

le candele

lo zaino

la cassetta farmaceutica d'urgenza

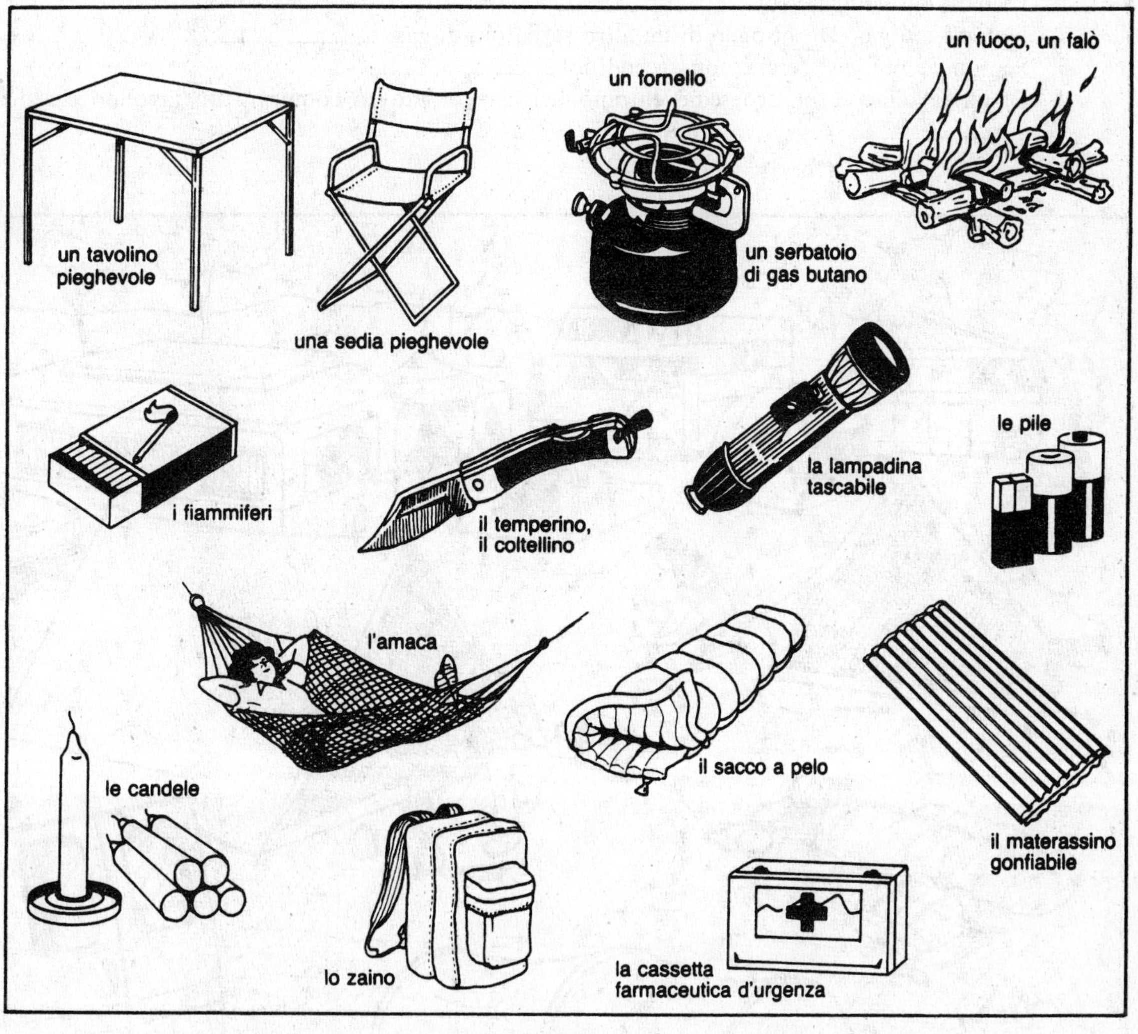

Fig. 22-1

possono parcheggiare la loro ＿＿＿＿＿＿. Il campeggio offre molti ＿＿＿＿＿＿. Ci sono
＿＿＿＿＿＿3＿＿＿＿＿＿4
＿＿＿＿＿＿, ＿＿＿＿＿＿ e ＿＿＿＿＿＿.
5   6   7

Pianterò la tenda qui.	I will pitch the tent
Dov'è *il martello?*	hammer
Voglio *piantare questi chiodi* per terra.	hammer these spikes
Lego le funi (le corde) della tenda ai chiodi.	I tie the cords (ropes)
Dove sono *i paletti?*	poles

2. Answer on the basis of Figure 22-2.
    1. Cosa pianta la ragazza?
    2. Che deve piantare per terra?
    3. Che cosa deve usare per piantarli per terra?
    4. A che cosa lega le corde della tenda?

3. Complete.
    1. Preparo da mangiare sul ＿＿＿＿＿＿.
    2. Non c'è più gas. Ho bisogno di un altro serbatoio di gas ＿＿＿＿＿＿.
    3. Se non c'è più gas, perché non accendi un ＿＿＿＿＿＿?
    4. Se un tavolino e quattro sedie entrano nel camper, dovrò comprare un tavolino e sedie
    ＿＿＿＿＿＿.

Fig. 22-2

5. Per accendere un falò, ho bisogno di _____.
6. Quando vado al campeggio, non porto con me una valigia. Metto i miei indumenti in uno _____.
7. Qui non c'è la luce elettrica. Dovremo mettere delle _____ sul tavolino.
8. Hai un _____? Ho qualcosa da tagliare.
9. Non posso accendere la lampadina tascabile perché non ha _____.
10. Ho aspirine, fasce (bende) e tintura di iodio nella _____ _____ _____.
11. Quando andiamo al campeggio, possiamo dormire in un'_____, in un _____ _____ o dentro un _____ _____ _____.

4. Complete.
1. Poiché non c'è la luce elettrica, per vedere, dovremo usare _____ o una _____ _____.
2. Possiamo preparare da mangiare su un _____ o possiamo accendere un _____.

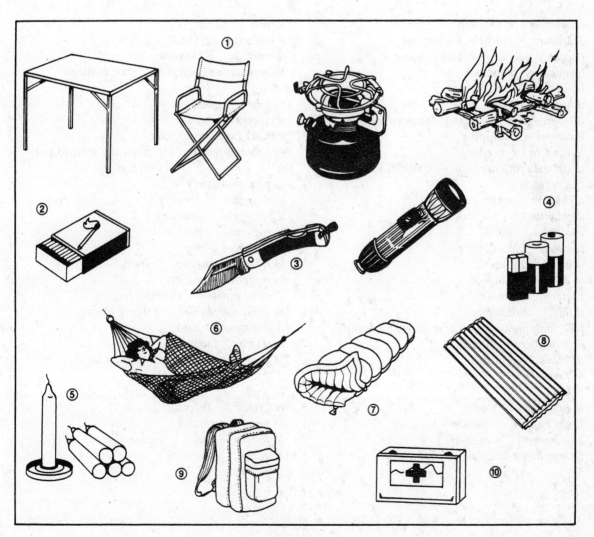

Fig. 22-3

3. Metterò i miei indumenti in uno _____ e non mi devo dimenticare di prendere un _____ con acqua potabile.

5. Answer on the basis of Fig. 22-2.
    1. È questo un campeggio pubblico?
    2. Sono parcheggiati i camper vicino alle tende?
    3. Cosa sta preparando il giovanotto?
    4. Su che cosa sta cucinando?
    5. Dove sta dormendo la ragazza?
    6. Cos'ha vicino al sacco a pelo?

6. Identify each numbered item in Fig. 22-3.

Key Words

accampare   to camp
accendere   to light, to turn on
l'acqua potabile   drinking water
l'amaca   hammock
l'autocaravan   camper
il bagno   bath
il campeggio   camping, campground
il camper   camper
la candela   candle
la cassetta farmaceutica d'urgenza   first-aid kit
il chiodo   spike, nail
il coltellino   pocketknife
il coltello   knife
la corda   cord, rope
dentro   in, inside
la doccia   shower
l'estate   summer
il falò   bonfire
fare campeggio   to camp, to go camping
il fiammifero   match
il fornello   burner
la fune   rope, cord
il fuoco   fire
il gabinetto   toilet
il gas butano   butane
gl'indumenti   clothing
la lampadina tascabile   flashlight

legare   to tie
il mangiare   food
il martello   hammer
il materassino gonfiabile   air mattress
offrire   to offer
l'ospite   guest
il paletto   pole
parcheggiare   to park
piantare la tenda   to pitch the tent, to put up the tent
la pila   battery
posteggiare   to park
il posteggio   parking
la ragazza   girl
il ragazzo   boy
la roba da mangiare   food
la roulotte   trailer
il sacco a pelo   sleeping bag
la sedia pieghevole   folding chair
il serbatoio   tank
i servizi   facilities
il tavolino pieghevole   folding table
il temperino   pocketknife
la tenda (da campo)   tent
il termos   thermos
la terra   ground
la tintura di iodio   iodine
lo zaino   knapsack

Chapter 23:   The weather
Capitolo 23:   Il tempo

Fa tempo buono (fa bel tempo).	It's nice weather.
tempo cattivo (tempo brutto).	nasty weather
caldo.	hot
freddo.	cold
fresco.	cool
Tira vento.	It's windy.
C'è sole.	It's sunny.
Ci sono le nuvole (nubi).	It's cloudy (there are clouds).
È nuvoloso.	It's cloudy.
la pioggia	rain
la neve	snow
la grandine	hail
la nebbia	fog
il lampo	lightning
il tuono	thunder
Piove (sta piovendo).	It's raining.
Nevica (sta nevicando).	It's snowing.
Pioviggina (sta piovigginando).	It's drizzling.
Grandina (sta grandinando).	It's hailing.
Tuona (sta tuonando).	It's thundering.
Lampeggia (sta lampeggiando).	Lightning is flashing.
Oggi è una bella giornata.	beautiful day
una giornata calda.	warm day
serena (chiara, limpida).	clear
umida.	humid
piovosa.	rainy
incerta (instabile).	unstable
tempestosa.	stormy
Abbiamo avuto un temporale.	storm
un temporale con lampi e tuoni.	thunderstorm
una nevicata.	snowfall
una tempesta di neve (una tormenta).	snowstorm
un'improvvisa tempesta di vento.	sudden windstorm
un acquazzone.	shower
Abbiamo avuto una giornata fresca.	cool
fredda.	cold
nuvolosa.	cloudy
di sole.	sunny
afosa (soffocante).	sultry

1. Complete.
    1. D'estate fa _____ _____ e c'è molto _____.
    2. D'inverno fa _____ ed a volte _____.
    3. C'è sole. Il cielo è _____. È una giornata _____ _____.
    4. Ci sono _____. Il cielo è annuvolato.
    5. Non fa né caldo né freddo. Fa _____.

141

6. Non si vede quasi niente. C'è molta _____.
7. A volte durante un temporale ci sono _____ e _____.
8. D'inverno _____. D'estate a volte _____.
9. Non sta piovendo molto. Sta solo _____.

2. Complete.
1. Durante un _____, piove.
2. Durante una _____, nevica.
3. Ci sono _____ durante un _____.
4. Durante un _____, lampeggia e tira vento.

3. Say more about the weather.
1. Il tempo è incostante. Com'è?
2. Il tempo è sereno. Com'è?
3. Il tempo è tempestoso. Com'è?
4. Il tempo è mite. Com'è?

4. Supply a word related to each of the following.
1. soleggiato
2. nevicata
3. temporale
4. umidità
5. nuvola
6. calore
7. pioggia

5. Complete.
1. Sta piovendo abbastanza. È un _____.
2. Ieri ha fatto molto caldo. È stata una giornata _____.
3. Un momento fa bel tempo, un momento tira vento e grandina. Il tempo è molto _____.
4. Ieri c'era tanto sole. Abbiamo goduto una giornata _____.

6. Write *true* or *false*.
1. Quando il cielo è sereno, ci sono molte nuvole.
2. Quando il cielo è sereno, non ci sono nuvole.
3. Quando fa molto freddo e il cielo è nuvoloso, può nevicare o grandinare.
4. Durante un acquazzone, nevica.
5. Durante una nevicata generalmente tuona e lampeggia.

7. Read the following weather reports and then answer the questions.

Previsioni del tempo 1 (Bollettino meteorologico)

Nuvolosità (nebulosità) variabile con acquazzoni sparsi e possibilità di piogge con temporali nella parte interiore. Venti provenienti dall'est a 20 chilometri all'ora con raffiche di venti locali che diminueranno durante la notte. Probabilità di pioggia (precipitazione) 95 per cento. Temperatura massima di 28 gradi centigradi. Temperatura minima di 22 gradi. La pressione atmosferica (barometrica) è di 735 millimetri e sta scendendo (cadendo).

1. Sta facendo tempo buono?
2. È completamente nuvoloso?
3. È sereno a volte il cielo?

4. Piove in tutta la regione?
5. Dove ci saranno piogge con temporali?
6. Da dove provengono i venti?
7. A quanti chilometri all'ora tirano i venti?
8. Qual è la probabilità di precipitazione?
9. Quale sarà la temperatura massima?
10. Quale sarà la temperatura minima?
11. Qual è la pressione atmosferica?

Previsioni del tempo 2 (Bollettino meteorologico)

Parzialmente nuvoloso di sera con nuvolosità variabile durante la notte e possibile nevicata. Temperatura massima di 2 gradi centigradi. Temperatura minima di 3 gradi sotto 0. Domani sereno con temperatura più alta arrivando ai 10 gradi centigradi.

1. Sarà completamente nuvoloso?
2. Durante la notte, come sarà il tempo?
3. Nevicherà?
4. Fa caldo o freddo?
5. Quale sarà la temperatura massima?
6. E la minima?
7. Quando sarà sereno?
8. Quale sarà la temperatura?

8. Give other terms for:
1. piogge in alcune parti della regione, ma non in tutte
2. nuvole che vanno e vengono
3. possibilità di pioggia
4. la pressione atmosferica
5. giornata serena

Key Words

l'acquazzone	(rain) shower	*godere*	to enjoy
afoso(a)	sultry	*grandinare*	to hail
annuvolato(a)	cloudy	*la grandine*	hail
arrivare	to reach	*improvviso(a)*	sudden
il bollettino meteorologico	weather forecast	*incerto(a)*	unstable
brillare	to shine	*instabile*	unstable
cadere	to fall, to drop	*lampeggiare*	to flash (lightning)
il caldo	heat	*il lampo*	lightning
caldo(a)	warm, hot	*limpido(a)*	clear
il calore	heat	*mite*	mild
cattivo(a)	bad	*la nebbia*	fog
centigrado	centigrade	*la neve*	snow
chiaro(a)	clear	*nevicare*	to snow
freddo(a)	cold	*la nevicata*	snowfall
fresco(a)	cool	*la nube*	cloud
la giornata	day	*la nuvola*	cloud

nuvolo(a)   cloudy
la nuvolosità   cloudiness
nuvoloso(a)   cloudy
la pioggia   rain, shower
piovere   to rain
piovigginare   to drizzle
piovoso(a)   rainy
la precipitazione   precipitation
la pressione atmosferica   atmospheric pressure
la pressione barometrica   barometric pressure
le previsioni del tempo   weather forecast
provenire   to derive, to originate
una raffica di vento   gust (blast) of wind
rasserenarsi   to clear (up)
scendere   to descend, to go down
schiarirsi   to clear up
sereno(a)   clear
soffocante   sultry
di sole   sunny

il sole   sun
soleggiato(a)   sunny
sparso(a)   scattered
la temperatura   temperature
la tempesta di neve   snowstorm
la tempesta di vento   windstorm
tempestoso(a)   stormy
il tempo   weather
il tempo brutto   nasty weather
il tempo cattivo   nasty weather
il temporale   storm, thunderstorm
tirare   to blow (wind)
la tormenta   snowstorm
tuonare   to thunder
il tuono   thunder
umido(a)   humid
variabile   changeable, variable
il vento   wind

Chapter 24: Education
Capitolo 24: L'istruzione

ELEMENTARY SCHOOL

I bambini piccoli vanno all'*asilo infantile*.	nursery school
A sei anni i bambini iniziano *la scuola elementare*.	elementary school
La scuola elementare *dura* cinque anni.	lasts
I bambini ed *il maestro (la maestra)*[1] sono in *un'aula*.	teacher; classroom
Il maestro *insegna* loro.	teaches
Gli *scolari (alunni) imparano*.	pupils; learn
La maestra *spiega una lezione* di geografia.	explains; a lesson
La maestra *scrive qualcosa* sulla *lavagna*.	writes something; chalkboard
Gli alunni hanno *i libri di testo*.	textbooks
Hanno i libri *aperti* sul *banco*.	open; desk
Il maestro legge loro una storiella dal *libro di lettura*.	reading book
Il direttore (la direttrice) entra in *classe*.	principal; classroom

1. Match

1. l'alunno(a)		(a)	una scuola per i bambini piccoli
2. l'aula		(b)	spiega una lezione
3. l'asilo infantile		(c)	lo fanno gli alunni a scuola
4. insegna		(d)	bambino che va alla scuola elementare
5. scuola elementare		(e)	libro che insegna agli alunni a leggere
6. il (la) maestro(a)		(f)	scuola che dura cinque anni
7. imparano		(g)	stanza dove la maestra insegna
8. libro di lettura		(h)	il capo della scuola
9. il (la) direttore (direttrice)		(i)	persona che insegna in una scuola elementare

2. Complete.

Una scuola per i bambini piccoli è un _____ _____. I bambini che
                      1
frequentano i primi cinque anni di scuola sono _____ e vanno alla _____
                                  2   3
_____. La persona che insegna loro è _____ _____. Lui o lei
                                                4
_____ loro molte cose. Insegna loro a leggere sul libro di _____; a volte
       5   6
scrive qualcosa sulla _____.
         7

SECONDARY SCHOOL

Dopo la scuola elementare, gli studenti vanno alla *scuola media unica (scuola media inferiore)*[2] che dura tre anni.	junior high school, middle school

---

[1] The word *maestro(a)* is used for an elementary-school teacher. *Professore, professoressa* is used for teachers at the secondary and university levels.

[2] In Italy children are required to spend 5 years in elementary school and 3 years in junior high school.

Poi possono continuare i loro studi *frequentando* per cinque anni   attending; high school
   un *liceo*[3] o *un istituto*[4] *(una scuola media superiore)*.
Gli studenti seguono *un corso di studi*.   course of study
Il corso di studi include molte *materie*.   subjects
Ogni giorno gli studenti devono seguire *un orario*.   schedule
Quando il (la) professore (professoressa) parla, gli studenti   take notes
   prendono appunti.
Scrivono gli appunti in *un quaderno (blocchetto per appunti)*.   notebook
Scrivono con *una penna a sfera*.   ballpoint pen
Tutti vogliono *andare bene agli esami (passare agli esami, essere*   to pass the exams, to be
   promossi).   promoted
Non vogliono *andare male (essere bocciati)*.   fail
Vogliono ricevere (prendere) buoni *voti*.   grades, marks
Le scuole private *laiche* o religiose che *hanno* la scuola media e   secular; offer;
   il liceo *vengono chiamate collegi*.[5]   are called; boarding schools
Molti collegi hanno studenti *interni* ed *esterni*.   boarders; day students
In molti collegi gli studenti devono *portare l'uniforme (la*   wear; uniform
   divisa).
Gli studenti *portano* i libri in *una cartella*.   carry; book bag
Terminati gli studi del liceo, dell'istituto o del collegio, gli   completed, upon completion
   studenti ricevono un diploma.

3.   Answer.
    1. Qual è un'altra espressione che significa «scuola media inferiore»?
    2. Chi frequentano un liceo o un istituto?
    3. Chi insegnano in una scuola media superiore?
    4. Chi sono gli studenti che vivono in un collegio?
    5. Chi sono gli studenti che tornano a casa tutti i giorni?
    6. Come portano i libri gli studenti?
    7. In molti collegi, cosa devono portare gli studenti?
    8. Che cosa include un corso di studi?
    9. Che cosa fanno gli studenti quando parla il professore?
   10. Dove scrivono gli appunti?
   11. Con che cosa scrivono?
   12. Come vogliono andare agli esami gli studenti?
   13. Cosa vogliono ricevere?

4.   Give another word for:
    1. il liceo
    2. il blocchetto per gli appunti
    3. passare agli esami
    4. essere bocciati

---

[3] The *liceo* is similar to the last 3 years of an American high school and 2 years of an American college. There are three types of liceo: *il liceo classico* offers classical courses, *il liceo scientifico* offers scientific courses, and *il liceo artistico* offers art courses.

[4] The five-year *istituto* prepares students for specific careers: industrial, technical, commercial, agricultural, and so on.

[5] A *collegio* is not to be confused with an American college or university.

5. Choose the appropriate word.
  1. _____ frequentano un liceo. (*a*) Gli alunni (*b*) Gli studenti
  2. _____ insegnano nelle scuole medie. (*a*) I professori (*b*) I maestri
  3. _____ vanno a casa tutti i giorni. (*a*) Gli esteri (*b*) Gl'interni
  4. L'algebra e la storia sono _____. (*a*) un corso di studi (*b*) materie
  5. Lo studente scrive gli appunti in un _____. (*a*) quaderno (*b*) penna a sfera

6. Complete.
  1. Un _____ è una scuola secondaria privata laica o religiosa.
  2. La maggior parte degli studenti portano i loro libri in una _____.
  3. Gli studenti di un collegio devono portare _____.
  4. Gli studenti non vogliono essere bocciati. Preferiscono _____ buoni
  _____.

UNIVERSITY[6]

Gli studenti che hanno ricevuto un diploma da un liceo, da
  un istituto o da un collegio *possono essere ammessi*
  all'*università*.

can be admitted (accepted); university

La signorina vuole *iscriversi (immatricolarsi)* all'università.   register, matriculate

Spera di ricevere *una borsa di studio*.   scholarship

Le tasse universitarie sono care.   tuition

La prima sessione comincerà il 15 ottobre.   first term

Per questa sessione lo studente vuole *sostenere quattro
  esami*.   to take four exams

Quando gli studenti si iscrivono all'università, possono
  scegliere una delle facoltà seguenti: *legge*   choose; law
                       ingegneria   engineering
                       chimica   chemistry
                       medicina   medicine
                       lettere e filosofia   humanities
                       scienze politiche   political science
                       lingue moderne   modern languages

dove potranno *frequentare* i loro *corsi di studio*.   attend, curriculum

Il professore fa *una conferenza (una lezione)*.   lecture

La signorina vuole *laurearsi* in chimica.   to graduate

La signorina vuole prendere *una specializzazione*.[7]   advanced degree

Il professor Paladino è *preside di facoltà*.   dean

7. Give the word being defined.
  1. quello che uno studente (una studentessa) deve pagare per andare all'università
  2. iscriversi all'università
  3. il giorno in cui iniziano le lezioni
  4. quello che può ricevere uno studente (una studentessa) come aiuto a pagare le spese
  universitarie

---

[6] Universities and university life are quite different in Italy than in the United States. Nearly all universities are located in the larger cities. The U.S. phenomenon of a college with a large campus located in a small town is almost nonexistent. For this reason, it is less common in Italy for a student to board or live on campus.

[7] In Italy as in the United States, it takes 4 years of study to obtain a bachelor's degree. You may take postgraduate specialization courses, which range from 1 to several years depending on the subject of specialization.

    5. il direttore (la direttrice) dell'università
    6. quello che fanno i professori
    7. terminare gli studi universitari

8. Complete.
    1. Se Lei vuole andare all'università deve _____.
    2. La signorina vuole curare i malati. Si _____ _____ in medicina.
    3. La signorina studia letteratura. È studentessa alla _____ di lettere.
    4. Quando uno studente s'iscrive all'università, deve pagare le _____ _____.
    5. Per questa sessione voglio _____ solamente tre esami.
    6. Generalmente negli Stati Uniti la _____ _____ incomincia ai primi di settembre.
    7. Il professore di letteratura fa una _____ su Francesco Petrarca.

9. Answer.
    1. Si devono immatricolare gli studenti che desiderano iscriversi all'università?
    2. Quali studenti possono essere ammessi all'università?
    3. Negli Stati Uniti, costa molto andare all'università?
    4. Quando incominicia la prima sessione negli Stati Uniti?
    5. Si devono laureare in una materia specifica gli universitari?
    6. Le università, hanno più professori o più presidi?

10. Tell in which department one would enroll if one wished to become the following:
    1. medico(a)
    2. professore (professoressa) di letteratura
    3. avvocato (avvocatessa)
    4. biologo(a)
    5. ingegnere(a)

Key Words

l'alunno(a) pupil	*conseguire* to achieve, to attain
andare bene agli esami to pass the exams	*il corso di studi* course of study, curriculum
andare male agli esami to fail	*curare* to cure
aperto(a) open	*il direttore (la direttrice)* elementary-school
l'asilo infantile nursery school	principal
l'aula classroom	*la divisa* uniform
il (la) bambino(a) little boy, little girl, child	*durare* to last
il banco student's desk, school desk	*essere ammesso(a)* to be accepted, to be
il blocchetto per gli appunti notebook	admitted
la borsa di studio scholarship	*essere bocciato(a)* to fail
il capo head, chief, boss	*essere promosso(a)* to be promoted
la cartella book bag	*l'esterno(a)* day student
chiamare to call	*la facoltà* department (school)
la chimica chemistry	*frequentare* to attend
la classe classroom	*immatricolarsi* to matriculate, to register
il collegio boarding school	*imparare* to learn
cominciare to begin, to start	*incominciare* to begin, to start
la conferenza lecture	*l'ingegneria* engineering

iniziare   to begin, to start

insegnare   to teach

l'interno(a)   boarding student

iscriversi   to register, to matriculate

l'istituto   institute

laico(a)   secular

laurearsi   to graduate

laurearsi in chimica   to graduate with a major in chemistry

la lavagna   chalkboard

la legge   law

le lettere e filosofia   humanities

la lezione   lesson, lecture

il libro di lettura   reading book

il libro di testo   textbook

il liceo   high school

le lingue moderne   modern languages

il (la) maestro(a)   elementary-school teacher

la materia   subject

la materia di specializzazione   subject of specialization

la medicina   medicine

offrire   to offer

l'orario   schedule

pagare   to pay

passare agli esami   to pass the exams

la penna a sfera   ballpoint pen

portare   to wear; to carry

potere   to be able (can)

prendere   to take

prendere appunti   to take notes

il (la) preside di facoltà   dean

la prima sessione   first term

il professore (la professoressa)   teacher at secondary or university level

il quaderno   notebook

qualcosa   something

religioso(a)   religious

scegliere   to choose

le scienze politiche   political science

lo (la) scolaro(a)   pupil, student

scrivere   to write

la scuola elementare   elementary school

la scuola media   junior high school, middle school

la scuola media inferiore   junior high school, middle school

la scuola media superiore   high school

sostenere   to take (an examination)

specializzarsi   to specialize

una specializzazione   advanced degree

spiegare   to explain

la storiella   story

terminare   to end, to finish, to terminate

l'uniforme   uniform

l'università   university

Chapter 25: Government and politics
Capitolo 25: Il governo e la politica

FORMS OF GOVERNMENT AND IDEOLOGIES

Ideologia[1]

il comunismo
la democrazia
il fascismo
la monarchia
il socialismo

Membro o partigiano

il (la) comunista
il (la) democratico(a)
il (la) fascista
il (la) monarchico(a)[2]
il (la) socialista

Termini affini

l'anticlericalismo
il conservatorismo
l'imperialismo
l'interventismo
l'isolazionismo
il liberalismo
il marxismo
il militarismo
il progressismo
il radicalismo
il razzismo
il separatismo
il terrorismo

l'anticlericale
il conservatore, la conservatrice
l'imperialista
l'interventista
l'isolazionista
il (la) liberale
il (la) marxista
il (la) militarista[3]
il (la) progressista
il (la) radicale
il (la) razzista
il (la) separatista
il (la) terrorista

1. Supply the noun or adjective for an individual who espouses each of the following ideologies.
   1. la democrazia
   2. il marxismo
   3. il liberalismo
   4. il conservatorismo
   5. il socialismo
   6. il radicalismo
   7. l'isolazionismo
   8. l'interventismo
   9. il comunismo
   10. la monarchia
   11. il progressismo
   12. il terrorismo
   13. l'anticlericalismo
   14. il razzismo
   15. il separatismo

---

[1] Since the terms for forms of government and political ideologies are cognates, merely read through these terms. Note that the word for a person who espouses a particular ideology usually ends in *-ista*, but there are some exceptions.

[2] *Il (la) monarchico(a)* is a monarchist. The monarch *(il re* or *la regina)* is *il (la) monarca.*

[3] *Il (la) militarista* is a militarist. A member of the military is *il (la) militare.*

150

RIGHTS OF THE PEOPLE

Nei paesi democratici *il popolo* ha *il diritto al voto*.	the people; voting rights
Sotto *un regime autocratico (dispotico)*, è possibile non avere il diritto al voto.	autocratic regime
I cittadini del paese possono votare nelle elezioni nazionali e locali.	citizen
Possono votare *tutti coloro che sono maggiorenni*.	all those who are of legal age
La persona che ottiene *la maggioranza* dei voti *è eletta presidente (presidentessa) o primo ministro*.	majority; is elected president or prime minister
Il governo ha la responsabilità di *proteggere i diritti del popolo (diritti umani)*.	protect; rights of the people
In molti paesi esiste *la libertà di stampa (libertà di parola)*.	freedom of the press (freedom of speech)
Un dittatore è un capo autocratico (dispotico).	dictator
Diversi paesi hanno *una dittatura*.	dictatorship
Altri paesi sono sotto il controllo di *una giunta* militare.	junta
A volte ci sono *manifestazioni e sommosse*.	demonstrations and uprisings
A volte il governo dichiara *la legge marziale*.	martial law
il coprifuoco.	curfew
I politici di idee più progressive sono *di sinistra (socialisti, comunisti)*.	leftist (socialists, communists)
Coloro con le idee più conservatrici sono *di destra (conservatori)*.	rightist (conservatives)
Le persone di destra e quelle di sinistra hanno idee *contrarie (opposte)*.	opposite

2. Answer.

1. In quali paesi il popolo ha il diritto al voto?
2. In quali paesi è possibile non avere il diritto al voto?
3. Negli Stati Uniti, c'è la libertà di stampa e la libertà di parola?
4. Negli Stati Uniti, abbiamo il diritto al voto?
5. Eleggiamo un nuovo presidente ogni tre anni?
6. Qual è una responsabilità che deve avere il governo?
7. In un paese dove esiste il diritto al voto, solamente i cittadini possono votare alle elezioni?
8. Possono votare i minorenni?
9. In alcuni paesi, governa una giunta militare?
10. Una giunta militare, è una forma di governo autocratico o democratico?
11. Quando ci sono molte manifestazioni e sommosse, cosa dichiara generalmente il governo?
12. A volte, cosa dichiara il governo dopo aver imposto la legge marziale?
13. I socialisti sono di sinistra o di destra?
14. I conservatori sono di sinistra o di destra?
15. C'è mai stata la dittatura in Italia?
16. Che tipo di governo esiste ora in Italia?

3. Complete.

1. Il _____ _____ _____ vuol dire che il popolo ha il diritto di eleggere un presidente o un primo ministro.
2. In alcuni paesi dove c'è la _____, il diritto al _____ non esiste.
3. Quando non c'è il diritto al voto, diciamo che è un regime _____.
4. Nei regimi autocratici non esiste né la _____ _____ _____, né la _____ _____ _____.

5. Quando il popolo non è contento della politica del governo, a volte fa _____
   o _____.
6. Quando ci sono molte manifestazioni, il governo generalmente dichiara la _____
   _____ e mette in effetto il _____.
7. Se c'è il _____, la gente non può stare per la strada dopo una certa ora, specialmente
   di notte.
8. Una persona con idee politiche molto progressive è _____ _____.
9. Una persona con idee politiche molto conservatrici è _____ _____.

POLITICAL ORGANIZATION

In molti paesi ci sono due o più *partiti politici*.	political parties
Alcuni governi hanno *il sistema bicamerale*.	bicameral system
Altri hanno il sistema *unicamerale*.	unicameral
Sotto il sistema unicamerale c'è solo *la camera dei deputati*.[4]	chamber of deputies
Sotto il sistema bicamerale ci sono *la camera alta* e *la camera bassa*.	upper chamber; lower chamber
La camera alta negli Stati Uniti è *il Senato*.[5]	Senate
La camera bassa negli Stati Uniti è *il Congresso* (Camera dei Deputati).[6]	House of Representatives
Il presidente[7] o il primo ministro ha il suo *consiglio dei ministri (gabinetto)*.	cabinet
Alcuni dipartimenti governativi sono:	
il ministero degli affari esteri	ministry of foreign affairs (state)
il ministero della difesa	ministry of defense
il ministero dell'economia e finanze	ministry of economy and finance
il ministero di grazia e giustizia	ministry of justice
il ministero dell'interno	ministry of the interior
il ministero del lavoro e politiche sociali	ministry of labor and social policy
il ministero delle politiche agricole e forestale	ministry of agricultural policy and forestry
il ministero della pubblica istruzione	ministry of education

4. Answer.
   1. Quanti partiti politici principali ci sono negli Stati Uniti?
   2. Abbiamo un sistema unicamerale?
   3. Quanti senatori ha ogni stato?

---

[4] The English equivalent of the term *la camera dei deputati* depends on the organization of the government in question. In France, for example, it would translate as *the Chamber of Deputies*. In U.S. parlance it would be *the House of Representatives*.

[5] In U.S. parlance *la camera alta*, or the upper chamber, would be *il Senato*. In Italian newspapers you would read «*il Senato degli Stati Uniti*», and a person elected to the U.S. Senate would be *un senatore* or *una senatrice*.

[6] In U.S. parlance *la camera bassa*, or the lower chamber, would be the House of Representatives. In Italian newspapers you would read «la Camera dei Deputati degli Stati Uniti», and a person elected to the U.S. House of Representatives would be *un deputato* or *una deputata*.

[7] In Italy the President of the Republic is not elected by the voters but by the *Camera dei Deputati* (House of Representatives) and by the *Senato* (Senate). The *Deputati* (members of the House of Representatives) and the *Senatori* (Senators) are elected by popular vote.

    4. Quanti deputati alla Camera ha ogni stato?

    5. Nel governo degli Stati Uniti, come si chiama la camera bassa?

    6. Come si chiama la camera alta?

5. Complete.

    1. In alcuni paesi come l'Italia esistono molti _____ _____.

    2. In Inghilterra il capo del governo è il _____ _____ e gli Stati Uniti ha un _____.

    3. Il presidente non prende tutte le decisioni. Consulta il _____ _____ _____.

    4. Se un paese ha solamente la _____ _____ _____, ha un sistema di governo unicamerale.

    5. Se un paese ha una _____ _____ ed una _____ _____, ha un sistema di governo bicamerale.

6. Indicate which government ministry in Italy has responsibility for each of the following areas.

    1. l'educazione dei ragazzi

    2. affari o relazioni con l'estero

    3. il lavoro

    4. affari nazionali o interni

    5. le finanze

PROCEDURES

I deputati *prendono in considerazione* di fare *un emendamento (un cambiamento, una correzione)* alla costituzione.	take into consideration; amendment
Emendano (correggono) la costituzione.	amend
Non *annullano* la costituzione.	nullify
Un deputato *ha presentato una mozione (proposta).*	made a motion
Un altro deputato *ha appoggiato* la mozione.	seconded, supported
I deputati *discuteranno (delibereranno)* la mozione.	will discuss (will deliberate on)
Devono discutere (deliberare) prima di arrivare ad una decisione.	
Sembra che *la maggioranza approvi* l'emendamento.	majority; would approve
L'opposizione (la minoranza) deve cedere al volere della maggioranza.	opposition (minority)
La mozione fu respinta a vasta maggioranza.	The motion was defeated by a large majority.
I deputati voteranno in *una sessione plenaria.*	plenary session
Non voteranno in *una sessione segreta.*	secret session, behind closed doors
L'assemblea non può votare senza *un quorum.*[8]	quorum
*L'opposizione è *contro* la politica del primo ministro.	against
Il primo ministro chiederà *un voto di fiducia.*	vote of confidence
Ci sarà *un plebiscito (referendum).*	referendum
C'erano molti voti *favorevoli* e pochi *contrari (contro).*	in favor; opposed

---

[8] *Il quorum* is the smallest number of participants of an assembly or committee who must be present to make a decision or take an action.

7. Give the word or term being defined.
1. autorizzare, accettare
2. parlare contro o in favore di una cosa
3. Il numero minimo necessario di partecipanti di un'assemblea o commissione per una valida decisione o azione legale
4. quelli contro
5. discutere e pensare il pro ed il contro di certi affari
6. considerare
7. la maggior parte
8. cambiare o aggiungere qualcosa alla costituzione
9. l'azione di chiedere al popolo di votare a favore o contro una certa risoluzione
10. dichiarare qualcosa invalido

8. Put the following in the proper order.
1. Qualcuno ha appoggiato la mozione.
2. Tutti hanno votato.
3. Tutti hanno discusso la mozione.
4. Qualcuno ha presentato la mozione.
5. La mozione è stata approvata.

9. Complete.
1. Se un'assemblea vuole accettare o approvare una risoluzione, deve avere presente un _____ prima di votare.
2. A volte il presidente o il primo ministro presenterà una risoluzione a un _____ per determinare se il popolo sarà in favore o contro la risoluzione.
3. In paesi con molti partiti politici, per ottenere la maggioranza dei voti, è necessario formare una coalizione nella camera dei deputati. Se il primo ministro incontra una forte opposizione, a volte sottometterà la sua politica a un _____ _____ _____.
4. Per approvare o disapprovare una risoluzione, qualcuno deve _____ una mozione, un altro la deve _____. Poi tutti la possono _____ prima di votare in favore o contro tale risoluzione.
5. Poiché la maggioranza vuole approvare la risoluzione, sembra che l'_____, che consiste di una _____, dovrà cedere.

Key Words

annullare to nullify	*la camera dei* chamber of deputies,
l'anticlericale anticlerical person	*deputati* house of representatives
l'anticlericalismo anticlericalism	*il(la) cittadino(a)* citizen
appoggiare la to second, to	*il comunismo* communism
mozione support the motion	*il (la) comunista* communist
approvare to approve, accept	*il congresso* large meeting, convention,
l'assemblea assembly	House of Representatives
bicamerale bicameral (two-house)	(U.S.)
il cambiamento change	*il conservatore (la* conservative
la camera alta upper house, senate,	*conservatrice)*
upper chamber	*il conservatorismo* conservatism
la camera bassa lower house, lower chamber	*il consiglio dei ministri* cabinet

contrario(a)   opposite, contrary
contro   against
il coprifuoco   curfew
correggere   to correct
la correzione   correction
la costituzione   constitution
deliberare   to deliberate, to discuss
il (la) democratico(a)   democrat
la democrazia   democracy
il (la) deputato(a)   deputy, representative
a destra   to the right
di destra (uomo o donna)   rightist
la destra   Right (political orientation)
destro(a)   right
il diritto   right (prerogative)
i diritti del popolo   rights of the people
il diritto umano   human rights
il diritto al voto   voting right
discutere   to discuss, to deliberate
dispotico(a)   despotic
il dittatore   dictator
la dittatura   dictatorship
eleggere   to elect
l'emendamento   amendment
emendare   to amend
il fascismo   fascism
il (la) fascista   fascist
le finanze   finances
il gabinetto   cabinet
la giunta   junta
il governo   government
l'imperialismo   imperialism
l'imperialista   imperialist
interno(a)   interior
l'interventismo   interventionism
l'interventista   interventionist
invalido(a)   not valid
l'isolazionismo   isolationism
l'isolazionista   isolationist
la legge   law
la legge marziale   martial law
il (la) liberale   liberal
il liberalismo   liberalism
la libertà   freedom
la libertà di parola   freedom of speech
la libertà di stampa   freedom of the press
la maggioranza   majority
maggiorenne   of legal age
la manifestazione   demonstration
il marxismo   Marxism
il (la) marxista   Marxist
il (la) militare   member of the military
il militarismo   militarism

il (la) militarista   militarist
*il ministero degli   ministry of foreign
  affari esteri   affairs (state)*
il ministero della difesa   ministry of defense
*il ministero dell'economia   ministry of
  e finanze   economy and
                          finance*
*il ministero di grazia   ministry of
  e giustizia   justice*
*il ministero dell'interno   ministry of the
                          interior*
*il ministero del lavoro   ministry of labor and
  e politiche sociali   social policy*
*il ministero delle   ministry of agricultural
  politiche agricole   policy and forestry
  e forestali*
*il ministero della pubblica   ministry of
  istruzione   education*
la minoranza   minority
il (la) monarca   monarch
la monarchia   monarchy
il (la) monarchico(a)   monarchist
la mozione   motion
l'opposizione   opposition
opposto(a)   opposite
il partito   party
il plebiscito   referendum
la politica   politics, political policy
politico(a)   political
il popolo   people
*prendere in   to take into
  considerazione   consideration*
*prendere una   to make a decision, to pass
  decisione   a resolution*
presentare una mozione   to make a motion
il presidente (la presidentessa)   president
il primo ministro   prime minister
il progressismo   progressivism
il (la) progressista   progressive
proteggere   to protect
il quorum   quorum
il radicalismo   radicalism
il (la) radicale   radical
il razzismo   racism
il (la) razzista   racist
il referendum   referendum
il regime autocratico   autocratic regime
respingere   to reject
la rettifica   correction, amendment
il senato   senate
il senatore (la senatrice)   senator
il separatismo   separatism
il (la) separatista   separatist

la sessione plenaria   plenary session
a sinistra   to the left
di sinistra (uomo o donna)   leftist
la sinistra   Left (political orientation)
sinistro(a)   left
il sistema   system
il socialismo   socialism
il (la) socialista   socialist
lo sommossa   uprising

sotto   under
il terrorismo   terrorism
il (la) terrorista   terrorist
il tribunale   court
tutti coloro che   all those who
unicamerale   unicameral
votare   to vote
il voto   vote
il voto di fiducia   vote of confidence

Chapter 26: Business
Capitolo 26:   Il commercio

Lo scopo del *commercio* è di produrre e vendere prodotti.	business
I *venditori* vendono e i *compratori* comprano.	sellers; buyers
I compratori sono *consumatori*.	consumers
Comprano *beni* e *servizi*.	goods; services
I venditori possono vendere *all'ingrosso* o *al minuto* (*al dettaglio*).	wholesale; retail
Quelli che vendono all'ingrosso sono *grossisti*.	wholesalers
Quelli che vendono al dettaglio sono *dettaglianti*.	retailers
Ci sono molti tipi di *imprese commerciali*.	business enterprises
Ci sono grandi *società per azioni*.	corporations
Ci sono anche *società semplici* o *imprese collettive*.	partnerships
Una società semplice ha due o più *soci*.	partners
Ci sono anche imprese di proprietà individuale.	
Le decisioni nelle grandi società per azioni vengono prese dal *consiglio di amministrazione*.	board of directors
Anche gli amministratori ed i *dirigenti* prendono molte decisioni.	managers
Il consiglio di amministrazione cerca sempre di badare agli interessi degli *azionisti*.	stockholders
Gli azionisti posseggono *azioni*.	stocks
Le azioni pagano dividendi.	
Il valore delle azioni *aumenta* o *diminuisce* secondo i risultati dell'impresa.	increases; decreases
Le azioni *vengono scambiate* nel *mercato azionario*.	are traded; stock market

1. Match the related words.

1.	commerciale	(*a*)	la vendita, il venditore
2.	vendere	(*b*)	decisione
3.	comprare	(*c*)	il consumo, il consumatore
4.	decidere	(*d*)	la compera, il compratore
5.	produrre	(*e*)	il commercio, il commerciante
6.	consumare	(*f*)	la produzione, il prodotto

2. Rewrite using another word or expression.
1. Lo scopo del commercio è *la produzione e la vendita* di beni e servizi.
2. *Quelli che comprano* sono i clienti.
3. Lei vende *al minuto*.
4. *Quelli che posseggono le azioni* ricevono i dividendi.

3. Complete.
1. I _____ vendono e i _____ comprano.
2. I compratori sono quelli _____.
3. Quelli che vendono in grandi quantità sono _____.
4. Quelli che vendono in piccole quantità sono _____.
5. I grossisti vendono _____.
6. Le merci sono _____, non servizi.

7. Ci sono _____ grandi e piccole. IBM, per esempio, è una grandissima
    _____ ed il negozio Fratelli Rossi è piccola.
8. Un'impresa che ha solo un proprietario è un'impresa _____ _____ _____.
9. Un'impresa collettiva ha due o più _____.
10. Gli amministratori o i _____ di un'impresa prendono molte decisioni.
11. Il _____ _____ _____ deve tener conto degli interessi degli azionisti.
12. Le _____ possedute dagli azionisti pagano i dividendi.
13. Se i risultati finanziari dell'impresa sono buoni, il valore delle azioni _____.
14. Però se i risultati non sono buoni, il valore delle azioni _____.

MARKETING

Ogni prodotto e servizio deve avere un mercato.
L'ufficio marketing è responsabile della promozione e della
   pubblicità.   advertising
Prima di produrre un prodotto nuovo, bisogna tener conto *della*
   domanda e dell'offerta.   supply and demand
Bisogna *fissare un prezzo.*   set a price
L'impresa deve recuperare i costi (le spese) e realizzare *un*
   profitto.   profit
Le imprese commerciali, come le persone, devono pagare le *tasse.*   taxes
Devono pagare le tasse sul *reddito imponibile.*   taxable income

4. Answer.
  1. Che cosa deve avere un prodotto o un servizio?
  2. Di che cosa è responsabile l'ufficio marketing?
  3. Che cosa deve recuperare un'impresa che crea o lancia un prodotto nuovo?
  4. Che cosa deve realizzare un'impresa?
  5. Che cosa devono pagare al governo le imprese commerciali?

5. Supply the word being defined.
  1. l'insieme di clienti e di consumatori potenziali del prodotto
  2. i contributi che le imprese e gli individui devono pagare al governo
  3. ciò che resta dopo aver pagato i costi di produzione, le spese generali e le tasse
  4. il valore che si dà a qualcosa
  5. la quantità di prodotti disponibili vs. la quantità richiesta
  6. le entrate su cui bisogna pagare le tasse
  7. annunci dedicati alla promozione del prodotto

ACCOUNTING

I *contabili* prepano *i rendiconti.*   accountants; statements
I rendiconti indicano *le attività* e *le passività.*   assets; liabilities
Il bilancio patrimoniale è un tipo di rendiconto molto importante.   balance sheet
Se un'impresa non è *redditizia,* deve dichiarare
   bancarotta.   profitable
                                                                         bankruptcy

6. Complete.
  1. I contabili preparano molti tipi di _____.
  2. Il _____ patrimoniale mette a confronto le attività e le passività.
  3. Le _____ sono debiti.
  4. Le _____ sono la somma di ciò che possiede un'impresa o un
    individuo.

5. Un'impresa che realizza un profitto è _____.
6. Se un'impresa rimane senza fondi, deve dichiarare _____.

Key Words

l'amministratore	administrator	*fissare*	to fix, set
le attività	assets	*il grossista*	wholesaler
aumentare	to increase	*imponibile*	taxable
l'azione	stock	*l'impresa*	enterprise
l'azionista	stockholder	*l'impresa collettiva*	partnership
la bancarotta	bankruptcy	*all'ingrosso*	wholesale
il bilancio patrimoniale	balance sheet	*il marketing*	marketing
i beni	goods	*il mercato*	market
commerciale	commercial, business-related	*il mercato azionario*	stock market
il commercio	commerce, business	*l'offerta*	supply
il compratore	buyer	*le passività*	liabilities
il consiglio di amministrazione	board of directors	*il prodotto*	product
il consumatore	consumer	*la produzione*	production
il contabile	accountant	*la pubblicità*	advertising
la contabilità	accounting	*recuperare*	to recover
il costo	cost	*redditizio*	profitable
decidere	to decide	*il reddito*	income
decisione	decision	*il rendiconto*	statement
il dettagliante	retailer	*i risultati*	results
al dettaglio	retail	*scambiare*	to trade, to exchange
diminuire	to decrease	*la società per azioni*	corporation
il dirigente	manager	*la società semplice*	partnership
il dividendo	dividend	*il socio*	partner
la domanda	demand	*l'ufficio contabilità*	accounting department
l'entrata	income	*il venditore*	seller

Chapter 27:   The personal computer

Capitolo 27:   Il personal computer

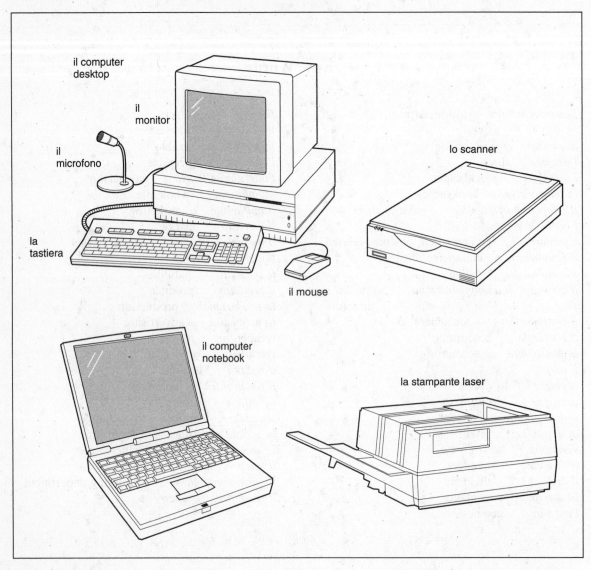

il computer desktop

il monitor

il microfono

la tastiera

il mouse

lo scanner

il computer notebook

la stampante laser

THE COMPUTER

Scusi, quali sono le *specifiche* di questo modello?	specifications
Questo computer ha sei *slot di espansione*.	expansion slots
Oltre *all'unità a disco rigido (disco fisso)*, c'è *un'unità a disco floppy (disco flessibile)* ed *un'unità CD-ROM*.	hard drive; floppy drive; CD-ROM drive
Il *disco rigido* è di 12 gigabyte ed *il processore* è a 800MHz.	processor
Ha 256 megabyte di *memoria RAM*.	RAM memory
Il monitor ha uno *schermo di 19 pollici* e con la nuova *scheda video* è possibile *visualizzare* qualsiasi tipo di multimedia.	19″ screen; video adapter to view
È incluso anche lo scanner nel prezzo?	
Lo scanner non è incluso, ma è inclusa la *stampante laser* che *stampa* dieci pagine al minuto.	laser printer prints

Per me lo scanner è *un accessorio* molto importante, perché mi permette di *immettere* testi e immagini direttamente nel computer.

peripheral
to input

Il modem è molto veloce e adesso potrò collegarmi all'Internet senza aspettare tanto.

Il computer è indispensabile per il mio lavoro perché uso continuamente *l'elaboratore di testi* ed altre *applicazioni*, come *il database* ed *il foglio elettronico.*

word processor; applications
database; spreadsheet

1. Complete.

1. Voglio comprare un computer con una _____ RAM di 256MB e con un _____ di 800MHz. Mi serve anche uno _____ di 19 pollici ed una buona _____ _____ per visualizzare ogni tipo di multimedia.

2. Gli accessori più importanti per me sono la _____ laser e lo _____, che mi serve per inserire le immagini direttamente nel computer.

3. Il _____ _____ è abbastanza grande. Ha 12 gigabyte.

4. Per scrivere, uso l'_____ __ _____, ma poi nel mio lavoro uso anche altre _____.

WORD PROCESSING

Con il mio *elaboratore* posso *formattare* i documenti.

word processor; format

Posso cambiare la *fonte* e *l'impostazione della pagina.*

font; page settings

Posso cambiare *il rientro dei paragrafi, la giustificazione* e via dicendo.

paragraph indentation, justification

Il mio programma ha un *correttore ortografico* che verifica l'ortografia dei documenti.

spell-checker

Ha anche un *dizionario dei sinonimi* che trova i sinonimi delle parole impiegate.

thesaurus

Si possono inserire immagini create con altri programmi, ed *allineare* correttamente le formule matematiche.

align

Si possono produrre automaticamente *lettere circolari personalizzate.*

personalized form letters

Si possono inserire *note a piè di pagina, ipertesti,* e *intestazioni.*

footnotes; hypertexts; headings

Ha anche un *editor grafico* che mi permette di modificare le immagini da inserire nel testo.

graphics editor

Inoltre posso leggere e *salvare i file* nel formato di altri programmi.

save files

Organizzo i miei documenti salvandoli in *cartelle* diverse.

folders

2. Complete.

1. Io uso il mio _____ _____ _____ per scrivere tutti i miei documenti.

2. Il _____ _____ verifica l'ortografia delle parole.

3. Il _____ _____ _____ trova i sinonimi delle parole che voglio usare.

4. Quando scrivo un articolo, posso mettere _____ a piè di pagina.

5. Con l'_____ _____, posso cambiare le immagini da inserire nel testo.

6. I miei documenti sono salvati in _____ diverse.

7. Si possono produrre lettere _____ personalizzate.

8. È molto facile cambiare il _____ dei paragrafi.

THE INTERNET

Col mio nuovo computer sono riuscito finalmente a collegarmi
 all'Internet. Domani ti manderò una e-mail.

Allora, vai anche a visitare il *sito web* che ho creato poco fa. È tutto dedicato alla questione della disoccupazione tra i giovani.	web site

Come si fa per arrivarci?

Devi solo immettere questo indirizzo nel tuo browser:
 http://www.claudiobini. com.

Non dimenticare di salvarlo nei *segnalibri*. Così poi lo trovi subito.	bookmarks
E puoi anche iscriverti al nostro *gruppo di discussione*.	newsgroup
Dimmi una cosa: come si salvano gli *indirizzi* delle persone a cui scrivi?	addresses
È facile. Si salvano nella *rubrica*.	address book
Quando mi mandi la e-mail, richiedi anche *una ricevuta di ritorno*. Così sei sicuro che mi è arrivata.	return receipt
Se vuoi, puoi includere anche un *allegato*. Lo sai che si possono mandare libri interi in pochi secondi?	attachment
Conosco un sito dove puoi *scaricare* migliaia di programmi gratis.	download

3. Complete.
 1. Salva il mio sito nei tuoi _____. Così lo trovi subito.
 2. Io salvo tutti gli indirizzi nella mia _____.
 3. Ti mando il file per e-mail e lo includo come _____.
 4. Se vuoi essere sicuro che arriva la tua e-mail, devi richiedere una _____ _____ _____.
 5. Se ti iscrivi ad un _____ _____ _____, puoi parlare con persone che hanno i tuoi stessi interessi.
 6. Il tuo _____ dedicato alla disoccupazione dei giovani è molto interessante.
 7. Conosci qualche sito dove si possono _____ programmi gratis?

SOME USEFUL EXPRESSIONS

l'account (il conto)	account	*il formato*	format
l'alimentatore	power supply	*il freeware*	freeware
l'assistenza tecnica	technical support	*l'impostazione*	setting
il backup	backup	*l'informatica*	computer science
la batteria	battery	*input/output*	input/output
i caratteri ASCII	ASCII characters	*l'intestazione*	heading
la casella postale elettronica	electronic mailbox	*l'ipertesto*	hypertext
		i margini	margins
il cavo	cable	*modificare*	to edit
chattare	to chat	*il mouse*	mouse
compressione dei dati	data compression	*la nota a piè di pagina*	footnote
computer palmare (palmtop)	palmtop	*il numero di accesso*	access number
computer portatile	portable computer	*il pannello di controllo*	control panel
la directory	directory	*la parola d'ordine (la password)*	password
il dischetto	floppy disk	*la porta parallela*	parallel port
il dizionario dei sinonimi	thesaurus	*la porta seriale*	serial port

il pulsante d'accensione	power switch	*il tasto Escape*	Escape key
il punto Internet	Internet café	*il tasto Invio*	Enter key
salvare	to save	*il tasto Return*	Return key
i tasti di funzione	function keys	*l'unità centrale*	CPU, central processing
la tastiera	keyboard	*(microprocessore)*	unit, microprocessor
il tasto Alt	Alt key		

Key Words

gli accessori	peripherals	*immettere*	to input
l'account	account	*l'impostazione*	setting
l'alimentatore	power supply	*l'indirizzo*	address
l'allegato	attachment	*l'informatica*	computer science
allineare	to align	*input/output*	input/output
le applicazioni	applications	*l'Internet*	Internet
l'assistenza tecnica	technical support	*l'intestazione*	heading
il backup	backup	*l'ipertesto*	hypertext
la batteria	battery	*la lettera circolare*	form letter
i caratteri ASCII	ASCII characters	*i margini*	margins
la cartella	folder	*la memoria estesa*	extended memory
la casella postale elettronica	electronic mailbox	*la memoria RAM*	RAM memory
il cavo	cable	*il microfono*	microphone
chattare	to chat	*il modello*	template
la compressione dei dati	data compression	*il modem*	modem
il computer desktop (da scrivania)	desktop computer	*modificare*	to edit
		il mouse	mouse
il computer notebook	notebook computer	*la nota a piè di pagina*	footnote
il computer palmare (palmtop)	palmtop computer	*il pannello di controllo*	control panel
		la parola d'ordine (la password)	password
il correttore ortografico	spell-checker	*il personal computer*	personal computer
la directory	directory	*la porta d'inserimento (expansion slot)*	expansion slot
il dischetto	floppy disk		
il disco rigido (disco fisso, hard disk)	hard disk	*la porta parallela*	parallel port
		la porta seriale	serial port
il dizionario dei sinonimi	thesaurus	*la posta elettronica (la e-mail)*	e-mail
l'editor grafico	graphics editor	*il pulsante d'accensione*	power switch
l'elaboratore di testi	word processing	*il punto Internet*	Internet café
la e-mail	e-mail	*la ricevuta di ritorno*	return receipt
il file	file	*il rientro*	indentation
il foglio elettronico	spreadsheet	*la rubrica*	address book
la fonte	font	*salvare*	to save
il formato	format	*lo scanner*	scanner
formattare	to format	*la scheda d'espansione*	expansion board
il freeware	freeware	*lo schermo*	screen
la giustificazione	justification (of margins, columns)	*il segnalibri*	bookmark
		scaricare	to download
i gruppi di discussione (newsgroups)	newsgroups	*il sito web*	website
		le specifiche	specifications
		la stampante laser	laser printer

stampare	to print	*il tasto Return*	Return key
i tasti di funzione	function keys	*l'unità centrale*	CPU, central processing unit,
la tastiera	keyboard	*(microprocessore)*	microprocessor
il tasto Alt	Alt key	*l'unità a disco floppy*	floppy disk drive
il tasto Escape	Escape key	*(flessibile)*	
il tasto Invio	Enter key	*l'unità CD-ROM*	CD-ROM drive

Appendix 1:   Days of the week
Appendice 1:   I giorni della settimana

lunedì, martedì, mercoledì, giovedì, venerdì, sabato, domenica
Lunedì[1] è il primo giorno della settimana.
Il secondo giorno è martedì.[2]

Andiamo a scuola *il lunedì*.[3]	on Mondays
Francesca ritornerà *lunedì*.[4]	on Monday
il fine settimana	weekend
giorno feriale	weekday
giorno festivo	holiday
giornata lavorativa	workday
l'onomastico	saint's day
il compleanno	birthday
il Natale	Christmas
la vigilia di Natale	Christmas Eve
l'Anno Nuovo	New Year
Capodanno (il primo dell'anno)	New Year's Day
la vigilia di Capodanno (l'ultimo dell'anno)	New Year's Eve
la Pasqua	Easter

GENNAIO

lunedì	martedì	mercoledì	giovedì	venerdì	sabato	domenica
			1	2	3	4
5	6	7	8	9	10	11
12	13	14	15	16	17	18
19	20	21	22	23	24	25
26	27	28	29	30	31	

---

[1] Monday (not Sunday) is the first day of the week on Italian calendars.

[2] The days of the week are not capitalized in Italian, as they are in English. All days of the week are masculine except for *domenica*.

[3] The definite article is used with a day of the week to express repeated occurrences, as in *on Mondays, on Tuesdays, on Wednesdays* and so on.

[4] The definite article is omitted when referring to a particular day or event.

Appendix 2:   Months of the year and dates
Appendice 2:   I mesi dell'anno e le date

gennaio[1]	luglio
febbraio	agosto
marzo	settembre
aprile	ottobre
maggio	novembre
giugno	dicembre

Che giorno è oggi?
Qual è la data di oggi? ⎫
Quanti ne abbiamo oggi?[2] ⎭   What's today's date?

Oggi è mercoledì.   Today is Wednesday.

Oggi è mercoledì, il ventiquattro dicembre. Today is Wednesday, the 24th of December

Oggi è il ventiquattro.   Today is the 24th.
Oggi è il primo aprile.[3]   Today is the first of April.

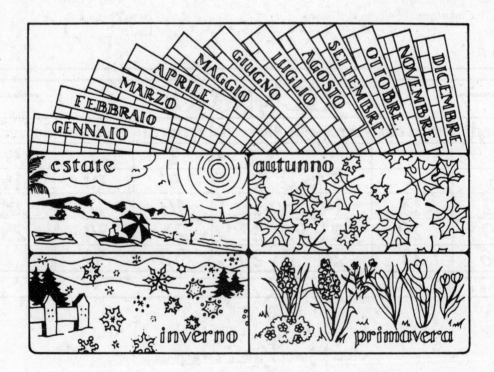

---

[1] The months of the year are not capitalized in Italian, as they are in English. All months of the year are masculine.

[2] The expression *Quanti ne abbiamo oggi?* inquires only about the numerical date of the month.

[3] Note that cardinal numbers are used to express the date, with the exception of the first of the month, expressed with the ordinal number *primo*.

Appendix 3:   Time and expressions of time
Appendice 3:   L'ora e le espressioni di tempo

Che ora è?	
Che ora ha Lei?	What time is it?
Che ore sono?	
È l'una.	It's 1:00.
Sono le due.	It's 2:00.
Sono le tre.	It's 3:00.
È l'una e cinque.	It's 1:05.
Sono le due e dieci.	It's 2:10.
Sono le tre e un quarto.	It's a quarter past three.
Sono le tre e quindici.	It's 3:15.
Sono le quattro e mezzo.	It's half past four.
Sono le quattro e trenta.	It's four thirty.
È l'una meno cinque.	It's five to one.
Mancano cinque minuti all'una.	
Sono le due meno dieci.	It's ten to two.
Mancano dieci minuti alle due.	
Sono le tre meno un quarto.	
Sono le tre meno quindici.	It's a quarter to three.
Manca un quarto alle tre.	
Sono le due e tre quarti.	It's 2:45.
È mezzogiorno.	It's noon.
È mezzanotte.	It's midnight.
Partiranno *all'una.*	at 1:00
Partiranno *alle cinque e mezzo.*	at half past five
Il treno parte *alle quattordici e dieci.*[1]	at 14:10 (2:10 P.M.)
Sarò da te *alle otto in punto.*	at exactly 8:00
Sarò da te *verso le otto.*	at about eight
Faccia il favore di arrivare *a (in) tempo.*	on time
Faccia il favore di non arrivare *tardi.*	late
Faccia il favore di non arrivare *presto.*	early
Arriveremo *di mattina.*	in the morning
di pomeriggio.	in the afternoon
di sera.	in the evening
di notte.	at night
Arriveremo *alle quattro di mattina.*[2]	4.00 A.M.
alle tre del pomeriggio.	3:00 P.M.

DIVISIONS OF TIME

il secondo	second
il minuto	minute

---

[1] The 24-hour clock is commonly used for train, plane, and theater schedules, and the like.

[2] The expression *di mattina*, *del pomeriggio*, and *di sera* are used to distinguish A.M. and P.M.

l'ora	hour
il giorno	day
la settimana	week
due settimane	two weeks
il mese	month
l'anno	year
il secolo	century

OTHER IMPORTANT TIME EXPRESSIONS

l'alba	dawn
il tramonto	dusk, sundown
la mattina	morning
il pomeriggio	afternoon
la sera	evening
la notte	night
Non mi piace viaggiare *di notte.*[3]	at night
il mezzogiorno	noon
la mezzanotte	midnight
oggi	today
domani	tomorrow
dopodomani	day after tomorrow
domani mattina	tomorrow morning
ieri	yesterday
ieri mattina	yesterday morning
l'altro ieri	day before yesterday
fino a lunedì	until Monday
l'anno scorso (passato)	last year
l'anno prossimo (che viene)	next year
un anno fa	a year ago
il corrente mese	this month
il due c.m. (corrente mese)	the second of this month
al principio (all'inizio) di questo secolo	at the beginning of this century
verso la metà dell'anno scorso (passato)	around the middle of last year
verso la fine di quest'anno	around the end of this year
verso la fine del mese ⎫ *agli ultimi del mese* ⎭	around the end of the month

---

[3] Note that the preposition *di* is used to express the English *by* or *at* in a statement like *Non mi piace viaggiare di notte.*

Appendix 4:   Italian regions and their inhabitants
Appendice 4:   Le regioni d'Italia ed i loro abitanti

Abruzzo	abruzzesi
Basilicata	lucani
Calabria	calabresi
Campania	campani
Emilia-Romagna	emiliani-romagnoli
Friuli-Venezia Giulia	friulani-giuliani
Lazio	laziali
Liguria	liguri
Lombardia	lombardi
Marche	marchigiani
Molise	molisani
Piemonte	piemontesi
Puglia	pugliesi
Sardegna	sardi
Sicilia	siciliani
Toscana	toscani
Trentino-Alto Adige	trentini-altoatesini
Umbria	umbri
Val d'Aosta	valdostani
Veneto	veneti

Appendix 5: Numbers
Appendice 5: I numeri

I numeri cardinali	Cardinal numbers
uno	1
due	2
tre	3
quattro	4
cinque	5
sei	6
sette	7
otto	8
nove	9
dieci	10
undici	11
dodici	12
tredici	13
quattordici	14
quindici	15
sedici	16
diciassette	17
diciotto	18
diciannove	19
venti	20
ventuno[1]	21
ventidue	22
ventitré	23
ventiquattro	24
venticinque	25
ventisei	26
ventisette	27
ventotto[1]	28
ventinove	29
trenta	30
trentuno	31
trentadue	32
trentatré	33
quarantaquattro	44
cinquantacinque	55
sessantasei	66
settantasette	77
ottantotto	88
novantanove	99
cento	100
duecento	200

---

[1] Note that the numbers *venti*, *trenta*, *quaranta*, and so on drop the final vowel when combined with *uno* and *otto*.

trecento	300
quattrocento	400
cinquecento	500
seicento	600
settecento	700
ottocento	800
novecento	900
centotrentaquattro	134
duecentocinquantacinque	255
cinquecentosessantotto	568
settecentottantanove	789
novecentonovantanove	999
mille	1.000[2]
duemila	2.000
cinquemila	5.000
novemila	9.000
milleundici	1.011
millequattrocentonovantadue	1.492
millesettecentottantaquattro	1.784
milleottocentododici	1.812
millenovecentottantasette	1.987
un milione	1.000.000
due milioni	2.000.000
un miliardo	1.000.000.000
due miliardi	2.000.000.000

I numeri ordinali   Ordinal numbers

primo(a)	first
secondo(a)	second
terzo(a)	third
quarto(a)	fourth
quinto(a)	fifth
sesto(a)	sixth
settimo(a)	seventh
ottavo(a)	eighth
nono(a)	ninth
decimo(a)	tenth
undicesimo(a)	eleventh
dodicesimo(a)	twelfth
tredicesimo(a)	thirteenth
quattordicesimo(a)	fourteenth
quindicesimo(a)	fifteenth
sedicesimo(a)	sixteenth
diciassettesimo(a)	seventeenth
diciottesimo(a)	eighteenth
diciannovesimo(a)	nineteenth
ventesimo(a)	twentieth
ventunesimo(a)	twenty-first

---

[2] Note that in Italian 1,000 is written as 1.000; periods are used instead of commas. Conversely, a comma is used in place of a decimal point: the English 1.75 is written 1,75 in Italian.

ventiduesimo(a)	twenty-second
ventitreesimo(a)	twenty-third
ventiquattresimo(a)	twenty-fourth
venticinquesimo(a)	twenty-fifth
ventiseesimo(a)	twenty-sixth
ventisettesimo(a)	twenty-seventh
ventottesimo(a)	twenty-eighth
ventinovesimo(a)	twenty-ninth
trentesimo(a)	thirtieth
trentunesimo(a)	thirty-first
quarantaduesimo(a)	forty-second
cinquantatreesimo(a)	fifty-third
sessantaquattresimo(a)	sixty-fourth
settantacinquesimo(a)	seventy-fifth
ottantaseesimo(a)	eighty-sixth
novantasettesimo(a)	ninety-seventh
centesimo(a)	one hundredth

Appendix 6:   Foods
Appendice 6:   I generi alimentari

Vegetables   *I vegetali, i legumi*

artichoke   *il carciofo*
asparagus   *gli sparagi*
beans   *i fagioli*
beet   *la barbabietola*
broccoli   *i broccoli*
brussels sprouts   *i cavolini, i cavoletti di Bruxelles*
cabbage   *il cavolo, la verza*
caper   *il cappero*
carrot   *la carota*
cauliflower   *il cavolfiore*
celery   *il sedano*
chard   *la bietola*
chickpeas   *i ceci*
chicory   *la cicoria*
corn   *il granturco*
cucumber   *il cetriolo*
eggplant   *la melanzana*
endive   *l'indivia*
garlic   *l'aglio*
leeks   *i porri*
lentils   *le lenticchie*
lettuce   *la lattuga*
lima beans   *i fagioli di Lima*
mushrooms   *i funghi*
onion   *la cipolla*
parsnip   *la pastinaca*
peas   *i piselli*
peppers   *i peperoni*
potato   *la patata*
pumpkin   *la zucca*
radish   *il ravanello*
spinach   *gli spinaci*
squash   *la zucca*
sweet potato   *la batata, la patata americana*
tomato   *il pomodoro*
turnip   *la rapa*
watercress   *il crescione d'acqua*
zucchini   *le zucchine*

Fruits   *La frutta*

apple   *la mela*
apricot   *l'albicocca*
avocado   *l'avocado*
banana   *la banana*
blackberry   *la mora*
cherry   *la ciliegia*
coconut   *il cocco*
currant   *l'uva sultanina*
date   *il dattero*
fig   *il fico*
grape   *l'uva*
grapefruit   *il pompelmo*
guava   *la guaiava*
lemon   *il limone*
lime   *la limetta*
melon   *il melone*
orange   *l'arancia*
papaya   *la papaia*
peach   *la pesca*
pear   *la pera*
pineapple   *l'ananas*
plum   *la susina*
pomegranate   *la melagrana*
prune   *la prugna*
raisins   *l'uva secca, l'uva passa*
raspberry   *il lampone*
strawberry   *la fragola*
watermelon   *il cocomero, l'anguria*

Meats   *Le carni*

bacon   *la pancetta*
beef   *la carne di manzo*
brains   *il cervello*
cold cuts   *gli affettati*
ham   *il prosciutto*
heart   *il cuore*
kidneys   *i rognoni*
lamb   *l'agnello*
liver   *il fegato*
meatballs   *le polpette*
pork   *la carne di maiale*
sausage   *la salsiccia*
suckling pig   *il maiale di latte*
tongue   *la lingua*
tripe   *la trippa*
veal   *la carne di vitello*

Fish and shellfish   *Pesce e frutti di mare*

anchovies   *le acciughe*
clams   *le vongole*

cod	*il merluzzo*
crab	*il granchio*
eel	*l'anguilla*
hake	*il merluzzo*
herring	*l'aringa*
lobster	*l'aragosta*
mackerel	*lo scombro*
mussel	*la cozza*
octopus	*il polpo*
oyster	*l'ostrica*
perch	*il pesce persico*
salmon	*il salmone*
sardine	*la sardina*
sea bass	*la spigola*
shrimp	*il gamberetto, il gambero*
snail	*la lumaca*
sole	*la sogliola*
squid	*il calamaro*
swordfish	*il pesce spada*
trout	*la trota*
tuna	*il tonno*
whiting	*il nasello, il merlango*

Fowl and game   *Pollame e selvaggina*

capon	*il cappone*
chicken	*il pollo*
duck	*l'anatra*
goose	*l'oca*
partridge	*la pernice*
pheasant	*il fagiano*
pigeon	*il piccione*
quail	*la quaglia*
turkey	*il tacchino*

Condiments, sauces,   *Condimenti, salse e*
and spices   *spezie*

anise	*l'anice*
basil	*il basilico*
bay leaf	*la foglia di alloro*
capers	*i capperi*
cinnamon	*la cannella*
coriander	*il coriandolo*
dill	*l'aneto*
garlic	*l'aglio*
ginger	*lo zenzero*
ketchup	*la salsa piccante di pomodoro, ketchup*
marjoram	*la maggiorana*
mayonnaise	*la maionese*
mint	*la menta*
mustard	*la senape, la mostarda*

nutmeg	*la noce moscata*
oregano	*l'origano*
paprika	*la paprica*
parsley	*il prezzemolo*
pepper	*il pepe*
rosemary	*il rosmarino*
saffron	*lo zafferano*
salt	*il sale*
sesame	*il sesamo*
tarragon	*l'estragone*
thyme	*il timo*
vanilla	*la vaniglia*

Eggs   *Le uova*

egg white	*la chiara d'uovo*
egg yolk	*il tuorlo, il rosso d'uovo*
fried eggs	*le uova al tegame*
hard-boiled eggs	*le uova sode*
poached eggs	*le uova affogate, le uova in camicia*
scrambled eggs	*le uova strapazzate*
soft-boiled eggs	*le uova alla coque*

Sweets   *I dolciumi, i dolci*

cake	*la torta*
candy	*la caramella, il confetto*
caramel custard	*il budino di crema caramellata*
cookie	*il biscotto*
custard	*la crema*
doughnut	*la frittella, la ciambellina*
honey	*il miele*
ice cream	*il gelato*
jam	*la marmellata*
jello	*la gelatina*
sponge cake	*il pan di Spagna*
syrup	*lo sciroppo*

Beverages   *Le bibite*

aperitif	*l'aperitivo*
beer	*la birra*
carbonated	*gassata*
cider	*il sidro*
coffee	*il caffè*
black coffee	*il caffè nero*
coffee with milk	*il caffellatte*
espresso	*il caffè espresso*
espresso with cream	*il cappuccino*
juice	*il succo*
lemonade	*la limonata*
milk	*il latte*

milkshake   *il frappé, il frullato*
mineral water   *l'acqua minerale*
soda   *la bibita*
tea   *il tè*
iced tea   *il tè freddo*
wine   *il vino*
red wine   *il vino rosso*
white wine   *il vino bianco*

Miscellaneous   *Miscellaneo*

baking powder   *lievito (artificiale) in polvere*
baking soda   *bicarbonato (di sodio)*
biscuit   *il panino soffice*
bread   *il pane*
butter   *il burro*
cheese   *il formaggio*

cornstarch   *l'amido di granturco*
cream   *la crema, la panna*
gravy   *la salsa*
juice   *il succo*
lard   *lo strutto*
noodles   *le tagliatelle*
nuts   *le noci (s. la noce)*
oil   *l'olio*
olive (fruit)   *l'oliva*
olive oil   *l'olio d'oliva*
peanut   *la nocciolina americana*
rice   *il riso*
roll   *il panino*
sandwich   *il panino imbottito, il tramezzino*
spaghetti   *gli spaghetti*
sugar   *lo zucchero*
vinegar   *l'aceto*

SOME ITALIAN SPECIALTIES

minestrone	vegetable soup
stracciatella	chicken broth with flakes of egg and cheese
zuppa di pasta e fagioli	soup of pasta and beans
cannelloni	pasta tubes filled with meat and baked in tomato and cream sauce
fettucine Alfredo	egg noodles with butter, cream, egg, and Parmigiano cheese
gnocchi	dumplings made of wheat or potato flour
lasagne	giant noodles baked with tomato sauce, ricotta, and mozzarella cheese
manicotti	large pasta tubes filled with ricotta and other ingredients and baked with sauce
ravioli	squares of pasta stuffed with chopped meat or spinach and ricotta, boiled and served with sauce
risotto alla milanese	braised rice with saffron
spaghetti alla carbonara	spaghetti with egg and bacon sauce
spaghetti con le vongole	spaghetti with clam sauce
tortellini	pasta rings stuffed with chicken, prosciutto, sausage, or cheese, served in soup or with sauce
bistecca alla fiorentina	broiled marinated steak
bistecca alla pizzaiola	pan-broiled steak with tomatoes and garlic
osso buco	braised veal shanks
scaloppine al Marsala	thin slices of veal sautéed with Marsala sauce
saltimbocca alla romana	a Roman dish made with veal and prosciutto (literally, *saltimbocca* means "jump into the mouth")
aragosta fra diavolo	lobster braised with wine and tomatoes
scampi alla griglia	broiled shrimp with garlic butter
cassata alla siciliana	cake filled with ricotta, candied fruit, and chocolate morsels and covered with chocolate frosting
granita	flavored ice
panettone	coffee cake
zabaione	custard with Marsala wine

Key words: English–Italian
Parole importanti: Inglese–Italiano

Chapter 1: At the airport

abroad   all'estero
airline   la compagnia aerea, la compagnia di aviazione, la linea aerea
airport   l'aeroporto
aisle   il corridoio
arrival   l'arrivo
arriving from   proveniente da
available (seat)   disponibile
baggage claim check   lo scontrino
boarding   l'imbarco
boarding card   la carta d'imbarco
boarding pass   la carta d'imbarco
boarding gate   l'uscita d'imbarco
bomb-sniffing dogs   i cani addestrati al rilevamento degli esplosivi (anti-esplosivi)
bound for   con destinazione
briefcase   la valigetta
carry-on luggage   il bagaglio a mano
to change planes   cambiare aereo
to check   controllare
to claim (luggage)   ritirare
clerk   l'impiegato(a)
compartment   lo scompartimento
computer   il computer
counter   il banco
departure   la partenza
drug-sniffing dogs   i cani antidroga
embarcation   l'imbarco
employee   l'impiegato(a)
to endorse   intestare
fare   la tariffa
to fit   entrare
flight   il volo
full   al completo, pieno(a)
hand luggage   il bagaglio a mano
to inform   informare
international   internazionale
label   la targhetta
line   la fila
to be located   stare
luggage   il bagaglio
to make a stop (airplane)   fare scalo
metal detector   il metal detector
to miss   perdere

national   nazionale
nonstop (flight)   senza scalo
no-smoking section   la sezione non fumatori
passport   il passaporto
passenger   il (la) passeggero(a)
price   il prezzo
row   la fila
seat   il posto, il sedile
small suitcase   la valigetta
smoking section   la sezione fumatori
station   la stazione d'imbarco
to stay   stare
suitcase   la valigia
tag (for identification)   la targhetta
taxi   il tassì, il taxi
terminal   la stazione d'imbarco
ticket   il biglietto
ticket envelope   la busta del biglietto
visa   il visto
to issue a visa   vistare, dare il visto

Chapter 2: On the airplane

air pressure   la pressione dell'aria
airsickness   il male d'aria
airsickness bag   il sacchetto per il male d'aria
aisle   il corridoio
altitude   l'altitudine
approximate   approssimativo(a)
in back, in the back   didietro
bag   il sacchetto
blanket   la coperta
to bounce   sobbalzare
breakfast   la prima colazione
cabin   la cabina
captain   il capitano
carry-on luggage   il bagaglio a mano
in case of   in caso di
channel   il canale
cockpit   la cabina di pilotaggio
to cost   costare
crew   l'equipaggio
economy class   la classe economica
emergency   l'emergenza
emergency exit   l'uscita d'emergenza
to fasten   agganciare

film   *il film, la pellicola*
first class   *la prima classe*
to fit into   *entrare in*
flight   *il volo*
flight attendant   *l'assistente di volo*
flight path   *la rotta di volo*
flight plan   *la rotta di volo*
flight time   *il tempo di volo*
to fly   *volare*
forward   *anteriore*
forward cabin (plane)   *la cabina anteriore*
in front   *davanti*
to get on   *salire in (su)*
to go around   *andare in giro*
hand luggage   *il bagaglio a mano*
headset   *la cuffia stereofonica*
per hour   *all'ora*
illuminated   *acceso*
to jolt   *sobbalzare*
to keep   *mantenere*
to land   *atterrare*
landing   *l'atterraggio*
life preserver   *la cintura di salvataggio*
life vest   *il giubbotto di salvataggio*
to listen to   *ascoltare*
lit   *acceso*
to be located   *stare*
main   *principale*
meal   *il pasto*
movie   *il film, la pellicola*
nap   *il pisolino, il sonnellino*
(no-) smoking section   *la sezione (non) fumatori*
no-smoking sign (light)   *il segnale «vietato fumare»*
opportunity   *l'opportunità*
overhead compartment   *il compartimento in alto*
oxygen mask   *la maschera d'ossigeno*
pillow   *il guanciale*
pilot   *il (la) pilota*
rear cabin   *la cabina posteriore*
regulation   *la norma*
to remain   *restare, rimanere*
route of flight   *la rotta di volo*
rule   *la norma*
safety   *la sicurezza*
safety (seat) belt   *la cintura di sicurezza*
seat belt   *lo schienale del sedile*
seated   *seduto(a)*
speed   *la velocità*
station   *la stazione*
to stay   *stare, restare*

stereophonic music   *la musica stereofonica*
to take back, to claim   *ritirare*
takeoff   *il decollo*
to take off   *decollare*
that   *ciò*
this   *ciò*
toilet   *il water, il gabinetto*
tourist class   *la classe turistica*
under   *sotto*
unexpected turbulence   *la turbolenza inaspettata*
to welcome aboard   *dare il benvenuto a bordo*
wing   *l'ala*

Chapter 3: Passport control and customs

arrow   *la freccia*
business   *gli affari*
on business   *per affari*
cigarette   *la sigaretta*
customs   *la dogana*
customs agent   *il doganiere*
customs declaration   *la dichiarazione di dogana*
to declare   *dichiarare*
duty   *la dogana*
fruit   *la frutta*
how long?   *quanto tempo?*
how much time?   *quanto tempo?*
lodged   *alloggiato(a)*
to open   *aprire*
passing through   *di passaggio*
passport   *il passaporto*
passport control   *il controllo del passaporto*
personal effects   *gli effetti personali*
pleasure trip   *un viaggio di piacere*
to remain, to stay   *trattenersi*
staying   *alloggiato(a)*
tobacco   *il tabacco*
tourist card   *la carta di turista*
vegetable   *il vegetale*
visa   *il visto*
whiskey   *il whisky*

Chapter 4: At the train station

to board   *salire*
to buy a ticket   *fare il biglietto*
car (of a train)   *il vagone, la vettura*
to carry   *portare*
to change trains   *cambiare treno*
to check   *controllare*

to check (luggage)　*depositare*
compartment　*il compartimento*
conductor　*il controllore*
delay　*il ritardo*
departure　*la partenza*
destination　*la destinazione*
dining car　*il vagone ristorante*
to examine　*controllare*
express train　*il rapido*
to get on　*salire*
to hand over　*consegnare*
late　*in ritardo*
to leave　*partire*
local train　*il treno locale*
luggage　*il bagaglio*
luggage checkroom　*il bagagliaio, il deposito
　　　　　　　bagagli*
one-way　*di andata*
platform　*il binario*
porter　*il facchino*
reserved　*prenotato(a), riservato(a)*
round trip　*di andata e ritorno*
schedule　*l'orario*
seat　*il posto*
seated　*seduto(a)*
since　*dato che*
sleeping car　*il vagone letto*
suitcase　*la valigia*
to take back　*ritirare*
there　*lì*
ticket　*il biglietto*
ticket window　*lo sportello*
on time　*in orario*
timetable　*l'orario*
track　*il binario*
train　*il treno*
train station　*la stazione ferroviaria*
traveler　*il viaggiatore (la viaggiatrice)*
waiting room　*la sala d'aspetto*

Chapter 5: The automobile

accelerator　*l'acceleratore*
almost　*quasi*
at once　*immediatamente, subito*
auto　*l'auto*
automatic transmission　*la trasmissione
　　　　　　　automatica*
automobile　*l'automobile*
back　*posteriore*
battery　*la batteria*
because　*poiché*

to blow the horn　*suonare il clacson*
to brake　*frenare*
brake fluid　*l'olio dei freni*
breakdown　*un guasto, una panne*
bumper　*il paraurti*
car　*l'auto, l'automobile, la macchina*
car-repair garage　*l'autofficina*
car repairs　*l'autoriparazione*
to change　*cambiare*
to charge　*fare pagare*
to check　*controllare*
choke　*il pomello dell'aria*
clutch pedal　*il pedale della frizione*
contract　*il contratto*
to contract　*contrarre*
to cost　*costare*
couple　*un paio*
credit card　*la carta di credito*
crosswalk　*l'attraversamento pedonale*
dashboard　*il cruscotto*
day by day　*di giorno in giorno*
by the day　*al giorno*
directional signals　*le frecce, le luci di
　　　　　　　direzione*
do not enter　*senso vietato*
downtown　*il centro urbano*
dripping　*gocciolando*
driver's license　*la patente automobilistica*
emergency room　*il pronto soccorso*
empty　*vuoto(a)*
excuse me　*mi scusi*
fender　*il parafango*
a few　*alcuni, un paio*
to fill　*riempire*
to find　*trovare*
flat tire　*una gomma forata, una gomma a terra*
foot brake　*il freno a pedale*
front　*anteriore*
full-coverage insurance　*l'assicurazione con
　　　　　　　copertura totale*
gas (gasoline)　*la benzina*
gas pedal　*l'acceleratore*
gas station　*il distributore di benzina, il
　　　　　　　rifornimento*
gas tank　*il serbatoio*
gear　*la velocità*
in first gear　*in prima*
gearshift　*il cambio di velocità*
glove compartment　*il cassetto ripostiglio*
grease job　*la lubrificazione*
hand brake　*il freno a mano*
to happen　*capitare*
headlight　*il fanale*

to heat   *scaldarsi*
high beams   *i fari abbaglianti*
highway entrance   *l'inizio autostrada*
hood (car)   *il cofano*
horn   *il clacson*
hubcap   *la borchia*
ignition   *l'accensione*
ignition key   *la chiave dell'accensione*
immediately   *immediatamente, subito*
indicator lights   *le luci di direzione*
information   *le informazioni*
knocking   *battendo in testa*
lead   *il piombo*
leaded (gasoline)   *con piombo*
leaking   *perdendo*
to learn   *imparare*
left lane closed   *la strettoia a sinistra*
license plate   *la targa*
low beams   *i fari antiabbaglianti*
lube   *la lubrificazione*
men working   *lavori*
mileage (in kilometers)   *il chilometraggio*
naturally   *naturalmente*
neutral   *in folle*
no passing   *il divieto di sorpasso*
no standing   *il divieto di sosta*
no stopping   *il divieto di fermata*
odometer (in kilometers)   *il contachilometri*
oil   *l'olio*
otherwise   *altrimenti*
to overheat   *surriscaldarsi*
pair   *un paio*
parking   *il parcheggio*
parking lights   *le luci di posizione*
pharmacy   *la farmacia*
police   *la polizia*
radiator   *il radiatore*
rear   *posteriore*
regulation   *la norma*
to rent   *affittare*
to repair   *riparare*
repairs   *le riparazioni*
repair shop   *l'officina di riparazione*
in reverse   *in retromarcia*
rule   *la norma*
to sign   *firmare*
since   *poiché*
skipping   *perdendo colpi*
slippery road   *la strada sdriucciolevole*
some   *alcuni*
so much   *un tanto*
to sound the horn   *suonare il clacson*
spare   *di ricambio*

spare parts   *i pezzi di ricambio*
sparkplugs   *le candele*
speed   *la velocità*
speed limit   *il limite di velocità*
speedometer   *il tachimetro*
to stall   *arrestarsi*
to start   *mettere in moto*
starter   *l'accensione, il motorino d'avviamento*
steering wheel   *il volante*
to stop   *fermare, fermarsi*
stoplight   *il semaforo*
tire   *la gomma, il pneumatico*
to tow   *rimorchiare*
tow truck   *il carro attrezzi*
trunk (car)   *il bagagliaio*
tune-up   *una messa a punto*
unleaded (gasoline)   *senza piombo*
to use   *usare*
U-turn   *l'inversione di marcia*
vibrating   *vibrando*
week   *la settimana*
by the week   *per settimana*
wheel   *la ruota*
windshield   *il parabrezza*
windshield wiper   *il tergicristallo*
to yield   *dare la precedenza*

Chapter 6: Asking for directions

also   *anche*
avenue   *il viale*
to be   *trovarsi*
block   *l'isolato*
bus   *l'autobus*
corner   *l'angolo*
exit   *l'uscita*
far   *lontano*
farther   *più oltre*
to find   *trovare*
to find oneself   *trovarsi*
to follow   *seguire, segua (Lei)*
freeway   *l'autostrada normale*
to get off   *scendere*
instead   *invece*
intersection, crossing   *l'incrocio*
lane   *la corsia*
to the left   *a sinistra*
to look for   *cercare*
lost   *perduto(a), perso(a)*
near   *vicino*
once here   *una volta qui*
one-way   *direzione unica, senso unico*

to pay   *pagare*
payment   *il pagamento*
to the right   *a destra*
road   *la strada*
rush hour   *l'ora di punta*
so much   *un tanto*
stop   *la fermata*
to stop   *smettere*
straight   *dritto*
street   *la via, la strada*
to take   *prendere*
toll   *il pedaggio*
tollbooth   *il casello autostradale*
traffic   *il traffico, il transito*
traffic light   *il semaforo*
transit   *il transito, il traffico*
to turn   *girare*
to turn around   *voltarsi, tornare indietro*
turnpike   *l'autostrada a pedaggio*
to use   *usare*
village   *il paese*
to walk   *andare a piedi, camminare*

Chapter 7: Making a telephone call

to access   *accedere*
again   *di nuovo, nuovamente*
alas!   *ahimè!*
answer   *la risposta*
area code   *il prefisso*
briefly   *brevemente*
it is broken   *è guasto(a)*
busy   *occupato(a)*
busy signal   *il segnale di linea occupato*
built-in   *integrato*
button   *il bottone*
to buy   *acquistare*
to call again   *richiamare*
to call on the phone   *chiamare al telefono*
collect call   *la telefonata a carico del destinatario*
to connect   *mettere in comunicazione con, collegare*
to cut off (telephone)   *interrompere la linea*
data/fax transmission   *la trasmissione di dati/fax*
to deposit   *depositare*
to dial   *fare il numero*
dial tone   *il segnale di linea libera*
directly   *direttamente*
directory   *la guida telefonica*
doesn't work   *non funziona*

don't hang up   *resti in linea, non riattacchi*
extension   *il numero intero*
to hang up   *attaccare, riattaccare*
help   *l'ausilio*
high resolution   *l'alta risoluzione*
hold on   *resti in linea, non riattacchi*
to increase   *aumentare*
it's incredible   *è incredibile*
later   *più tardi*
line   *la linea*
to live   *abitare*
local call   *la telefonata urbana (locale)*
long-distance call   *la telefonata interurbana*
to make a call   *fare una chiamata*
to make a phone call   *fare una telefonata*
message   *il messaggio*
only   *solamente*
out of order   *fuori servizio*
person-to-person call   *la telefonata con preavviso*
phone book   *la guida telefonica*
phone card   *la scheda telefonica*
to pick up (receiver)   *staccare*
to protect   *proteggere*
to push   *spingere*
to put through to   *mettere in comunicazione con*
receiver (on a telephone)   *il ricevitore*
to reside   *abitare*
to ring   *suonare, squillare*
Sim card   *la scheda Sim*
same   *medesimo(a)*
slot   *la fessura per gettone*
suddenly   *all'improvviso*
switchboard   *il centralino*
telephone   *il telefono*
to telephone   *telefonare, chiamare al telefono*
telephone booth   *la cabina telefonica*
telephone call   *la telefonata, la chiamata telefonica*
telephone number   *il numero del telefono*
telephone operator   *il (la) telefonista, il (la) centralinista*
token   *il gettone*
toll call   *la telefonata interurbana*
toll-free number   *il numero verde*
to try   *provare*
unauthorized   *non autorizzato*
to vibrate   *vibrare*
what luck!   *che fortuna!*
who's calling?   *chi parla?*
wrong number   *il numero sbagliato*

Chapter 8: At the hotel

additional charge   *il supplemento*
air conditioning   *l'aria condizionata*
available   *disponibile, libero(a)*
balcony   *il balcone*
bar of soap   *la saponetta*
basin   *il lavabo*
bath   *il bagno*
bathroom   *il bagno*
bath towel   *il lenzuolo da bagno*
beach   *il lido*
bed   *il letto*
bellhop   *il ragazzo d'albergo*
bill   *il conto*
blanket   *la coperta*
breakfast   *la prima colazione*
burned out   *fulminato(a)*
cashier   *il (la) cassiere(a)*
cashier's office   *l'ufficio cassa*
charge   *l'addebito, la spesa*
to clean   *pulire*
clerk at the reception   *il (la) receptionist*
  desk
clogged   *otturato(a)*
clothes   *gli indumenti, i vestiti*
come in!   *avanti!*
to complete   *completare*
confirmation (reservation)   *la conferma*
credit card   *la carta di credito*
desk clerk   *l'impiegato(a)*
doorman's station   *la portineria*
double bed   *il letto matrimoniale*
double room   *la camera doppia*
dresses   *i vestiti*
to dry-clean   *pulire a secco*
electric razor   *il rasoio elettrico*
expense   *la spesa*
faucet   *il rubinetto*
to fill out   *completare*
full   *al completo, pieno(a)*
guest   *l'ospite*
hair dryer   *l'asciugacapelli*
to hang   *appendere*
hanger   *la gruccia, la stampella*
heating   *il riscaldamento*
hot water   *l'acqua calda*
inside   *l'interno*
interior   *interno(a)*
to iron   *stirare*
laundry service   *il servizio guardaroba*
light   *la luce*
lightbulb   *la lampadina*

light switch   *l'interruttore*
maid   *la cameriera*
necessary   *necessario(a)*
to need   *aver bisogno*
outlet   *la presa*
phone call   *la telefonata*
pillow   *il guanciale*
private bath   *il bagno privato*
ready   *pronto(a)*
receptionist   *il (la) receptionist*
registration counter   *il banco registrazione*
registration form   *il modulo di registrazione*
to remain   *trattenersi*
reservation   *la prenotazione*
room   *la camera, la stanza*
room and board   *il vitto e alloggio*
room service   *il servizio di camera*
room with two beds   *la camera a due letti*
sea   *il mare*
service   *il servizio*
shore   *il lido*
shower   *la doccia*
to sign   *firmare*
single room   *la camera a un letto, la camera singola*
soap   *il sapone*
to stay   *trattenersi*
street   *la strada*
suits   *i vestiti*
swimming pool   *la piscina*
taxes   *le tasse*
television set   *il televisore*
to tidy up   *rimettere in ordine*
toilet   *il water, il gabinetto*
toilet paper   *la carta igienica*
total   *il totale*
towel   *l'asciugamano*
to vacate   *lasciar libero(a)*
voltage   *il voltaggio*
to wash   *lavare*
by when?   *per quando?*

Chapter 9: At the bank

account   *il conto*
ATM machine   *il Bancomat*
balance   *il saldo*
bank   *la banca*
bankbook   *il libretto*
bank card   *la carta bancaria*
banknote   *la banconota*
bill   *la banconota, il biglietto, il conto*

bills of high denominations   *i biglietti di*
  (big bills)   *grosso taglio*
bills of low   *i biglietti di piccolo taglio*
  denominations
cash   *i contanti, il denaro liquido, il denaro in*
                    contanti, la moneta contante
in cash   *in contanti*
to cash   *cambiare*
to cash a check   *cambiare un assegno*
cashier   *il (la) cassiere(a)*
cashier's counter   *la cassa*
cashier's window   *la cassa*
change   *il cambio*
charge   *la commissione*
to charge   *far pagare*
checkbook   *il libretto degli assegni*
checking account   *il conto corrente*
coin   *la moneta*
coins   *il cambio, gli spiccioli*
commission   *la commissione*
convenient   *comodo*
deposit   *il versamento, il deposito*
to deposit (money into an account)   *depositare*
down payment   *la caparra, l'anticipo*
due date   *la data di scadenza*
to endorse   *firmare a tergo*
to enter (on a keyboard)   *digitare*
to exchange   *cambiare*
exchange bureau   *l'ufficio di cambio*
to get   *prendere*
to give   *dare*
inscription   *l'iscrizione*
in installments   *a rate*
interest   *l'interesse*
interest rate   *il tasso d'interesse*
to key in   *digitare*
less   *meno*
loan   *il prestito*
to make a deposit   *fare un versamento, fare un*
                                deposito
money   *il biglietto, la banconota, il denaro*
monthly payments   *i pagamenti mensili*
mortgage   *l'ipoteca*
to obtain   *ottenere*
to open   *aprire*
owner   *il titolare (proprietario)*
passbook   *il libretto*
to pay   *pagare*
to pay cash   *pagare in contanti*
to pay in installments   *pagare a rate*
to pay in one lump sum   *pagare in contanti*
percent   *per cento*
PIN   *il PIN (codice segreta)*

rate of exchange   *il cambio*
to save   *risparmiare*
savings account   *il libretto di risparmio*
sign   *l'iscrizione*
small change   *gli spiccioli*
to take out   *ritirare*
teller   *il cassiere, la cassiera*
teller's window   *lo sportello*
traveler's checks   *gli assegni turistici*
to be well-informed   *essere al corrente*
to withdraw   *ritirare, prelevare*

Chapter 10: At the post office

address   *l'indirizzo*
airmail   *la via aerea, la posta aerea*
by airmail   *per via aerea*
to arrive   *arrivare*
by boat   *via mare*
certified (registered) mail   *la raccomandata*
customs declaration   *la dichiarazione per la*
                                          dogana
to deliver (mail)   *distribuire*
delivery (of mail)   *la distribuzione*
to drop   *imbucare*
express letter   *la lettera espresso*
to fill out   *completare*
fragile   *fragile*
to insure   *assicurare*
letter   *la lettera*
letter carrier   *il portalettere, il postino*
mail   *la posta, la corrispondenza*
to mail   *imbucare*
mailbox   *la cassetta postale*
money order   *il vaglia postale*
morning   *la mattina*
in the morning   *di mattina*
package   *il pacco*
parcel   *il pacco*
picture postcard   *la cartolina illustrata*
by plane   *in aereo*
postage   *l'affrancatura*
postal code   *il codice d'avviamento postale*
post office   *l'ufficio postale*
post office box   *la casella postale*
recipient   *il (la) destinatario(a)*
regular mail   *la posta normale*
scale   *la bilancia, la pesa*
to send   *inviare, mandare, spedire*
sender   *il (la) mittente*
stamped postcard   *la cartolina postale*
stamps   *i francobolli*

to take (time)   *impiegare*
to weigh   *pesare*
window   *lo sportello*

Chapter 11: At the hairdresser

in the back   *didietro*
barber   *il barbiere*
barber shop   *la barbieria*
beard   *la barba*
comb-out   *la pettinata*
to cut   *tagliare*
fingernail   *l'unghia*
haircut   *il taglio dei capelli*
hairdresser   *il (la) parrucchiere(a)*
hair oil   *la brillantina*
hair spray   *la lacca, lo spray*
manicure   *il manicure*
mustache   *i baffi*
nail polish   *lo smalto per le unghie*
on the neck   *sul collo*
pedicure   *il pedicure*
permanent (wave)   *la permanente*
razor   *il rasoio*
scissors   *le forbici*
set   *la messa in piega*
shampoo   *la lavatura dei capelli, lo sciampo*
to shave   *fare la barba*
too short   *troppo corti*
to shorten   *accorciare*
sideburns   *le basette*
on the sides   *ai lati*
tint   *la tintura*
on top   *sopra*
trim   *una spuntata, una spuntatina*

Chapter 12: At the clothing store

bathing suit   *il costume da bagno*
belt   *la cinta, la cintura*
black   *nero(a)*
blended (fibers)   *misto(a)*
blouse   *la camicetta*
blue jeans   *i blue jeans*
boots   *gli stivaletti, gli stivali*
brassiere   *il reggipetto, il reggiseno*
brown   *marrone*
bustier   *il busto*
button   *il bottone*
checked (fabric)   *a quadri*
coat   *il cappotto*
corduroy   *il velluto a coste*

corset   *il busto*
cotton   *il cotone*
to crease   *sgualcirsi*
to crumple   *sgualcirsi*
cufflinks   *i gemelli*
cuffs   *i polsini*
denim   *il cotone ritorto*
dress   *il vestito*
dressing gown   *la vestaglia*
to enter   *entrare*
fabric   *la stoffa, il tessuto*
finger   *il dito (pl. le dita)*
to fit   *stare bene*
flannel   *la flanella*
fly   *la patta (of pants)*
gabardine   *il gabardine*
gloves   *i guanti*
to go well with   *andare bene insieme con*
half-slip   *la sottana*
handkerchief   *il fazzoletto*
hat   *il cappello*
heel   *il tacco*
high   *alto(a)*
to hurt   *fare male*
jacket   *la giacca*
lace   *il merletto, il pizzo*
leather   *il cuoio, la pelle*
leather sole   *la suola di cuoio*
light blue   *celeste*
long   *lungo(a)*
to match   *andare bene insieme con*
narrow   *stretto(a)*
necktie   *la cravatta*
I need   *mi occorre*
to need   *occorrere (impersonal)*
nylon   *il nailon, il nylon*
overcoat   *il soprabito*
pair   *un paio*
panties   *le mutandine*
pants   *i pantaloni, i calzoni*
pantsuit   *il completo pantalone*
pantyhose   *un collant*
pocketbook   *la borsa*
with polka dots   *a pallini*
raincoat   *l'impermeabile*
rubber   *la gomma*
rubber sole   *la suola di gomma*
sales clerk   *il (la) commesso(a)*
salesperson (in a shop)   *il (la) commesso(a)*
sandal   *il sandalo*
scarf   *la sciarpa*
shirt   *la camicia*
shoe   *la scarpa*

shoelaces   *i lacci*
shoe polish   *il lucido per le scarpe*
short   *corto(a)*
silk   *la seta*
size   *la taglia*
skirt   *la gonna*
sky blue   *celeste*
slacks   *i pantaloni*
sleeve   *la manica*
slip   *il sottabito, la sottoveste*
slippers   *le pantofole*
sneakers   *le scarpe da tennis*
socks   *i calzini*
stockings   *le calze*
striped   *rigato(a), a righe*
suede   *la pelle scamosciata*
suit   *l'abito completo (da uomo o da donna),*
        il vestito
sweater   *la maglia, il maglione*
synthetic   *sintetico(a)*
to take measurements   *prendere le misure*
tall   *alto(a)*
tennis shoes   *le scarpe da tennis*
tight   *stretto(a)*
toe   *il dito (del piede)*
trousers   *i calzoni, i pantaloni*
underpants   *le mutandine*
undershirt   *la maglietta*
underwear   *la biancheria intima*
wide   *largo(a)*
without   *senza*
wool   *la lana*
worsted wool   *la lana pettinata*
to wrinkle   *sgualcirsi*
wrinkle-resistant   *resistente alle pieghe,*
                ingualcibile
zipper   *la chiusura lampo*

Chapter 13: At the dry cleaner

also   *anche*
certainly   *certamente*
clothes   *gli indumenti, i panni*
clothing   *gli indumenti, i panni*
to darn   *rammendare*
dirty   *sporco(a)*
to dry-clean   *lavare a secco*
dry cleaner shop   *la lavanderia, la tintoria*
dry cleaning   *il lavaggio a secco*
to get out   *togliere*
hole   *il buco*
to iron   *stirare*

lining   *la fodera*
to mend   *rammendare*
to need   *occorrere*
to promise   *promettere*
ready   *pronto(a)*
to be ready   *essere pronto(a)*
to remove   *togliere*
to sew again   *ricucire*
to sew   *cucire*
to sew on a button   *attaccare un bottone*
to shrink   *restringere*
to spill   *rovesciare*
spot   *la macchia*
stain   *la macchia*
starch   *l'amido*
tailor   *il (la) sarto(a)*
there is   *c'è* (pl. *ci sono*)
today   *oggi*
tomorrow   *domani*
to try   *provare*
unstitched   *scucito(a)*
to wash   *lavare*

Chapter 14: At the restaurant

to answer   *rispondere*
aperitif   *l'aperitivo*
appetizer   *l'antipasto*
appetizing   *invitante*
baked   *al forno*
bill   *il conto*
blood   *il sangue*
boiled   *lesso(a)*
bones (of fish only)   *le spine*
breast (of fowl)   *il petto*
broiled   *alla graticola, alla griglia*
check   *il conto*
cheese   *il formaggio*
chicken   *il pollo*
chop   *la cotoletta*
cocktail   *l'aperitivo*
cold   *freddo(a)*
corner   *l'angolo*
in the corner   *d'angolo*
course   *il piatto, la portata*
credit card   *la carta di credito*
cup   *la tazza*
cutlet   *la cotoletta*
deep-fried   *fritto(a) in olio*
dessert   *il dolce*
diced   *tagliato(a) a pezzetti*
dirty   *sporco(a)*

dish   *il piatto, la vivanda*
expensive   *caro(a)*
first course   *il primo piatto*
fish   *il pesce*
fixed menu   *il menu del giorno*
food   *la vivanda*
fork   *la forchetta*
fowl   *il pollame, il pollo*
fruits   *la frutta*
frying pan   *la padella*
glass   *il bicchiere*
grilled   *alla griglia, alla graticola*
headwaiter   *il capocameriere*
hors d'oeuvres   *l'antipasto*
house specialty   *la specialità della casa*
included   *incluso(a)*
inexpensive   *economico(a)*
inside   *dentro*
juice   *il succo, il sugo*
in its juices   *nel suo sugo*
knife   *il coltello*
lamb   *l'agnello*
lamb chop   *la cotoletta d'agnello*
leg   *gamba (of person, animal, table), coscia*
          (of fowl, lamb)
luxurious   *di lusso*
main dish   *secondo piatto*
maître d'   *il capocameriere*
meat   *la carne*
medium rare   *cotta moderatamente*
menu   *la lista delle vivande, il menu*
minced   *tritato(a)*
napkin   *la salvietta, il tovagliolo*
near   *vicino a*
to order   *ordinare*
outdoors   *all'aperto*
outside   *fuori*
pan   *la padella*
pepper   *il pepe*
pepper shaker   *la pepiera*
pig   *il maiale*
place setting   *il coperto*
plate   *il piatto*
pork   *la carne di maiale*
rare (meat)   *al sangue*
too rare   *troppo al sangue*
receipt   *la ricevuta*
red   *rosso(a)*
reservation   *la prenotazione*
restaurant   *il ristorante*
roasted   *arrostito(a)*
salad   *l'insalata*
salt   *il sale*

salt shaker   *la saliera*
salty   *salato(a)*
saucer   *il piattino*
sautéed   *rosolato(a) in padella*
service   *il servizio*
service charge   *il servizio*
shellfish   *i frutti di mare*
skillet   *la padella*
smoked   *affumicato(a)*
soup   *la minestra*
soup spoon   *il cucchiaio*
specialty of the day   *il menu del giorno*
steak   *la bistecca*
steamed   *cotto(a) con il vapore*
stewed   *in umido*
sugar   *lo zucchero*
sugar bowl   *la zuccheriera*
to suggest   *consigliare*
supper   *la cena*
table   *il tavolo, la tavola*
tablecloth   *la tovaglia*
teaspoon   *il cucchiaino*
thigh (of a chicken)   *la coscia*
tip   *la mancia*
too tough   *troppo duro(a)*
tray   *il vassoio*
veal cutlet   *la cotoletta di vitello*
vegetables   *le verdure, i vegetali*
waiter   *il cameriere*
waitress   *la cameriera*
water   *l'acqua*
well-done   *ben cotto(a)*
too well-done   *troppo cotto(a)*
what do you suggest?   *cosa ci consiglia?*
white   *bianco(a)*
window   *la finestra*
wine   *il vino*
wine list   *la lista dei vini*

Chapter 15: Shopping for food

aisle   *la corsia*
apple   *la mela*
bacon   *la pancetta*
bag   *il sacchetto*
bakery   *la panetteria*
beef   *la carne di manzo*
bottle   *la bottiglia*
box   *la scatola*
bunch   *un mazzo*
bunch (of grapes)   *il grappolo*
butcher shop   *la macelleria*

cake   *la torta*
calf   *il vitello*
can   *il barattolo, la lattina, la scatoletta*
carrot   *la carota*
cart   *il carrello*
cheese   *il formaggio*
cherry   *la ciliegia* (pl. *le ciliegie*)
chicken   *il pollo*
color   *il colore*
cookie   *il biscotto*
dairy products   *i latticini*
dairy store   *la latteria*
delicatessen   *la salumeria*
to derive   *provenire*
dozen   *la dozzina*
egg   *l'uovo* (pl. *le uova*)
fish market   *la pescheria*
fish store   *la pescheria*
food   *i generi alimentari*
fowl   *il pollame, il pollo*
very fresh   *freschissimo(a)*
frozen   *surgelato(a)*
fruit and vegetable store   *il negozio di frutta
                                  e verdure*
give me   *mi dia*
gram   *il grammo*
grapes   *l'uva*
groceries   *i generi alimentari*
grocery store   *la drogheria, il negozio di
                      alimentari*
head (of lettuce)   *un cespo*
homegrown   *nostrano(a)*
how much?   *cosa costa?, quanto costa?*
how much are they?   *quanto costano?*
how much is it?   *quanto costa?*
kilogram   *il chilogrammo*
lettuce   *la lattuga*
lobster   *l'aragosta*
meat   *la carne*
milk   *il latte*
package   *il pacchetto*
pastry   *la pasta*
pastry shop   *la pasticceria*
peas   *i piselli*
pie   *la torta*
piece   *un pezzo*
pig   *il maiale, il suino*
pork   *la carne suina, la carne di maiale*
pork chop   *la cotoletta di maiale*
potato chips   *le patatine fritte*
poultry store   *la polleria*
product   *il prodotto*
to push   *spingere*

regional   *nostrano(a)*
roll (bread)   *il panino*
sack   *il sacchetto*
sausage   *la salsiccia*
shopping bag   *la sporta*
shopping basket   *la sporta*
slice   *la fetta*
soap powder   *il sapone in polvere*
sole   *la sogliola*
spinach   *gli spinaci*
string beans   *i fagiolini*
supermarket   *il supermercato*
tomato   *il pomodoro*
tomato sauce   *la salsa di pomodoro*
tuna   *il tonno*
veal   *il vitello, la carne di vitello*
vegetables   *i legumi, le verdure*
washing machine   *la lavatrice*
to wrap   *incartare*

Chapter 16: At home

The kitchen   *La cucina*

baking pan   *la tortiera*
blender   *il frullatore*
to boil   *bollire*
bottle opener   *l'apribottiglia*
to bring to a boil   *portare a ebollizione*
burner (on a stove)   *il fornello*
cabinet (kitchen)   *la credenza, il pensile*
can opener   *l'apriscatola*
to carve   *trinciare*
carving knife   *il trinciante*
casserole   *la casseruola*
to chop   *tritare*
citrus-fruit squeezer   *lo spremiagrumi*
cloth   *il panno*
coffeepot   *la caffettiera*
colander   *il colapasta*
to cook   *cucinare, cuocere*
corkscrew   *il cavatappi*
cuisine   *la cucina*
cupboard   *la credenza, il pensile*
cutlery   *le stoviglie*
to dice   *tagliare a cubetti, tagliare a pezzetti*
dish drainer   *lo scolapiatti*
dishes   *le stoviglie*
dishtowel   *il panno*
dishwasher   *la lavapiatti, la lavastoviglie*
to drain   *scolare*
dustpan   *la pattumiera*

eggbeater   *il frullino*
electric range   *la cucina elettrica*
faucet   *il rubinetto*
freezer   *il congelatore, il freezer*
to fry   *friggere*
frying pan   *la padella*
garbage   *l'immondizia*
garbage can   *il bidone dell'immondizia, la
          pattumiera*
gas range   *la cucina a gas*
grater   *la grattugia*
gravy   *il sugo*
grill   *la griglia*
handle   *il manico*
kettle   *il bollitore*
kitchen   *la cucina*
kitchen closet   *la credenza, il pensile*
on a low flame   *a fuoco lento*
to melt   *liquefare*
mixer   *il mixer*
oven   *il forno*
pan   *la padella, il tegame*
pantry   *la dispensa*
to pare   *pelare, sbucciare*
paring knife   *il coltello da (per) sbucciare,
          il coltello da frutta*
to peel   *pelare, sbucciare*
plug   *il tappo* (sink)
pot (type of pan)   *la casseruola*
potato peeler   *il pelapatate*
pressure cooker   *la pentola a pressione*
range   *la cucina*
refrigerator   *il frigorifero*
to roast   *arrostire*
sauce   *la salsa*
to sauté   *rosolare*
sink   *l'acquaio, il lavello* (kitchen)
skillet   *la padella*
small sponge   *la spugnetta*
stove   *la cucina*
to strain   *colare*
strainer   *il colino, il passino*
to throw away   *buttare via*
to wash   *lavare*
washing machine   *la lavatrice*

The bathroom   *Il bagno*

bar of soap   *la saponetta*
basin (portable)   *il catino*
to bathe   *fare il bagno*
bathmat   *lo scendibagno, la stuoia da bagno*

bathrobe   *l'accappatoio*
bathroom   *il bagno*
bath towel   *il lenzuolo da bagno*
bathtub   *la vasca da bagno*
to clog   *otturare*
to comb one's hair   *pettinarsi*
to drip   *gocciare*
to dry oneself   *asciugarsi*
floor   *il pavimento*
to leak   *gocciare*
makeup   *il trucco*
medicine cabinet   *l'armadietto farmaceutico*
mirror   *lo specchio*
to plug   *otturare*
to put on   *mettersi*
razor   *il rasoio*
to shave oneself   *radersi*
shaving soap   *il sapone da barba*
shower   *la doccia*
shower cap   *la cuffia per la doccia*
sink   *il lavandino* (bathroom)
soap   *il sapone*
soap dish   *il portasapone*
sponge   *la spugna*
to take a bath   *fare il bagno*
to take a shower   *fare la doccia*
tile   *la mattonella*
small tile   *il mosaico*
toilet   *il water*
toilet paper   *la carta igienica*
toothbrush   *lo spazzolino*
toothpaste   *il dentifricio*
towel   *l'asciugamano*
towel rack   *il portasciugamano*
washcloth   *il panno di spugna*
to wash oneself   *lavarsi*
to wash one's hair   *lavarsi i capelli*

The dining room   *La sala da pranzo*

buffet   *il buffet, la credenza*
butter   *il burro*
butter dish   *il portaburro*
candelabra   *il candelabro*
to clear the table   *sparecchiare la tavola*
cup   *la tazza*
dessert   *il dolce*
dining room   *la sala da pranzo*
dish   *il piatto*
fork   *la forchetta*
to get up from the table   *alzarsi da tavola*
glass   *il bicchiere*

gravy boat   *la salsiera*
guests   *gli invitati*
knife   *il coltello*
napkin   *la salvietta, il tovagliolo*
pepper   *il pepe*
pepper shaker   *la pepiera*
to place   *mettere*
plate   *il piatto*
plate warmer   *lo scaldavivande*
to put   *mettere*
salad bowl   *l'insalatiera*
salt   *il sale*
salt shaker   *la saliera*
saucer   *il piattino*
to serve   *servire*
serving platter   *il piatto da portata*
to set the table   *apparecchiare la tavola*
sideboard   *il buffet, la credenza*
soup   *la minestra*
soup spoon   *il cucchiaio*
soup tureen   *la zuppiera*
stem glass   *il bicchiere a calice*
sugar   *lo zucchero*
sugar bowl   *la zuccheriera*
tablecloth   *la tovaglia*
tablespoon   *il cucchiaio*
teaspoon   *il cucchiaino*
tray   *il vassoio*

The living room   *Il salotto*

armchair   *la poltrona*
bookcase   *la libreria, lo scaffale*
carpet   *il tappeto*
chair   *la sedia*
to chat   *conversare, parlare*
couch   *il sofà, il divano*
drape   *la tenda*
fireplace   *il caminetto*
floor lamp   *la lampada a stelo*
frame   *la cornice*
guest   *l'ospite*
lamp   *la lampada*
lightbulb   *la lampadina*
to listen to   *ascoltare*
living room   *il salotto*
magazine   *la rivista*
newspaper   *il giornale*
painting   *il quadro*
picture   *il quadro*
radio   *la radio*
record   *il disco*

record player   *il giradischi*
rug   *il tappeto*
sofa   *il divano, il sofà*
table   *il tavolino, la tavola, il tavolo*
to talk   *parlare*
tape   *il nastro (magnetico)*
television   *la televisione*
television set   *il televisore*
venetian blinds   *le veneziane*
wall-to-wall carpeting   *la moquette*
to watch   *guardare*

The bedroom   *La camera da letto*

alarm clock   *la sveglia*
bed   *il letto*
bedroom   *la stanza (la camera) da letto*
bedspread   *il copriletto*
blanket   *la coperta*
bureau   *il cassettone*
chest of drawers   *il cassettone*
closet   *l'armadio*
drawer   *il cassetto*
to fall asleep   *addormentarsi*
to get up   *alzarsi*
to go to bed   *andare a letto, coricarsi*
to go to sleep   *prendere sonno*
hanger   *la stampella, la gruccia*
to make the bed   *fare il letto*
mattress   *il materasso*
night table   *il comodino*
pillow   *il guanciale*
pillowcase   *la federa*
to set the alarm clock   *regolare la sveglia*
sheet   *il lenzuolo (pl. le lenzuola)*
to sleep   *dormire*

Housework   *I lavori domestici*

broom   *la scopa*
to clean   *pulire*
cloth   *il panno*
clothes   *i panni*
dirty   *sporco(a)*
dirty clothes   *i panni sporchi*
to do the laundry   *fare il bucato*
to dust   *spolverare*
dustcloth   *lo straccio per la polvere, lo strofinaccio*
dustpan   *la pattumiera*
to empty   *vuotare*
feather duster   *il piumino*

first of all   *prima di tutto*
floor   *il pavimento*
garbage   *l'immondizia*
garbage can   *la pattumiera, il bidone*
            dell'immondizia
housework   *le faccende domestiche, i lavori*
            domestici
iron   *il ferro (da stiro)*
to iron   *stirare*
ironing   *lo stiro*
ironing board   *l'asse da stiro*
laundry   *il bucato*
mop   *la scopa di cotone*
to polish   *lucidare*
rag   *lo straccio*
to scrub   *pulire*
to scrub the floor   *pulire il pavimento*
to shine   *lucidare*
sponge   *la spugna*
to sweep (the floor)   *spazzare (il pavimento)*
to sweep (with a broom)   *scopare*
vacuum cleaner   *l'aspirapolvere*
to vacuum-clean   *usare l'aspirapolvere*
to wash   *lavare*
washing machine   *la lavatrice*

Some minor problems   *Alcuni problemi*

burned out   *fulminato(a)*
clogged   *otturato(a)*
drain   *lo scarico*
to drain   *scolare*
to drip   *gocciare*
electrician   *l'elettricista*
electric outlet   *la presa*
electric plug   *la spina*
electric socket   *la presa*
fuse   *la valvola*
fuse box   *la scatola delle valvole*
to leak   *gocciare*
light   *la luce*
lightbulb   *la lampadina*
light switch   *l'interruttore*
pipes   *la tubatura*
plug   *il tappo*
to plug in   *attaccare*
plumber   *l'idraulico*
plumbing   *la tubatura*
socket   *la presa*
stopper   *il tappo*
to turn on the light   *accendere la luce*
to turn out (off) the light   *spegnere la luce*

Chapter 17: At the doctor's office

ache   *il dolore*
allergic   *allergico(a)*
allergy   *l'allergia*
also   *pure, anche*
alternatively   *alternativamente*
analysis   *l'analisi*
ankle   *la caviglia*
antibiotic   *l'antibiotico*
appendix   *l'appendice*
arm   *il braccio (pl. le braccia)*
arthritis   *l'artrite*
asthma   *l'asma*
back   *il dorso, la schiena*
bandage   *la benda, la fascia*
to bandage   *bendare, fasciare*
to bear   *tollerare*
better   *meglio*
blood   *il sangue*
blood pressure   *la pressione del sangue*
blood type   *il tipo di sangue, il gruppo*
            sanguigno
bone   *l'osso (pl. le ossa)*
bowels   *gli intestini*
to break   *rompere*
to breathe   *respirare*
cancer   *il cancro*
cast   *l'ingessatura*
cheek   *la guancia*
chest   *il petto*
chicken pox   *la varicella*
chill   *il brivido*
cold   *il raffreddore*
to have a cold   *essere raffreddato(a)*
compound fracture   *la frattura composta*
congestion   *il catarro*
constipated   *costipato(a), stitico(a)*
cough   *la tosse*
to cough   *tossire*
crutch   *la stampella*
to cut   *tagliare*
deeply   *profondamente*
diabetes   *il diabete*
diarrhea   *la diarrea*
disease   *la malattia*
dizziness   *le vertigini*
doctor   *il medico, il dottore (la dottoressa)*
to dress a wound   *fasciare una ferita, bendare*
each day   *al giorno*
ear   *l'orecchio*
elbow   *il gomito*
electrocardiogram   *l'elettrocardiogramma*

epilepsy   *l'epilessia*
to examine   *esaminare*
feces   *le feci* (pl. only)
to feel the pulse   *sentire il polso*
fever   *la febbre*
finger   *il dito* (pl. *le dita*)
flu   *l'influenza*
foot   *il piede*
German measles   *la rosolia*
gland   *la ghiandola*
to go to the doctor's office   *andare dal dottore*
head   *la testa*
headache   *il mal di testa*
heart   *il cuore*
heart attack   *l'attacco di cuore*
heart disease   *la malattia di cuore*
hip   *il fianco, l'anca*
to hurt   *fare male*
illness   *la malattia*
inflamed   *infiammato(a)*
influenza   *l'influenza, flu*
injection   *l'iniezione*
intestines   *gli intestini*
kidney   *il rene*
knee   *il ginocchio* (pl. *le ginocchia*)
leg   *la gamba*
to listen to   *ascoltare*
liver   *il fegato*
lung   *il polmone*
measles   *il morbillo*
to measure   *misurare*
medical history   *l'anamnesi*
menstruation   *la mestruazione*
mental illness   *la malattia mentale*
mouth   *la bocca*
mumps   *gli orecchioni, la parotite*
nausea   *la nausea*
nowadays   *oggigiorno*
nurse   *l'infermiere(a)*
to open one's mouth   *aprire la bocca*
operation   *l'operazione*
to order   *ordinare*
orthopedic surgeon   *il chirurgo ortopedico*
pain   *il dolore*
patient   *il (la) paziente*
penicillin   *la penicillina*
phlegm   *il catarro*
pill   *la pillola*
to place   *mettere*
polio   *la poliomelite*
to prescribe   *ordinare, prescrivere*
problem   *il problema*
pulse   *il polso*

to put   *mettere*
radiologist   *il (la) radiologo(a)*
to remove   *togliere*
to roll up   *rimboccare*
sample   *il campione*
to set the bone   *ridurre la frattura*
shoulder   *la spalla*
sick   *malato(a)*
sleeve   *la manica*
sore throat   *il mal di gola*
to sprain   *slogarsi*
to sprain one's ankle   *slogarsi una caviglia*
stethoscope   *lo stetoscopio*
stitch   *il punto*
to stitch   *dare i punti*
stomach   *lo stomaco*
to strip to the waist   *spogliarsi fino alla cintola*
suffered   *sofferto*
surgeon   *il chirurgo*
to suture   *dare i punti*
swollen   *ingrossato(a)*
symptom   *il sintomo*
to take   *prendere*
to take out   *togliere*
temperature   *la temperatura*
tetanus   *il tetano*
throat   *la gola*
to tolerate   *tollerare*
tonsils   *le tonsille*
too   *pure, anche*
tuberculosis   *la tubercolosi*
type   *il tipo*
typhoid fever   *il tifo*
to undress oneself   *spogliarsi*
urine   *l'urina*
venereal disease   *la malattia venerea*
vomit   *il vomito*
to vomit   *vomitare*
wound   *la ferita*
wrist   *il polso*
x-ray   *la lastra, la radiografia*
yellow fever   *la febbre gialla*

Chapter 18: At the hospital

abdomen   *l'addome*
to accompany   *accompagnare*
ache   *il dolore*
ambulance   *l'ambulanza*
anesthesia   *l'anestesia*
anesthetist   *l'anestesista*
appendicitis   *l'appendicite*
appendix   *l'appendice*

as soon as   *appena*
attack   *l'attacco*
baby   *il (la) bambino(a)*
bladder   *la vescica*
blood pressure   *la pressione del sangue*
bowel   *l'intestino*
breast   *il petto, il seno*
cataracts   *le cataratte*
colon   *il colon*
cyst   *la cisti*
delivery room   *la sala di parto*
to diagnose   *diagnosticare*
doctor   *il medico, il dottore (la dottoressa)*
emergency room   *il pronto soccorso*
to examine   *esaminare*
form   *il modulo*
gallbladder   *la vescichetta biliare, la cistifellea*
to give birth   *dare alla luce, partorire*
hemorrhoids   *le emorroidi*
hospital   *l'ospedale*
hysterectomy   *l'isterectomia*
injection   *l'iniezione*
insurance   *l'assicurazione*
insurance company   *la società di assicurazioni*
intern   *il dottore interno*
intestine   *l'intestino*
intravenous   *endovenoso(a)*
intravenous infusion   *la fleboclisi*
to be in labor   *essere di parto*
labor pains   *le doglie*
to lie down   *sdraiarsi*
nurse   *l'infermiere(a)*
obstetrician   *l'ostetrico(a)*
to operate   *fare un intervento chirurgico, operare*
operating room   *la sala operatoria*
operating table   *il tavolo operatorio*
operation   *l'operazione*
ovary   *l'ovaia*
oxygen   *l'ossigeno*
pain   *il dolore*
patient   *il (la) paziente*
to perform surgery   *fare un intervento chirurgico, operare*
policy   *la polizza*
polyp   *il polipo*
pregnant   *gravida, incinta*
prognosis   *la prognosi*
pulse   *il polso*
radiology   *la radiologia*
recovery room   *la sala di risveglio*
to relax   *rilassare*
to remove   *togliere*

sedative   *sedativo(a), il sedativo*
serum   *il siero*
sodium pentothal   *il pentotal di sodio*
stretcher   *la barella, la lettiga*
surgeon   *il chirurgo*
surgery   *l'intervento chirurgico*
tonsils   *le tonsille*
tranquilizer   *il calmante*
ulcer   *l'ulcera*
wheelchair   *la carrozzella, la sedia a rotelle*
worried   *preoccupato(a)*
x-ray   *la radiografia*

Chapter 19: At the theater and the movies

to accompany   *accompagnare*
act   *l'atto*
actor   *l'attore*
actress   *l'attrice*
to applaud   *applaudire*
available   *libero(a)*
balcony   *la seconda galleria*
to begin   *incominciare*
box office   *il botteghino*
box seat   *il palco*
cloakroom   *il guardaroba*
closed for summer vacation   *chiuso per ferie*
comedy   *la commedia*
curtain (of a stage)   *il sipario*
drama   *il dramma*
dubbed   *doppiato(a)*
to enter (come) on stage   *entrare in scena*
film   *il film*
first-tier box   *il palco di prim'ordine*
free   *libero(a)*
to go down   *calare*
to go up   *alzare*
how much are they?   *quanto costano?*
intermission   *l'intervallo*
lead actor (actress)   *il (la) protagonista*
mezzanine   *la galleria*
movie   *il film*
movies   *il cinema*
movie theater   *il cinema*
multiplex   *il multisale*
musical   *musicale*
musical revue   *la rivista musicale*
near   *vicino(a)*
operetta   *l'operetta*
orchestra   *la platea*
orchestra seat   *la poltrona in platea*
to play the part   *fare la parte*

production (dramatic)   *il lavoro*
program   *il programma*
row   *la fila*
scene   *la scena*
screen   *lo schermo*
seat   *il posto, la poltrona*
second-tier box   *il palco di second'ordine*
to shoot (a film)   *girare*
show   *lo spettacolo*
sold out   *tutto esaurito*
spectator   *lo spettatore (la spettatrice)*
stage   *il palcoscenico*
stage box   *il palco di proscenio*
to stamp one's feet   *battere i piedi sul pavimento*
to start   *incominciare*
theater   *il teatro*
third-tier box   *il palco di terz'ordine*
ticket   *il biglietto*
ticket window   *il botteghino*
tip   *la mancia*
tonight   *questa sera*
too   *troppo*
top balcony   *il loggione*
tragedy   *la tragedia*
usher   *la maschera (f. la mascherina)*
vaudeville   *il varietà*
work   *il lavoro*

Chapter 20: Sports

area   *la zona*
ball   *la palla, il pallone*
basketball   *la pallacanestro*
to block   *parare*
to bring   *portare*
club (golf)   *la mazza*
court   *il campo*
to defend   *difendere*
defender   *il difensore*
defense zone   *la zona di difesa*
doubles (tennis)   *un (incontro) doppio*
fan   *il tifoso*
field   *il campo*
first period   *il primo tempo*
foul   *il fallo*
goal   *la porta*
goalie   *il portiere*
to hit   *colpire*
hole (golf)   *la buca*
to kick   *calciare, dare un calcio*
left end   *l'ala sinistra*
linesman   *il giudice di linea*

love (tennis)   *zero*
to make a basket (basketball)   *fare canestro, fare cesto*
to make a goal   *fare un gol, segnare un gol (una rete)*
match   *la partita*
to miss the shot   *fallire il tiro*
net   *la rete*
opposing   *avversario(a)*
over the net   *sopra la rete*
out of bounds   *fuori campo*
to pass   *passare*
period   *il tempo*
to play   *giocare*
player   *il giocatore (la giocatrice)*
point   *il punto*
to put   *mettere*
racket   *la racchetta*
referee   *l'arbitro*
to return the ball   *rimandare la palla*
score   *il punteggio*
to score a goal   *segnare un gol (una rete)*
to score a point   *fare un punto*
scoreboard   *il tabellone*
scorekeeper   *il segnapunti*
to send   *mandare*
to serve the ball   *servire la palla*
server   *il battitore*
set (tennis)   *la partita*
to shoot   *tirare*
singles (tennis)   *un (incontro) singolo*
soccer   *il calcio*
soccer ball   *il pallone*
soccer championship   *lo scudetto*
soccer field   *il campo di calcio, lo stadio*
sport   *lo sport*
stadium   *lo stadio*
stick   *il bastone*
to stop   *parare*
to strike   *colpire*
team   *la squadra*
tennis   *il tennis*
tennis court   *il campo da tennis*
to throw   *tirare*
tied   *pari*
tournament   *il torneo*
volleyball   *la palla a volo*
whistle   *il fischio, il fischietto*
to whistle   *fischiare*
to win   *vincere*
world cup   *il campionato del mondo*
zero   *lo zero*
zone   *la zona*

Chapter 21: The beach

against   *contro*
air mattress   *il materassino gonfiabile*
bathing suit   *il costume da bagno*
beach   *la spiaggia*
beach hat   *il cappello da spiaggia*
beach umbrella   *l'ombrellone*
to beat   *sbattere*
bungalow   *la villetta, il villino*
burned   *bruciato(a)*
cabana   *il capanno*
cabin   *la cabina, il capanno*
calm   *calmo(a), tranquillo(a)*
to catch   *prendere*
choppy (sea)   *agitato*
covered   *coperto(a)*
current   *la corrente*
dangerous   *pericoloso(a)*
to do   *fare*
face   *il viso*
to float   *galleggiare, stare a galla*
to float with arms stretched out   *fare il morto*
foam   *la schiuma*
folding chair   *la sedia pieghevole*
to guard   *sorvegliare*
high tide   *l'alta marea*
known   *conosciuto(a)*
launch   *il motoscafo*
lifeguard   *il (la) bagnino(a) per il salvataggi*
lighthouse   *il faro*
low tide   *la bassa marea*
to make   *fare*
motorboat   *il motoscafo*
ocean swimming   *i bagni di mare*
oil   *l'olio*
piece   *il pezzo*
place   *il luogo*
reclining beach chair   *la sedia a sdraio*
reef   *lo scoglio*
to rent   *affittare*
to ride the waves   *fare il surfing*
rock   *la roccia, lo scoglio*
rough (sea)   *agitato, grosso, mosso*
sailboat   *la barca a vela*
sand   *la rena, la sabbia*
sandal   *il sandalo*
sea   *il mare*
to ski   *sciare*
to slam   *sbattere*
to spend the summer   *trascorrere l'estate*
strong   *forte*
summer vacation   *la villeggiatura*

sun   *il sole*
to sunbathe   *prendere il sole*
sunglasses   *gli occhiali da sole*
suntan   *l'abbronzatura, la tintarella*
suntan lotion   *la lozione abbronzante*
to surf   *fare il surfing*
surfboard   *la tavola da surfing*
to swim   *nuotare*
to swim in the ocean   *fare i bagni di mare*
to take   *prendere*
tall   *alto(a)*
tanned   *abbronzato(a)*
too much   *troppo*
undertow   *la controcorrente*
vacation   *la villeggiatura*
to walk along   *camminare lungo la*
  the beach   *spiaggia*
to watch   *sorvegliare*
water skis   *gl'idrosci, gli sci d'acqua*
to water ski   *fare lo sci acquatico, fare*
          dell'idrosci
waterskiing   *lo sci acquatico*
wave   *l'onda*
well-known   *conosciuto(a)*
yesterday   *ieri*

Chapter 22: Camping

air mattress   *il materassino gonfiabile*
bath   *il bagno*
battery   *la pila*
bonfire   *il falò, il fuoco*
boy   *il ragazzo*
burner   *il fornello*
butane   *il gas butano*
to camp   *accampare, fare campeggio*
camper   *l'autocaravan, il camper*
campground   *il campeggio*
camping   *il campeggio*
to go camping   *fare campeggio*
candle   *la candela*
clothing   *gli indumenti*
cord   *la corda, la fune*
drinking water   *l'acqua potabile*
facilities   *i servizi*
fire   *il fuoco*
first-aid kit   *la cassetta farmaceutica d'urgenza*
flashlight   *la lampadina tascabile*
folding chair   *la sedia pieghevole*
folding table   *il tavolino pieghevole*
food   *il mangiare, la roba da mangiare*
girl   *la ragazza*

ground   *la terra*
guest   *l'ospite*
hammer   *il martello*
hammock   *l'amaca*
in   *dentro*
inside   *dentro*
iodine   *la tintura di iodio*
knapsack   *lo zaino*
knife   *il coltello*
to light   *accendere*
match   *il fiammifero*
nail   *il chiodo*
to offer   *offrire*
to park   *parcheggiare, posteggiare*
parking   *il posteggio*
to pitch the tent   *piantare la tenda*
pocket knife   *il coltellino, il temperino*
pole   *il paletto*
to put up the tent   *piantare la tenda*
rope   *la corda, la fune*
shower   *la doccia*
sleeping bag   *il sacco a pelo*
spike   *il chiodo*
summer   *l'estate*
tank   *il serbatoio*
tent   *la tenda (da campo)*
thermos   *il termos*
to tie   *legare*
trailer   *la roulotte*
to turn on   *accendere*

Chapter 23: The weather

atmospheric pressure   *la pressione atmosferica*
bad   *cattivo(a)*
barometric pressure   *la pressione barometrica*
blast of wind   *una raffica di vento*
to blow (wind)   *tirare*
centrigrade   *centrigrado*
changeable   *variabile*
clear   *sereno(a), chiaro(a), limpido(a)*
to clear (up)   *rasserenarsi, schiarirsi*
cloud   *la nube, la nuvola*
cloudiness   *la nuvolosità*
cloudy   *annuvolato(a), nuvolo(a),*
            nuvoloso(a)
cold   *freddo(a)*
cool   *fresco(a)*
day   *la giornata, il giorno*
to derive   *provenire*
to descend   *scendere*
to drizzle   *piovigginare*

to drop   *cadere*
to enjoy   *godere*
to fall   *cadere*
to flash (lightning)   *lampeggiare*
fog   *la nebbia*
to go down   *scendere*
gust of wind   *una raffica di vento*
hail   *la grandine*
to hail   *grandinare*
heat   *il caldo, il calore*
hot   *caldo(a)*
humid   *umido(a)*
lightning   *il lampo*
mild   *mite*
to originate   *provenire*
precipitation   *la precipitazione*
rain   *la pioggia*
to rain   *piovere*
rainy   *piovoso(a)*
to reach   *arrivare*
scattered   *sparso(a)*
to shine   *brillare*
shower (rain)   *l'acquazzone, la pioggia*
snow   *la neve*
to snow   *nevicare*
snowfall   *la nevicata*
snowstorm   *la tempesta di neve,*
            la tormenta
storm   *il temporale*
stormy   *tempestoso(a)*
sudden   *improvviso(a)*
sultry   *afoso(a), soffocante*
sun   *il sole*
sunny   *di sole, soleggiato(a)*
temperature   *la temperatura*
thunder   *il tuono*
to thunder   *tuonare*
thunderstorm   *il temporale*
unstable   *incerto(a), instabile*
variable   *variabile*
warm   *caldo(a)*
weather   *il tempo*
weather forecast   *il bollettino meteorologico,*
            le previsioni del tempo
wind   *il vento*
windstorm   *la tempesta di vento*

Chaper 24: Education

to be able (can)   *potere*
to be accepted   *essere ammesso(a)*
to achieve   *conseguire*

to be admitted   *essere ammesso(a)*
advanced degree   *una specializzazione*
to attain   *conseguire*
to attend   *frequentare*
ballpoint pen   *la penna a sfera*
to begin   *cominciare, incominciare, iniziare*
boarding school   *il collegio*
boarding student   *l'interno(a)*
book bag   *la cartella*
boss   *il capo*
little boy   *il bambino*
to call   *chiamare*
to carry   *portare*
chalkboard   *la lavagna*
chemistry   *la chimica*
chief   *il capo*
child   *il (la) bambino(a)*
to choose   *scegliere*
classroom   *l'aula, la classe*
course of study   *il corso di studi*
to cure   *curare*
curriculum   *il corso di studi*
day student   *l'esterno(a)*
dean   *il (la) preside di facoltà*
department (school)   *la facoltà*
desk (at school)   *il banco*
elementary school   *la scuola elementare*
elementary-school principal   *il direttore (la direttrice)*
elementary-school teacher   *il (la) maestro(a)*
to end   *terminare*
engineering   *l'ingegneria*
to explain   *spiegare*
to fail   *essere bocciato(a), andare male agli esami*
to finish   *terminare*
first term   *la prima sessione*
little girl   *la bambina*
to graduate   *laurearsi*
to graduate with a major in chemistry   *laurearsi in chimica*
head   *il capo*
high school   *il liceo, la scuola media superiore*
humanities   *lettere e filosofia*
institute   *l'istituto*
junior high school   *la scuola media, la scuola media inferiore*
to last   *durare*
law   *la legge*
to learn   *imparare*
lecture   *la conferenza, la lezione*
lesson   *la lezione*
to matriculate   *immatricolarsi, iscriversi*

medicine   *la medicina*
middle school   *la scuola media, la scuola media inferiore*
modern languages   *le lingue moderne*
notebook   *il blocchetto per gli appunti, il quaderno*
nursery school   *l'asilo infantile*
to offer   *offrire*
open   *aperto(a)*
to pass the exams   *andare bene agli esami, passare agli esami*
patient   *il (la) malato(a)*
to pay   *pagare*
political science   *le scienze politiche*
to be promoted   *essere promosso(a)*
pupil   *l'alunno(a), lo (la) scolaro(a)*
reading book   *il libro di lettura*
to register   *immatricolarsi, iscriversi*
religious   *religioso(a)*
schedule   *l'orario*
scholarship   *la borsa di studio*
secular   *laico(a)*
something   *qualcosa*
to specialize   *specializzarsi*
to start   *cominciare, incominciare*
story   *la storiella*
student   *lo (la) scolaro(a)*
student's desk   *il banco*
subject   *la materia*
subject of specialization   *la materia di specializzazione*
to take   *prendere*
to take (an examination)   *sostenere*
to take notes   *prendere appunti*
teacher (secondary and university)   *il professore (la professoressa)*
to teach   *insegnare*
to terminate   *terminare*
textbook   *il libro di testo*
uniform   *la divisa, l'uniforme*
university   *l'università*
to wear   *portare*
to write   *scrivere*

Chapter 25: Government and politics

to accept   *approvare*
against   *contro*
all those who   *tutti coloro che*
to amend   *amendare*
amendment   *l'amendamento, la rettifica*
anticlerical person   *l'anticlericale*
anticlericalism   *l'anticlericalismo*

to approve   *approvare*
assembly   *l'assemblea*
autocratic regime   *il regime autocratico*
bicameral (two-house)   *bicamerale*
cabinet   *il consiglio dei ministri, il gabinetto*
chamber of deputies   *la camera dei deputati*
change   *il cambiamento*
citizen   *il (la) cittadino(a)*
communism   *il comunismo*
communist   *il (la) comunista*
conservatism   *il conservatorismo*
conservative   *il conservatore (la conservatrice)*
constitution   *la costituzione*
contrary   *contrario(a)*
convention   *il congresso*
to correct   *correggere*
correction   *la correzione, la rettifica*
court   *il tribunale*
curfew   *il coprifuoco*
to deliberate   *deliberare, discutere*
democracy   *la democrazia*
democrat   *il (la) democratico(a)*
demonstration   *la manifestazione*
deputy   *il (la) deputato(a)*
despotic   *dispotico(a)*
dictator   *il dittatore*
dictatorship   *la dittatura*
to discuss   *deliberare, discutere*
to elect   *eleggere*
fascism   *il fascismo*
fascist   *il (la) fascista*
finances   *le finanze*
freedom   *la libertà*
freedom of the press   *la libertà di stampa*
freedom of speech   *la libertà di parola*
government   *il governo*
house of representatives   *la camera dei deputati, il congresso*
human right   *il diritto umano*
imperialism   *l'imperialismo*
imperialist   *l'imperialista*
interior   *interno(a)*
interventionism   *l'interventismo*
interventionist   *l'interventista*
invalid   *l'invalido(a)*
isolationism   *l'isolazionismo*
isolationist   *l'isolazionista*
junta   *la giunta*
law   *la legge*
left   *sinistro(a)*
Left (political orientation)   *la sinistra*

to the left   *a sinistra*
leftist   *di sinistra (uomo o donna)*
of legal age   *maggiorenne*
liberal   *il (la) liberale*
liberalism   *il liberalismo*
lower chamber   *la camera bassa*
lower house   *la camera bassa*
majority   *la maggioranza*
to make a decision   *prendere una decisione*
to make a motion   *presentare una mozione*
martial law   *la legge marziale*
Marxism   *il marxismo*
Marxist   *il (la) marxista*
large meeting   *il congresso*
member of the military   *il (la) militare*
militarism   *il militarismo*
militarist   *il (la) militarista*
ministry of agricultural policy and forestry   *il ministero delle politiche agricole e forestali*
ministry of defense   *il ministero della difesa*
ministry of economy and finance   *il ministero dell'economia e finanze*
ministry of education   *il ministero della pubblica istruzione*
ministry of foreign affairs (state)   *il ministero degli affari esteri*
ministry of the interior   *il ministero dell'interno*
ministry of justice   *il ministero di grazia e giustizia*
ministry of labor and social policy   *il ministero del lavoro e politiche sociali*
minority   *la minoranza*
monarch   *il (la) monarca*
monarchist   *il (la) monarchico(a)*
monarchy   *la monarchia*
motion   *la mozione*
to nullify   *annullare*
opposite   *opposto(a)*
opposition   *l'opposizione*
party   *il partito*
to pass a resolution   *prendere una decisione*
people   *il popolo*
plenary session   *la sessione plenaria*
political   *politico(a)*
political policy   *la politica*
politics   *la politica*
president   *il presidente (la presidentessa)*
prime minister   *il primo ministro*
progressive   *il (la) progressista*
progressivism   *il progressismo*

to protect   *proteggere*
quorum   *il quorum*
racism   *il razzismo*
racist   *il (la) razzista*
radical   *il (la) radicale*
radicalism   *il radicalismo*
referendum   *il referendum, il plebiscito*
to reject   *respingere*
representative   *il (la) deputato(a)*
right   *destro(a)*
right (prerogative)   *il diritto*
Right (political orientation)   *la destra*
to the right   *a destra*
rightist   *di destra (uomo o donna)*
rights of the people   *i diritti del popolo*
to second the motion   *appoggiare la mozione*
senate   *il senato, la camera alta*
senator   *il senatore (la senatrice)*
separatism   *il separatismo*
separatist   *il (la) separatista*
socialism   *il socialismo*
socialist   *il (la) socialista*
to support the motion   *appoggiare la mozione*
system   *il sistema*
to take into   *prendere in*
  consideration   *considerazione*
terrorism   *il terrorismo*
terrorist   *il (la) terrorista*
under   *sotto*
unicameral   *unicamerale*
upper chamber   *la camera alta*
upper house   *la camera alta*
uprising   *la sommossa*
vote   *il voto*
to vote   *votare*
vote of confidence   *il voto di fiducia*
voting right   *il diritto al voto*

Chapter 26: Business

accountant   *il contabile*
accounting   *la contabilità*
accounting department   *l'ufficio contabilità*
administrator   *l'amministratore*
advertising   *la pubblicità*
assets   *le attività*
balance sheet   *il bilancio patrimoniale*
bankruptcy   *la bancarotta*
board of directors   *il consiglio di*
       amministrazione
buyer   *il compratore*
commerce, business   *il commercio*

commercial, business-related   *commerciale*
consumer   *il consumatore*
corporation   *la società per azioni*
cost   *il costo*
to decide   *decidere*
decision   *la decisione*
to decrease   *diminuire*
demand   *la domanda*
dividend   *il dividendo*
enterprise   *l'impresa*
to exchange   *scambiare*
to fix (a time)   *fissare*
goods   *i beni*
income   *l'entrata, il reddito*
to increase   *aumentare*
liabilities   *le passività*
manager   *il dirigente*
market   *il mercato*
marketing   *il marketing*
partner   *il socio*
partnership   *l'impresa collettiva, la società*
       semplice
product   *il prodotto*
production   *la produzione*
profitable   *redditizio(a)*
to recover   *recuperare*
results   *i risultati*
retail   *al dettaglio*
retailer   *il dettagliante*
seller   *il venditore*
to set (a time)   *fissare*
statement   *il rendiconto*
stock   *l'azione*
stockholder   *l'azionista*
stock market   *il mercato azionario*
supply   *l'offerta*
taxable   *imponibile*
to trade   *scambiare*
wholesale   *all'ingrosso*
wholesaler   *il grossista*

Chapter 27: The personal computer

account   *l'account, il conto*
address   *l'indirizzo*
address book   *la rubrica*
to align   *allineare*
Alt key   *il tasto Alt*
applications   *le applicazioni*
ASCII characters   *i caratteri ASCII*
attachment   *l'allegato*
backup   *il backup*

battery *la batteria*
bookmark *il segnalibri*
cable *il cavo*
CD-ROM drive *l'unità CD-ROM*
to chat *chattare*
computer science *l'informatica*
control panel *il pannello di controllo*
CPU, central processing *l'unità centrale, il*
  unit, microprocessor *microprocessore*
data compression *la compressione dei dati*
desktop computer *il computer desktop*
  (da scrivania)
directory *la directory*
to download *scaricare*
to edit *modificare*
electronic mailbox *la casella postale*
  elettronica
e-mail *la e-mail, la posta elettronica*
Enter key *il tasto Invio*
Escape key *il tasto Escape*
expansion board *la scheda d'expansione*
expansion slot *la porta d'inserimento,*
  expansion slot
extended memory *la memoria estesa*
file *il file*
floppy disk *il dischetto*
floppy disk drive *l'unità a disco floppy*
  (flessibile)
folder *la cartella*
font *la fonte*
footnote *la nota a piè di pagina*
format *il formato*
to format *formattare*
form letter *la lettera circolare*
freeware *il freeware*
function keys *i tasti di funzione*
graphics editor *l'editor grafico*
hard disk *il disco rigido, disco fisso, hard disk*
heading *l'intestazione*
hypertext *l'ipertesto*
indentation *il rientro*

to input *immettere*
input/output *l'input/output*
Internet *l'Internet*
Internet café *il punto Internet*
justification (of margins, *la giustificazione*
  columns)
keyboard *la tastiera*
laser printer *la stampante laser*
margins *i margini*
microphone *il microfono*
modem *il modem*
mouse *il mouse*
newsgroups *i gruppi di discussione,*
  newsgroups
notebook computer *il computer notebook*
palmtop computer *il computer palmare*
  (palmtop)
parallel port *la porta parallela*
password *la parola d'ordine, la password*
peripherals *gli accessori*
personal computer *il personal computer*
power supply *l'alimentatore*
power switch *il pulsante d'accensione*
to print *stampare*
RAM memory *la memoria RAM*
Return key *il tasto Return*
return receipt *la ricevuta di ritorno*
to save *salvare*
scanner *lo scanner*
screen *lo schermo*
serial port *la porta seriale*
setting *l'impostazione*
specifications *le specifiche*
spell-checker *il correttore ortografico*
spreadsheet *il foglio elettronico*
technical support *l'assistenza tecnica*
template *il modello*
thesaurus *il dizionario dei sinonimi*
website *il sito web*
word processor *l'elaboratore di testi*

Answers to exercises
Risposte agli esercizi

Chapter 1: At the airport

1. 1. autobus
   2. capolinea
   3. partono

2. 1. stazione d'imbarco
   2. voli
   3. stazione d'imbarco
   4. nazionali
   5. volo
   6. stazione d'imbarco

3. 1. banco   4. biglietto
   2. fila   5. volo
   3. banco   6. passaporto

4. 1. internazionale
   2. banco
   3. biglietto, passaporto
   4. posto, scompartimento (sezione)
   5. fila, corridoio, non fumatori
   6. bagaglio a mano, valigetta
   7. targhetta
   8. carta d'imbarco
   9. volo, posto fila, corridoio, non fumatori
   10. scontrini, ritirare

5. 1. La signora è al banco della compagnia aerea.
   2. La signora parla con l'impiegato.
   3. La signora dà all'impiegato il suo biglietto ed il suo passaporto.
   4. La signora desidera sedersi nella sezione non fumatori.
   5. La signora ha due valige.
   6. Sì, porta bagaglio a mano.
   7. Porta una valigetta.
   8. Sì, la valigetta può starci sotto il sedile.
   9. L'impiegato le dà la carta d'imbarco.
   10. La signora parte con il volo 430.
   11. La signora va a Roma.
   12. Il suo posto è 22C.
   13. Il posto è nel cirridoio nella fila 22.
   14. Alla signora sono state controllate due valige.
   15. Può ritirare le valige a Roma.

6. 1. *b*   4. *c*
   2. *c*   5. *b*
   3. *a*

7. 1. La compagnia aerea
   2. partenza
   3. volo
   4. per
   5. stazione di controllo
   6. stazione di controllo
   7. uscita d'imbarco
   8. imbarco

8. 1. partenza
   2. Roma
   3. stazione di controllo
   4. uscita d'imbarco, otto

9. 1. arrivo
   2. volo
   3. proveniente da

10. 1. la partenza
    2. internazionale
    3. sbarcare

11. 1. ho perduto
    2. altro volo
    3. al completo
    4. posti disponibili
    5. prezzo
    6. intestare
    7. diretto
    8. scalo

12. 1. stazioni d'imbarco, voli, nazionali
    2. impiegata, vanco, aerea
    3. biglietto, passaporto
    4. bagaglio
    5. scontrini, scontrini
    6. valigetta, mano, sotto, suo
    7. corridoio, scompartimento (sezione)
    8. al completo, posti
    9. carta, posto, fila
    10. scalo, cambiare
    11. imbarco, per
    12. l'uscita d'imbarco
    13. metal detector
    14. cani antidroga

13. 1. La signora Calvi arriva all'aeroporto.
    2. Ci sono due stazioni d'imbarco all'aeroporto.
    3. Ce ne sono due, perché da una partono i voli nazionali (domestici) e dall'altra partono i voli internazionali.

4. La signora va al banco della linea aerea.
5. L'impiegata vuole vedere il suo biglietto ed il passaporto.
6. Alla signora sono state controllate due valige.
7. L'impiegata mette gli scontrini nella busta del biglietto.
8. La signora può ritirare il suo bagaglio a Londra.
9. La signora porta una valigetta a bordo.
10. Il bagaglio a mano deve entrare (stare) sotto il suo sedile.
11. Sì, la signora ha un posto riservato, ma il computer non lo indica.
12. Non c'è nessun problema perché il volo non è al completo. Ci sono molti posti disponibili.
13. La signora ha il posto 25C.
14. L'aereo parte dall'uscita d'imbarco numero sei.
15. Sì, l'aereo fa scalo a Zurigo.

14.
1. volo
2. per
3. scalo
4. cambiare
5. posto
6. fila
7. corridoio
8. non fumatori

Chapter 2: On the airplane

1.
1. equipaggio
2. assistenti di volo
3. posteriore (didietro)
4. posteriore (principale)
5. cabina di pilotaggio
6. sicurezza
7. decolla
8. atterra

2.
1. equipaggio
2. benvenuto
3. Decolleremo
4. impiegherà
5. altitudine
6. velocità
7. all'ora

3.
1. I salvagenti sono sotto il sedile.
2. La maschera d'ossigeno scenderà automaticamente.
3. Le uscite d'emergenza sono situate sopra le ali.

4.
1. decollo
2. atterraggio
3. seduti
4. cintura di sicurezza

5. cintura
6. turbolenza
7. sobbalza

5.
1. sezione non fumatori, corridoi, gabinetti
2. segnale, acceso
3. segnale vietato fumare, atterraggio

6.
1. corridoi
2. stare
3. sedile
4. compartimenti
5. decollo
6. atterraggio
7. schienale
8. posizione

7.
1. pasto
2. prima colazione
3. musica
4. stazioni (canali)
5. pellicola
6. cuffia stereofonica
7. guanciale
8. coperta

8.
1. guanciale
2. coperta

9.
1. cabine, anteriore, classe, cabina, turistica
2. volo, carte, imbarco
3. maschera, ossigeno
4. bagaglio a mano, compartimenti in alto
5. decollo, atterraggio
6. segnale, vietato fumare
7. schienale, posizione
8. cinture di sicurezza
9. bibite, pasto
10. cuffia stereofonica, prezzo

10.
1. *e*
2. *i*
3. *f*
4. *b*
5. *a*
6. *c*
7. *l*
8. *j*
9. *h*
10. *k*

11.
1. Gli assistenti di volo danno il benvenuto ai passeggeri mentre salgono sull'aereo.
2. Generalmente negli aerei ci sono due cabine.
3. I passeggeri devono imparare ad usare la cintura di sicurezza, il giubbotto di salvataggio (salvagente) e la maschera d'ossigeno.
4. I passeggeri devono mettere il bagaglio a mano sotto il proprio (*his/hers*) sedile o nel compartimento in alto.

5. Nell'aeroplano non si può fumare nella sezione «vietato fumare», nei corridoi e nei gabinetti.

6. Durante il decollo e l'atterraggio, i passeggeri devono tenere lo schienale del proprio sedile in posizione verticale e non possono fumare. Devono anche agganciarsi la cintura di sicurezza.

7. È buona norma tenere agganciate le cinture di sicurezza durante tutto il volo, perché non si sa mai quando l'aereo incontrerà qualche turbolenza inaspettata e comincerà a sobbalzare.

8. Gli assistenti di volo servono bibite ed un pasto durante il viaggio.

9. Offrono anche coperte, guanciali e cuffie stereofoniche.

10. Il pilota informerà i passeggeri del tempo approssimativo del volo, della rotta del volo, a che altitudine voleranno e la velocità che raggiungeranno.

Chapter 3: Passport control and customs

1.
1. controllo
2. passaporto
3. tratterrà
4. una settimana
5. alloggerà
6. affari
7. piacere
8. piacere

2.
1. dichiarare, freccia, qualcosa, freccia rossa
2. dichiarare, dogana
3. dichiarazione
4. effetti

Chapter 4: At the train station

1.
1. biglietto
2. un biglietto di andata e ritorno
3. un biglietto di andata

2.
1. biglietto
2. biglietto di andata
3. biglietto di andata e ritorno

3.
1. sportello
2. sportello

4.
1. sportello
2. biglietto

3. di andata
4. andata e ritorno
5. biglietto di andata
6. rapido
7. rapido
8. andata

5.
1. Il treno per Ancona dovrebbe partire alle quattordici e venti.
2. No, non partirà in orario.
3. Partirà alle quindici e dieci.
4. Sì, c'è un ritardo.
5. Il treno partirà con cinquanta minuti di ritardo.
6. I passeggeri aspettano il treno nella sala d'aspetto.

6.
1. ritardo
2. cinquanta
3. ritardo
4. sala
5. aspetto

7.
1. bagaglio
2. facchino
3. depositare
4. deposito bagagli
5. scontrino
6. ritirare
7. cambiare treno

8.
1. bagaglio
2. facchino
3. facchino
4. depositare
5. deposito bagagli
6. deposita
7. deposito bagagli
8. scontrino
9. consegnare
10. ritirare

9.
1. dal binario
2. posto
3. compartimento, vagone

10.
1. binario
2. compartimenti, posti
3. vagone

11.
1. controllore
2. vagone letto
3. vagone ristorante

12.
1. T   5. F
2. F   6. F
3. F   7. T
4. F   8. F

13.
1. La signora va alla stazione ferroviaria in tassì.
2. Porta quattro valige.
3. La signora chiama un facchino.
4. No, il treno non parte in orario.
5. Il treno partirà con un'ora e mezzo di ritardo.
6. La signora deposita il bagaglio al deposito bagagli.
7. La signora fa il biglietto allo sportello (alla biglietteria).
8. Compra un biglietto di andata e ritorno.
9. La signora viaggerà sul rapido.
10. Per ritirare il bagaglio, la signora dà lo scontrino all'impiegato.
11. Il facchino porta il bagaglio al binario.
12. Loro cercano il vagone numero 114D.
13. La signora ha il posto numero 6 nel compartimento C.
14. La signora non ha una cuccetta perché il viaggio per Genova non è molto lungo. Se ha sonno, può fare un pisolino seduta al suo posto.
15. La signora chiede al controllore dov'è il vagone ristorante.

14.
1. *b.*	4. *f*
2. *d*	5. *a*
3. *e*	6. *c*

Chapter 5: The automobile

1.
1. affittare
2. di giorno in giorno, per settimana
3. Costa, giorno, per settimana
4. chilometraggio
5. chilometro
6. patente automobilistica
7. assicurazione con copertura totale

2.
1. affittare
2. macchina
3. Grande (Piccola)
4. al giorno
5. alla settimana
6. settimana
7. chilometraggio
8. fate pagare
9. inclusa
10. assicurazione
11. patente automobilistica
12. deposito
13. credito
14. carta di credito
15. firmare

3.
1. *b*		6. *a*
2. *a*		7. *b*
3. *b*		8. *b*
4. *a*		9. *b*
5. *c*		10. *b*

4.
1. cambio di velocità
2. freccia
3. cassetto ripostiglio
4. bagagliaio

5. 5, 2, 3, 7

6.
1. serbatoio, distributore, benzina
2. riempire, litri
3. radiatore, batteria
4. pneumatici
5. parabrezza
6. l'olio, freni
7. lubrificarla, metterla a punto

7.
1. una panne
2. sta perdendo
3. una gomma a terra
4. fare le riparazioni
5. subito
6. si surriscalda

8.
1. guasto
2. arrestò
3. mettere in moto
4. carro attrezzi
5. rimorchiare

9.
1. battendo in testa, perdendo colpi
2. gocciolando, motore
3. carro attrezzi
4. pezzi di ricambio
5. riparare

Chapter 6: Asking for directions

1.
1. perduto(a)
2. via
3. incrocio
4. lontano
5. lontano
6. vicino
7. andarci a piedi
8. tornare indietro
9. dritto
10. giri
11. isolato
12. sinistra
13. con
14. dritto

15. isolati
16. destra
17. isolato
18. a sinistra
19. l'incrocio
20. con

2.
1. lontano
2. andarci a piedi
3. autobus
4. fermata dell'autobus
5. angolo
6. fermata
7. prendere
8. Scenda

3.
1. lontano
2. l'autostrada per Ancona
3. traffico
4. ora di punta
5. autostrada a pedaggio
6. pedaggio
7. pedaggio, casello autostradale
8. corsie
9. corsia destra, uscita
10. senso unico
11. semaforo

4.
1. il semaforo
2. l'autostrada a pedaggio
3. la corsia
4. l'uscita
5. il casello autostradale

5.
1. l'autostrada a pagamento
2. a pagamento
3. il transito
4. direzione unica
5. la stazione di pagamento
6. camminare
7. l'ora di punta

6.
1. c
2. a
3. e
4. f
5. b
6. d
7. g

7.
1. con
2. a
3. a
4. per
5. per

Chapter 7: Making a telephone call

1.
1. telefonata
2. numero

3. guida telefonica
4. urbana (locale)
5. telefonata urbana
6. fare il numero
7. stacca
8. il segnale di linea libera

2.
1. interurbana
2. il (la) telefonista (il [la] centralinista)
3. il prefisso
4. a carico del destinatario
5. con preavviso
6. mettere in comunicazione con
7. il prefisso

3.
1. telefonica
2. telefonata
3. telefono
4. gettone
5. fessura per il gettone
6. gettone
7. fessura
8. staccare
9. Stacco
10. metto (deposito)
11. fessura per il gettone
12. il segnale di linea libera
13. numero
14. bottone

4.
1. Pronto!
2. c'è (make up a name)
3. Chi parla?
4. Qui parla (give your name)
5. momento
6. vado a vedere
7. non è in casa
8. messaggio

5.
1. il segnale di linea libera
2. non funzioni (sia guasto)
3. occupata
4. numero sbagliato
5. Proverò, più tardi
6. la linea si è interrotta
7. centralino, numero interno

6.
1. La linea era occupata.
2. Nessuno rispose al telefono.
3. Il telefonista le diede un numero sbagliato.
4. La linea si è interrotta.

7. 4, 1, 5, 3, 6, 7, 2

8.
1. è guasto (non funziona)
2. occupata

3. centralino
4. messaggio
5. numero sbagliato

9.
1. La signora fa una telefonata interurbana.
2. Non deve guardare sulla guida telefonica perché già sa il numero della sua amica.
3. La signora sa anche il prefisso.
4. Non può fare il numero direttamente perché è una telefonata interurbana.
5. La signora stacca il ricevitore.
6. Aspetta il segnale di linea libera.
7. Fa zero.
8. La telefonista risponde.
9. La signora Agostinelli desidera mettersi in comunicazione con il numero 34-88-57.
10. Il prefisso è 42.
11. La signora Agostinelli non può parlare con la sua amica perché la linea è occupata.
12. Non può parlare la seconda volta che chiama perché non risponde nessuno.
13. Sì, la terza volta che chiama qualcuno risponde.
14. No, non è la sua amica.
15. Il telefonista le ha dato un numero sbagliato.
16. Sì, la quarta volta la sua amica risponde.
17. Sì, le due amiche parlano un poco.
18. Non possono terminare la conversazione perché la linea si è interrotta.

10.
1. acquistato
2. il modem integrato
3. ad alta risoluzione, collegare
4. accedere
5. non autorizzato
6. vibra
7. il convertivaluta

Chapter 8: At the hotel

1.
1. a un letto
2. camera doppia
3. doppia, letti, matrimoniale
4. strada, interno
5. mare
6. vitto
7. servizio, prima colazione, tasse
8. aria condizionata, riscaldamento
9. un bagno
10. prenotazione, conferma
11. impiegato
12. completo, disponibili
13. modulo, passaporto
14. ragazzo d'albergo
15. carta di credito

2.
1. camera
2. prenotazione
3. al completo
4. disponibili
5. due letti
6. matrimoniale
7. (answer optional)
8. interno
9. danno sulla
10. camera
11. servizio
12. servizio
13. tasse
14. (answer optional)
15. aria condizionata
16. bagno
17. completare
18. firmi
19. passaporto
20. ragazzo d'albergo

3.
1. cameriera
2. guardaroba
3. lavare, stirare
4. pulire a secco
5. presa
6. coperta
7. lenzuolo da bagno
8. sapone
9. stampelle (grucce)
10. carta igienica

4.
1. il lavabo
2. il water
3. la coperta
4. il letto
5. la doccia
6. l'asciugamano
7. la presa
8. la carta igienica
9. la stampella (la gruccia)
10. l'armadio

5.
1. lampadina, interruttore
2. rubinetto
3. otturato
4. calda

6.
1. il lavabo
2. il rubinetto
3. la luce
4. la lampadina
5. l'interruttore

7.
1. conto
2. (your name)
3. addebiti

4. telefonata
5. conto
6. totale
7. servizio in camera
8. carte di credito
9. carta

8.
1. banco registrazione, impiegato
2. completare, passaporto
3. una camera a un letto, una stanza a due letti
4. servizion, tasse, prima colazione
5. dà sulla, interna
6. prenotazione, conferma
7. disponibili, al completo
8. ragazzo d'albergo
9. cameriera
10. asciugamani, sapone, carta igienica
11. riscaldamento, aria condizionata
12. coperta, letto
13. stampelle
14. servizio guardaroba
15. servizio in camera
16. lasciare libera
17. banco registrazione, ufficio cassa
18. carta di credito

9.
1. No, la stanza non dà sulla strada.
2. Sì, ha balcone.
3. Il letto nella stanza è matrimoniale.
4. La camera è doppia.
5. Sì, ha un bagno privato.
6. Nel bagno c'è la doccia.
7. Nei mesi caldi la camera ha l'aria condizionata.
8. Durante i mesi invernali la camera ha il riscaldamento.

10.
1. I signori sono al banco registrazioni.
2. Loro arrivano in albergo.
3. Loro parlano con l'impiegato (il receptionist).
4. Il signore sta completando un modulo.
5. Il ragazzo d'albergo ha la chiave della stanza.
6. La signora ha una carta di credito in mano.

11.
1. È una camera a un letto.
2. Sul letto ci sono un guanciale ed una coperta.
3. La cameriera sta lavorando nella camera.
4. La cameriera sta pulendo la camera.
5. Nell'armadio ci sono le stampelle (grucce).
6. Il lavabo è nel bagno.
7. Sì, nel bagno c'è la doccia.
8. Ci sono due asciugamani.
9. C'è un rotolo di carta igienica.

Chapter 9: At the bank

1.
1. denaro
2. in
3. commissione
4. cambio
5. ufficio

2.
1. cambiare
2. assegni turistici
3. al
4. cassa

3.
1. in contanti
2. denaro liquido
3. cambiare un assegno

4.
1. cambio
2. biglietto
3. euro

5.
1. dollari
2. cambio
3. al
4. cassa
5. cassa
6. biglietti
7. cambiare
8. biglietto
9. biglietti
10. spiccioli
11. biglietti
12. monete

6.
1. libretto di risparmio
2. dollari
3. deposito (versamento)
4. sportello
5. libretto
6. risparmiare
7. ritirare

7.
1. saldo
2. libretto degli assegni
3. cambiare, conto corrente
4. firmare a tergo
5. assegno

8.
1. a rate
2. in contanti
3. anticipo
4. prestito
5. tasso d'interesse
6. pagamenti mensili
7. data di scadenza

9.
1. *b*
2. *l*
3. *s*
4. *k*
5. *a*
6. *d*
7. *g*
8. *i*
9. *p*
10. *c*
11. *o*
12. *f*
13. *q*

10.
1. cambiare
2. depositare
3. cambiare
4. firmare
5. cambiare
6. prendere
7. pagare
8. pagare
9. dare
10. fare

11.
1. di, per un (al)
2. per un (al)
3. del, per
4. in
5. in, a

12.
1. comodo
2. PIN
3. prelevare

Chapter 10: At the post office

1.
1. cassetta postale
2. ufficio postale
3. affrancatura
4. francobolli
5. francobolli
6. ufficio postale

2.
1. ufficio
2. affrancatura
3. via aerea
4. Per via aerea
5. affrancatura
6. francobollo
7. da
8. raccomandata

3.
1. cartolina postale
2. spedire
3. raccomandata

4.
1. Spediscono la lettera per via aerea.
2. Il nome del destinatario è Federico Honorati.
3. Il codice d'avviamento postale è 96100.
4. Il nome della mittente è Caterina Calvori.
5. Ci sono due francobolli sulla busta.

5.
1. pacco, pesa, bilancia (pesa)
2. assicurare
3. completare la dichiarazione
4. fragile
5. via aerea, mare, impiegherà, affrancatura

6.
1. ufficio postale
2. postino (portalettere)
3. distribuisce
4. posta

Chapter 11: At the hairdresser

1.
1. taglio
2. spuntatina (spuntata)
3. sciampo
4. baffi, basette
5. accorciare
6. tagli
7. rasoio, forbici
8. faccio la barba

2.
1. sopra
2. sul collo
3. al lati
4. dietro

3.
1. *c*
2. *e*
3. *a*
4. *b*
5. *d*
6. *f*

4.
1. permanente
2. sciampo
3. una messa in piega
4. taglio
5. tintura
6. smalto

Chapter 12: At the clothing store

1.
1. Sono scarpe.
2. Le suole sono di gomma
3. I tacchi sono bassi.
4. Sì, le scarpe hanno i lacci.

2.
1. scarpe
2. numero
3. numero
4. tacco
5. tacchi
6. colore

7. stanno
8. dita
9. strette
10. larghe

3. [Answers may vary.]

4.
1. posso servirla
2. ingualcibile
3. lana
4. flanella
5. sintetica
6. taglia
7. taglia
8. maniche
9. maniche
10. rigata
11. rigata
12. a quadri
13. abito
14. cravatta
15. bene insieme

5.
1. *c*
2. *d*
3. *c*
4. *d*

6.
1. a quadri
2. chiusura lampo
3. calzini
4. cinta (cintura)
5. impermeabile
6. magliette, mutandine
7. misure
8. sintetiche
9. va
10. stretta

7. [Answers may vary.]

8.
1. *a*
2. *a*
3. *b*
4. *b*
5. *a*

9.
1. mutandine, sottabito, reggipetto, busto
2. stoffa
3. va, a quadri
4. misure

10.
1. a righe
2. a quadri
3. a pallini

Chapter 13: At the dry cleaner

1.
1. restringerà, lavare a secco, tintoria (lavanderia)
2. sporca, stirare
3. amido
4. fodera, scucita, ricucire
5. rammendare
6. attaccare
7. macchia
8. rammendare

2.
1. lavare
2. stirare
3. amido
4. togliere
5. Togliere
6. macchia
7. restringere
8. lavare a secco

Chapter 14: At the restaurant

1.
1. prenotato, tavolo
2. di lusso
3. lusso, economici
4. all'aperto

2.
1. prenotazione
2. prenotato
3. tavolo
4. nome
5. [optional name]
6. dentro
7. aperto
8. aperitivo

3.
1. cameriere
2. aperitivo
3. menu
4. lista delle vivande

4.
1. È un ristorante di lusso.
2. A tavola ci sono quattro persone.
3. Il tavolo è vicino alla finestra.
4. Il cameriere serve loro.
5. Il cameriere porta l'aperitivo sul vassoio.
6. Il cameriere tiene in mano il menu.

5.
1. menu del giorno
2. piatto
3. piatto principale
4. lista dei vini
5. consigliare

6. 1. alla griglia
2. nel suo sugo
3. al forno
4. in umido
5. arrostita
6. tagliata a pezzetti
7. rosolata in padella

7. 1. bene arrostito
2. bene arrostito
3. al sangue
4. cotta moderatamente

8. 1. il pollo arrostito
2. il petto di pollo
3. il pollo alla griglia
4. la coscia

9. 1. lesso
2. cotto con il vapore
3. rosolato in padella
4. fritto in olio
5. alla griglia

10. 1. saliera, pepiera, zucchero
2. cucchiaio, cucchiaino, forchetta, coltello, tovagliolo, bicchiere
3. salata
4. dura

11. 1. il cucchiaio
2. il cucchiaino
3. la tovaglia
4. il bicchiere
5. il piatto
6. il piattino
7. la tazza
8. la saliera
9. la pepiera
10. la salvietta (il tovagliolo)
11. il coltello
12. la forchetta
13. la zuccheriera

12. 1. conto
2. incluso
3. mancia
4. carte di credito
5. ricevuta

13. 1. ristorante
2. angolo
3. prenotazione
4. aperto
5. aperitivo
6. cameriere
7. menu del giorno

8. piatti

14. 1. Mancava un coperto.
2. Bevvero del vino bianco.
3. La cena fu deliziosa.
4. In quel ristorante si preparava bene frutti di mare, pesce, carne e pollame.
5. No, nessuno prese del dolce.
6. I quattro amici volevano il caffè.
7. Sì, il servizio era incluso nel conto.
8. Lasciarono la mancia al cameriere per il suo servizio eccellente.

Chapter 15: Shopping for food

1. 1. pasticceria
2. macelleria
3. frutta e verdure
4. latteria
5. pescheria
6. panetteria
7. salumeria
8. polleria

2. 1. il negozio di frutta e verdure
2. la panetteria
3. la macelleria
4. la pescheria
5. la pescheria
6. il negozio di frutta e verdure
7. la latteria
8. la polleria
9. la latteria
10. la salumeria
11. il negozio di frutta a verdure
12. la salumeria
13. la pasticceria

3. (1) 1. Cosa costa
(2) 1. freschissimi
2. colore
3. Cosa costano
4. Me ne dia
5. Sessanta centesimi
6. sacchetto

4. 1. *a*   5. *a*
2. *c*   6. *b*
3. *c*   7. *a*
4. *b*   8. *b*

5. 1. surgelato
2. incartare
3. sapone in polvere
4. sacchetto

6.
1. cespo
2. dozzina
3. pacchetto
4. barattolo
5. pezzo
6. grappolo
7. chilo
8. cotolette
9. fette
10. grammi
11. scatoletta
12. bottiglie
13. sacchetto

Chapter 16: At home

1.
1. scarico
2. lavello (acquaio)
3. tappo
4. rubinetto
5. lavello
6. sapone liquido
7. spugnetta
8. scolapiatti
9. asciugare
10. panno
11. lavastoviglie

2.
1. tritare, friggere
2. cuocere
3. arrostire
4. cuocere, portare

3.
1. cuocere al forno
2. friggere
3. rosolare
4. bollire
5. arrostire
6. liquefare

4.
1. il bollitore
2. il tegame
3. la tortiera
4. la padella

5.
1. il trinciante
2. il pelapatate
3. il frullino
4. il colino
5. il cavatappi
6. l'apriscatole

6.
1. Sì, c'è una lavastoviglie in cucina.
2. Il lavello (l'acquaio) ha due rubinetti.
3. Sì, ci sono dei piatti nello scolapiatti.
4. Sì, la cucina ha una dispensa.

5. In cucina ci sono tre pensili.
6. Nella cucina c'è una cucina a gas.
7. La cucina ha quattro fornelli.
8. Sì, nel frigorifero ci sono cubetti di ghiaccio.
9. I cubetti di ghiaccio si trovano nel freezer (congelatore).

7.
1. lavandino, sapone (saponetta), panno di spugna
2. portasapone
3. bagno, doccia
4. lenzuolo da bagno
5. portasciugamano
6. specchio
7. spazzolino, dentifricio, dentifricio, armadietto farmaceutico
8. cuffia per la doccia
9. water
10. accappatoio
11. stuoia da bagno (uno scendibagno)

8.
1. l'accappatoio
2. il panno di spugna
3. il water
4. l'armadietto farmaceutico
5. la vasca da bagno
6. la doccia
7. il lenzuolo da bagno
8. lo specchio
9. la carta igienica
10. la saponetta (il sapone)
11. il portasciugamano
12. la cuffia per la doccia
13. il portasapone
14. lo scendibagno (la stuoia da bagno)
15. il lavandino

9.
1. la zuccheriera
2. il portaburro
3. la saliera
4. la pepiera
5. la salsiera

10.
1. insalatiera
2. zuppiera
3. piatto di portata
4. salsiera
5. scaldavivande

11.
1. il cucchiaino
2. il cucchiaio
3. il coltello
4. la forchetta
5. il piatto
6. il piattino
7. la tazza
8. il bicchiere

9. il bicchiere a calice
10. la saliera
11. la pepiera
12. la tovaglia
13. il tovaglio (la salvietta)

12. 1. le tende, le veneziane (la veneziana)
2. scaffale
3. la poltrona, caminetto
4. tavolino, sofà
5. una cornice
6. televisione, ascolto
7. tappeto, moquette
8. poltrona, divano
9. giornale, rivista, ascolto
10. ospiti

13. 1. comodino, sveglia
2. letto matrimoniale
3. guanciali, federe
4. lenzuola, coperte, copriletto
5. cassetti
6. stampelle (grucce)

14. il guanciale, la federa, le lenzuola, la coperta, il copriletto, il materasso

15. 1. Vado a letto *or* Mi corico alle
   _____
2. Sì, (no, non) regolo la sveglia prima di coricarmi.
3. Dormo _____ ore alla notte.
4. Mi addormento subito *or* Mi giro sempre molto prima di prendere sonno.
5. Mi alzo alle _____
6. Sì, (no, non) faccio subito il letto.

16. 1. bucato
2. lavatrice
3. stiro
4. ferro
5. asse da stiro
6. usare
7. aspirapolvere
8. usare l'aspirapolvere
9. lavatrice
10. spolverare

17. 1. *b*   4. *c*
2. *d*   5. *f*
3. *a*

18. 1. immondizia
2. pattumiera

19. 1. fulminata
2. lampadina

3. attaccare
4. presa

20. 1. spente
2. è saltata
3. scatola delle valvole
4. valvola
5. elettricista

21. 1. vuotare
2. tappo
3. otturato
4. idraulico
5. tubatura

Chapter 17: At the doctor's office

1. 1. malato
2. gola
3. febbre
4. ingrossate
5. tosse
6. catarro
7. raffreddore
8. influenza

2. 1. dottore
2. raffreddore
3. influenza
4. sintomi
5. gola
6. catarro
7. bocca
8. gola
9. ghiandole
10. Respiri
11. petto
12. tosse
13. temperatura
14. febbre
15. allergico
16. manica
17. iniezione
18. ordino
19. pillole

3. 1. raffreddore, influenza, febbre
2. brividi
3. bocca, esamina
4. iniezione, manica

4. 1. malattia di cuore
2. allergia
3. poliomelite, morbillo, varicella, orecchioni, malattie
4. asma
5. il fegato, il cuore, i polmoni, i reni

6. tipo di sangue
7. malattie mentali
8. organi vitali
9. sofferto
10. polmoni
11. pressione del sangue
12. analisi
13. elettrocardiogramma
14. stomaco

5. 2, 4, 5, 6, 8, 10, 11, 12

6. 1. una gamba
2. radiografia
3. chirurgo
4. ridurre la frattura
5. ingessare
6. stampelle

7. 1. fascia (benda)
2. punti

8. 1. il dito (le dita)
2. il gomito
3. il polso
4. la gamba
5. la caviglia
6. il fianco
7. la spalla

Chapter 18: At the hospital

1. 1. Il (la) paziente arriva all'ospedale in ambulanza.
2. No, il (la) paziente non può camminare.
3. Entra in ospedale in una barella.
4. Un'infermiera gli (le) sente il polso e gli (le) misura la pressione del sangue.
5. Un dottore interno esamina il (la) paziente.
6. Lo (la) esamina subito al pronto soccorso.
7. Il (la) paziente ha dei dolori all'addome.
8. Il dottore vuole una radiografia.
9. Portano il (la) paziente in radiologia.

2. 1. modulo
2. modulo
3. assicurazione
4. polizza

3. 1. ambulanza
2. barella, carrozzella
3. pronto soccorso
4. polso, pressione del sangue
5. radiografia

4. 1. operazione
2. intervento chirurgico
3. sala operatoria
4. sedativa
5. barella
6. tavolo operatorio
7. anestesista
8. anestesia
9. chirurgo
10. di (d')

5. 1. operare
2. un intervento chirurgico
3. un sedativo
4. togliere

6. 1. sala di risveglio
2. ossigeno
3. fleboclisi
4. la prognosi

7. 1. incinta (gravida)
2. partorirà
3. doglie
4. ostetrico(a)
5. sala parto

8. 1. dolore
2. ambulanza
3. barella
4. pronto soccorso
5. polso, pressione del sangue
6. sintomi
7. radiologia, una radiografia
8. operare
9. iniezione sedativa
10. tavolo operatorio
11. anestesista
12. chirurgo, appendicite
13. diede, punti
14. sala di risveglio
15. tubo d'ossigeno
16. fleboclisi
17. prognosi

Chapter 19: At the theater and the movies

1. 1. teatro
2. commedia
3. attore, attrice, parte
4. protagonista
5. atti, scene
6. sipario
7. intervallo
8. entra in scena
9. spettacolo
10. battono i piedi

2. 1. una tragedia
2. un'attrice
3. battere i piedi
4. si alza il sipario

3. 1. botteghino
2. posti
3. spettacolo
4. esaurito
5. posti
6. platea
7. galleria
8. seconda galleria
9. poltrone in platea
10. posti
11. costano
12. biglietti
13. fila
14. incomincia
15. alza

4. 1. Adriana è andata al botteghino del teatro.
2. No, Clara e Adriana non vanno a teatro questa sera.
3. Non, non c'erano posti per lo spettacolo di questa sera. Era tutto esaurito.
4. No, per lo spettacolo di domani non era tutto esaurito. C'erano dei posti.
5. Adriana ha preso due posti per lo spettacolo di domani.
6. Non, non sono in platea.
7. Perché non avevano poltrone libere in platea.
8. Si sederanno in prima fila nella prima galleria.
9. A Clara non piacciono nè i posti nella seconda galleria nè nel loggione, perchè da là non si sente bene.
10. Le piace sedersi o in platea o nella prima galleria.

5. 1. Si possono comprare i biglietti per il teatro al botteghino.
2. La mascherina (maschera) accompagna gli spettatori al loro posto.
3. Quando si va a teatro, una persona può lasciare il suo soprabito in guardaroba.
4. Si alza il sipario quando incomincia lo spettacolo.
5. A teatro si sente meglio dalla platea.

6. 1. danno, film, cinema
2. girato
3. doppiato
4. posti
5. schermo

Chapter 20: Sports

1. 1. Ci sono undici giocatori in una squadra di calcio.
2. Due squadre giocano in una partita di calcio.
3. I giocatori giocano al calcio allo stadio (al campo di calcio).
4. Il portiere difende la porta.
5. I giocatori giocano a pallone con il piede.
6. Il portiere vuole parare il pallone.
7. Sì, se un giocatore segna una rete fa un punto.
8. L'arbitro fischia un fallo.
9. L'arbitro fischia con il fischietto.
10. Sì, la partita è pari alla fine del primo tempo.

2. 1. squadre
2. campo
3. giocatori
4. calcio
5. passa
6. porta
7. para
8. tempo
9. partita
10. zero

3. 1. la porta
2. il portiere
3. il tabellone
4. il pallone
5. l'arbitro
6. il fischietto

4. 1. giocatori (giocatrici), doppio
2. racchetta, palle
3. campo
4. palla, rete
5. serve, rimanda
6. zero

5. 1. La giocatrice è in palestra.
2. Gioca a pallacanestro.
3. Ha tirato la palla.
4. Sì, ha fatto canestro.
5. No, non ha fallito il tiro.
6. Sì, ha fatto due punti.

6. 1. campo
2. palla
3. una mazza (un bastone)
4. buca

7. 1. difensori
2. segnapunti

3. giudice di linea
4. giocatori a rete

Chapter 21: The beach

1. 1. calmo
2. mosso
3. bassa marea
4. sbattono
5. controcorrente

2. 1. *f*   4. *a*
2. *e*   5. *d*
3. *b*

3. 1. ombrellone, lozione abbronzante
2. nuotare, prendere
3. sabbia, sedia a sdraio
4. spiaggia
5. costume
6. materassino gonfiabile

4. 1. Mi piace fare il morto.
2. Hai una bella abbronzatura.
3. Oggi il mare è calmo.
4. Ieri il mare era molto mosso.
5. Le onde sbattono contro le rocce.

5. 1. un capanno (una cabina)
2. ombrellone
3. idroscì (sci d'acqua)
4. sedia a sdraio
5. materassino gonfiabile
6. tavola da surfing
7. barca a vela

6. 1. sì   4. sì
2. no   5. no
3. no   6. no

Chapter 22: Camping

1. 1. campeggio
2. fare il campeggio
3. roulotte
4. servizi
5. bagni
6. docce
7. gabinetti

2. 1. La ragazza pianta la tenda.
2. Deve piantare i chiodi per terra.
3. Deve usare il martello per piantarli per terra.
4. Lega le corde (funi) della tenda ai chiodi.

3. 1. fornello
2. butano
3. falò (fuoco)
4. pieghevoli
5. fiammiferi
6. zaino
7. candele
8. coltello
9. pile
10. cassetta farmaceutica d'urgenza
11. amaca, materassino gonfiabile, sacco a pelo

4. 1. candele, lampadina tascabile
2. fornello, fuoco (falò)
3. zaino, termos

5. 1. Sì, è un campeggio pubblico.
2. Sì, i camper sono parcheggiati vicino alle tende.
3. Il giovanotto sta preparando da mangiare.
4. Sta cucinando su un fornello.
5. La ragazza sta dormendo dentro un sacco a pelo.
6. Vicino al sacco a pelo ha lo zaino.

6. 1. la sedia pieghevole
2. il fiammiferi
3. il coltellino (il temperino)
4. le pile
5. le candele
6. l'amaca
7. il sacco a pelo
8. il materassino gonfiabile
9. lo zaino
10. la cassetta farmaceutica d'urgenza

Chapter 23: The weather

1. 1. tempo buono (bel tempo), sole
2. freddo, nevica
3. sereno, di sole
4. nuvole (nubi)
5. fresco
6. nebbia
7. tuoni, lampi
8. nevica, grandina
9. piovigginando

2. 1. aquazzone   3. tuoni, temporale
2. nevicata   4. temporale

3. 1. (Answers may vary.)
Un momento fa bel tempo, un momento fa brutto tempo. Un momento il cielo è sereno, un momento è nuvoloso.
2. C'è molto sole. Il cielo non è nuvoloso.

3. Sta piovendo. Tuona e lampeggia.
4. Fa bel tempo. C'è sole. Il cielo è sereno. Non piove.

4.
1. sole
2. neve, nevicare, tormenta
3. tuono, tuonare, lampo, lampeggiare
4. umido
5. nuvoloso
6. caldo
7. piovere, piovoso

5.
1. acquazzone   3. instabile
2. soffocante   4. soleggiata

6.
1. F   4. F
2. T   5. F
3. T

7. (1)
1. No, non sta facendo tempo buono.
2. No, non è completamente nuvoloso. C'è nuvolosità variabile.
3. Sì, il cielo a volte è sereno.
4. No, ci sono acquazzoni sparsi.
5. Ci saranno piogge e temporali nella parte interna del paese.
6. I venti provengono dall'est.
7. I venti tirano a 20 km all'ora.
8. La probabilità di precipitazione è del 95 per cento.
9. La temperatura massima sarà di 28 gradi.
10. La temperatura minima sarà di 22 gradi.
11. La pressione atmosferica è di 735 millimetri e sta scendendo (cadendo).

(2)
1. No, sarà parzialmente nuvoloso.
2. Durante la notte ci sarà nuvolosità variabile con una possibile nevicata.
3. Sì, nevicherà.
4. Fa freddo.
5. La temperatura massima sarà di due gradi centigradi.
6. La temperatura minima sarà di tre gradi sotto zero.
7. Domani sarà sereno.
8. La temperatura domani sarà più alta, arrivando ai dieci gradi centigradi.

8.
1. acquazzoni sparsi
2. nuvolosità variabile
3. possibilità di precipitazione
4. la pressione barometrica
5. giornata chiara (giornata limpida)

Chapter 24: Education

1.
1. d   6. i
2. g   7. c
3. a   8. e
4. b   9. h
5. f

2.
1. asilo infantile   5. insegna
2. alunni (scolari)   6. lettura
3. scuola elementare   7. lavagna
4. il (la) maestro(a)

3.
1. Un'altra espressione che significa «scuola media inferiore» è «scuola media unica».
2. Gli studenti frequentano un liceo o un istituto.
3. I professori insegnano in una scuola media superiore.
4. Gl'interni sono gli studenti che vivono in un collegio.
5. Gli studenti che tornano a casa tutti i giorni sono gli esterni.
6. Gli studenti portano i libri in una cartella.
7. In molti collegi gli studenti devono portare l'uniforme (la divisa).
8. Un corso di studi include molte materie.
9. Gli studenti prendono appunti quando parla il professore.
10. Scrivono gli appunti in un quaderno (blocchetto per appunti).
11. Scrivono con una penna a sfera.
12. Gli studenti vogliono andare bene agli esami.
13. Vogliono ricevere buoni voti.

4.
1. la scuola media superiore
2. il quaderno
3. andare bene agli esami
4. andare male agli esami

5.
1. b   4. b
2. a   5. a
3. a

6.
1. collegio
2. cartella
3. l'uniforme (la divisa)
4. ricevere, voti

7.
1. le tasse universitarie
2. immatricolarsi
3. le lezioni cominciano il . . . .
4. la borsa di studio
5. il preside di facoltà
6. le conferenze (le lezioni)
7. laurearsi

8.
1. iscriversi
2. dovrà laureare
3. facoltà
4. tasse universitarie
5. sostenere
6. prima sessione
7. conferenza (lezione)

9.
1. Sì, gli studenti che desiderano iscriversi all'università devono immatricolarsi.
2. Gli studenti che hanno ricevuto un diploma o da un liceo o da un istituto o da un collegio possono essere ammessi all'università.
3. Sì, negli Stati Uniti costa molto andare all'università.
4. Negli Stati Uniti la prima sessione generalmente incominicia ai primi di settembre.
5. Sì, gli universitari devono laureare in una materia specifica.
6. Le università hanno più professori.

10.
1. medicina
2. lettere e filosofia
3. legge
4. scienze
5. ingegneria

Chapter 25: Government and politics

1.
1. il (la) democratico(a)
2. il (la) marxista
3. il (la) liberale
4. il conservatore, la conservatrice
5. il (la) socialista
6. il (la) radicale
7. l'isolazionista
8. l'interventista
9. il (la) comunista
10. il (la) monarchico(a)
11. il (la) progressista
12. il (la) terrorista
13. l'anticlericale
14. il (la) razzista
15. il (la) separatista

2.
1. Nei paesi democratici il popolo ha il diritto al voto.
2. Sotto un regime autocratico è possibile non avere il diritto al voto.
3. Sì, negli Stati Uniti c'è la libertà di stampa e la libertà di parola.
4. Sì, negli Stati Uniti abbiamo il diritto al voto.
5. No, eleggiamo un nuovo presidente ogni quattro anni.
6. Una responsabilità che deve avere il governo è di proteggere i diritti del popolo.
7. Sì, solamente i cittadini possono votare alle elezioni.
8. No, i minorenni non possono votare. Solo i maggiorenni possono votare.
9. Sì, una giunta militare governa in alcuni paesi.
10. Una giunta militare è una forma di governo autocratico.
11. Quando ci sono molte manifestazioni e sommosse, generalmente il governo dichiara la legge marziale.
12. A volte il governo, dopo avere imposto la legge marziale, dichiara il coprifuoco.
13. I socialisti sono di sinistra.
14. I conservatori sono di destra.
15. Sì, in Italia c'è stata la dittatura.
16. In Italia ora c'è la democrazia.

3.
1. diritto al voto
2. dittatura, voto
3. autocratico
4. libertà di stampa, libertà di parola
5. manifestazioni, sommosse
6. legge marziale, coprifuoco
7. coprifuoco
8. di sinistra
9. di destra

4.
1. Negli Stati Uniti ci sono due partiti politici principali.
2. No, non abbiamo un sistema unicamerale. Abbiamo un sistema bicamerale.
3. Ogni stato ha due senatori.
4. Il numero dei deputati alla camera varia da uno stato all'altro.
5. Nel governo degli Stati Uniti la camera bassa si chiama the House of Representatives.
6. La camera alta si chiama il Senato.

5.
1. partiti politici
2. primo ministro, presidente
3. Consiglio dei Ministri
4. camera dei deputati
5. camera alta, camera bassa

6.
1. il ministero della pubblica istruzione
2. il ministero degli affari esteri
3. il ministero del lavoro e politiche sociali
4. il ministero dell'interno
5. il ministero dell'economia e finanze

7.
1. approvare
2. discutere
3. un quorum

4. l'opposizione
5. deliberare
6. prendere in considerazione
7. la maggioranza
8. emendare
9. il plebiscito (il referendum)
10. annullare

8. 4, 1, 3, 2, 5

9. 1. quorum
2. plebiscito
3. voto di fidicia
4. presentare, appoggiare, discutere
5. opposizione, minoranza

Chapter 26: Business

1. 1. *e*   4. *b*
2. *a*   5. *f*
3. *d*   6. c

2. 1. Lo scopo del commercio è di produrre e vendere beni e servizi.
2. I compratori sono i clienti.
3. Lei vende al dettaglio.
4. Gli azionisti ricevono i dividendi.

3. 1. venditori, compratori
2. che consumano
3. grossisti
4. dettaglianti
5. all'ingrosso
6. beni
7. società
8. di proprietà individuale
9. soci
10. dirigenti
11. consiglio di amministrazione
12. azioni
13. aumenta
14. diminuisce

4. 1. Ogni prodotto e servizio deve avere un mercato.
2. L'ufficio marketing è responsabile della promozione e della pubblicità.

3. L'impresa deve recuperare i costi (le spese).
4. Deve realizzare un profitto.
5. Devono pagare le tasse sul reddito imponibile.

5. 1. il mercato
2. le tasse
3. il profitto
4. il prezzo
5. offerta e domanda
6. i redditi
7. pubblicità

6. 1. rendiconti
2. bilancio
3. passività
4. attività
5. redditizia
6. bancarotta

Chapter 27: The personal computer

1. 1. memoria, microprocessore, schermo, scheda video
3. stampante, scanner
4. disco rigido
5. elaboratore di testi, applicazioni

2. 1. elaboratore di testi
2. correttore ortografico
3. dizionario dei sinonimi
4. note
5. editor grafico
6. cartelle
7. circolari
8. rientro

3. 1. segnalibri
2. rubrica
3. allegato
4. ricevuta di ritorno
5. gruppo di discussione
6. sito
7. scaricare

Glossary: English–Italian
Glossario: Inglese–Italiano

abdomen   *l'addome*
to be able (can)   *potere*
at about   *verso*
abroad   *all'estero*
accelerator   *l'acceleratore*
to accept   *accettare, approvare*
to be accepted   *essere ammesso(a)*
to access   *accedere*
to accompany   *accompagnare*
account   *il conto, l'account*
accountant   *il contabile*
accounting   *la contabilità*
accounting department   *l'ufficio contabilità*
ache   *il dolore*
to achieve   *conseguire*
act   *l'atto*
actor   *l'attore*
actress   *l'attrice*
additional charge   *il supplemento*
address   *l'indirizzo*
address book   *la rubrica*
administrator   *l'amministratore*
to be admitted   *essere ammesso(a)*
advanced degree   *una specializzazione*
advertising   *la pubblicità*
afternoon   *il pomeriggio*
in the afternoon   *del pomeriggio*
again   *di nuovo, nuovamente*
against   *contro*
air conditioning   *l'aria condizionata*
airline   *la linea aerea, la compagnia di
     aviazione, la compagnia aerea*
air mail   *la posta aerea, la via aerea*
by air mail   *per via aerea*
air mattress   *il materassino gonfiabile*
airport   *l'aeroporto*
air pressure   *la pressione dell'aria*
airsickness   *il male d'aria*
airsickness bag   *il sacchetto per il male d'aria*
aisle   *il corridoio, la corsia*
alarm clock   *la sveglia*
alas!   *ahimè!*
to align   *allineare*
allergic   *allergico(a)*
allergy   *l'allergia*
all those who   *tutti coloro che*
almost   *quasi*

also   *anche, pure*
alternatively   *alternativamente*
altitude   *l'altitudine*
Alt key   *il tasto Alt*
A.M.   *di mattina*
ambulance   *l'ambulanza*
to amend   *emendare*
amendment   *la rettifica, l'emendamento*
analysis   *l'analisi*
anesthesia   *l'anestesia*
anesthetist   *l'anestesista*
ankle   *la caviglia*
answer   *la risposta*
to answer   *rispondere*
antibiotic   *l'antibiotico*
anticlericalism   *l'anticlericalismo*
anticlerical person   *l'anticlericale*
aperitif   *l'aperitivo*
appendicitis   *l'appendicite*
appendix   *l'appendice*
appetizer   *l'antipasto*
appetizing   *invitante*
to applaud   *applaudire*
apple   *la mela*
applications (software)   *le applicazioni*
to approve   *approvare*
approximate   *approssimativo(a)*
April   *aprile*
area   *la zona*
area code   *il prefisso*
arm   *il braccio (pl. le braccia)*
armchair   *la poltrona*
arrival   *l'arrivo*
to arrive   *arrivare*
arriving from   *proveniente da*
arrow   *la freccia*
arthritis   *l'artrite*
ASCII characters   *i caratteri ASCII*
assembly   *l'assemblea*
assets   *le attività*
asthma   *l'asma*
ATM machine   *il Bancomat*
atmospheric pressure   *la pressione atmosferica*
attachment (e-mail)   *l'allegato*
attack   *l'attacco*
to attain   *conseguire*
to attend   *frequentare*

August   *agosto*
auto   *l'auto*
autocratic regime   *il regime autocratico*
automatic transmission   *la transmissione automatica*
automobile   *l'automobile*
autumn   *l'autunno*
available   *libero(a), disponibile*
avenue   *il viale*

baby   *il (la) bambino(a)*
baby blue (color)   *celeste*
back   *il dorso, la schiena, posteriore*
in the back   *dietro, didietro*
backup   *il backup*
bacon   *la pancetta*
bad   *cattivo(a)*
bag   *il sacchetto*
baggage claim check   *lo scontrino*
baked   *al forno*
bakery   *la panetteria*
baking pan   *la tortiera*
balance   *il saldo*
balance sheet   *il bilancio patrimoniale*
balcony   *il balcone, la seconda galleria*
ball   *la palla, il pallone*
ballpoint pen   *la penna a sfera*
bandage   *la benda, la fascia*
to bandage   *bendare, fasciare*
to bang   *sbattere*
bank   *la banca*
bankbook   *il libretto*
bank card   *la carta bancaria*
banknote   *il biglietto, la banconota*
bankruptcy   *la bancarotta*
bar of soap   *la saponetta*
barber   *il barbiere*
barber shop   *la barbieria*
barometric pressure   *la pressione barometrica*
basin   *il catino, il lavabo*
basketball   *la pallacanestro*
bath   *il bagno*
to bathe   *fare il bagno*
bathing suit   *il costume da bagno*
bathmat   *lo scendibagno, la stuoia da bagno*
bathrobe   *l'accappatoio*
bathroom   *il bagno*
bath towel   *il lenzuolo da bagno*
bathtub   *la vasca da bagno*
battery   *la batteria, la pila*
to be   *essere, trovarsi*
to be afraid   *aver(e) paura*
to be ashamed   *aver(e) vergogna*

to be brave   *aver(e) coraggio*
to be cold   *aver(e) freddo*
to be at fault   *aver(e) colpa*
to be guilty   *aver(e) colpa*
to be hot   *aver(e) caldo*
to be hungry   *aver(e) fame*
to be promoted   *essere promosso(a)*
to be right   *aver(e) ragione*
to be sleepy   *aver(e) sonno*
to be thirsty   *aver(e) sete*
to be wrong   *aver(e) torto*
beach   *la spiaggia, il lido*
beach hat   *il cappello da spiaggia*
beach umbrella   *l'ombrellone*
to bear   *tollerare*
beard   *la barba*
to beat   *sbattere*
because   *perché, poiché*
bed   *il letto*
bedroom   *la camera da letto, la stanza da letto*
bedspread   *il copriletto*
beef   *la carne di manzo*
to begin   *cominciare, incominciare, iniziare*
behind   *di dietro, dietro*
bellhop   *il ragazzo d'albergo*
belt   *la cinta, la cintura*
better   *meglio*
bicameral (two-house)   *bicamerale*
big   *grosso(a)*
big bills   *i biglietti di grosso taglio*
bill   *la banconota, il biglietto, il conto*
bills of high denominations   *i biglietti di grosso taglio*
bills of low denominations   *i biglietti di piccolo taglio*
birthday   *il compleanno*
black   *nero(a)*
bladder   *la vescica*
blanket   *la coperta*
blended (fibers)   *misto(a)*
blender   *il frullatore*
block   *l'isolato*
to block   *parare*
blood   *il sangue*
blood pressure   *la pressione del sangue*
blood type   *il gruppo sanguigno, il tipo di sangue*
blouse   *la camicetta*
to blow the horn   *suonare il clacson*
to blow (wind)   *tirare*
blue jeans   *i blue jeans*
to board   *salire*
boarding   *l'imbarco*

boarding card   *la carta d'imbarco*
boarding gate   *l'uscita d'imbarco*
boarding pass   *la carta d'imbarco*
boarding school   *il collegio*
boarding student   *l'interno(a)*
board of directors   *il consiglio di*
                            amministrazione
boat   *la nave, il battello*
by boat   *via mare*
to boil   *bollire*
boiled   *lesso(a)*
bomb-sniffing dogs   *i cani addestrati al*
                            rilevamento degli
                            esplosivi (anti-esplosivi)
bone (animal)   *l'osso* (pl. *gli ossi*)
bone (fish)   *la spina*
bone (human)   *l'osso* (pl. *le ossa*)
bonfire   *il falò, il fuoco*
book bag   *la cartella*
bookcase   *la libreria, lo scaffale*
bookmark   *il segnalibri*
boots   *gli stivaletti, gli stivali*
boot sector   *il settore di avviamento*
boss   *il capo*
bottle   *la bottiglia*
bottle opener   *l'apribottiglia*
to bounce   *sobbalzare*
bound for   *con destinazione*
bowel   *l'intestino*
box   *la scatola*
box office   *il botteghino*
box seat   *il palco*
boy   *il ragazzo*
little boy   *il bambino*
brake   *il freno*
to brake   *frenare*
brake fluid   *l'olio dei freni*
brassiere   *il reggipetto, il reggiseno*
to break   *rompere*
breakdown   *un guasto, una panne (panna)*
breakfast   *la prima colazione*
breast   *il seno, il petto* (of fowl)
to breathe   *respirare*
briefcase   *la valigetta*
briefly   *brevemente*
to bring   *portare*
to bring to boil   *portare a ebollizione*
broiled   *alla graticola, alla griglia*
it is broken   *è guasto(a)*
broom   *la scopa*
brown   *marrone*
buffet   *il buffet, la credenza*
built-in   *integrato(a)*

bumper   *il paraurti*
bunch   *il mazzo*
bunch (of grapes)   *il grappolo*
bungalow   *la villetta, il villino*
bureau   *il cassettone*
burned   *bruciato(a)*
burned out   *fulminato(a)*
burner (on a stove)   *il fornello*
bus   *l'autobus*
business   *il commercio*
on business   *per affari*
business-related   *commerciale*
bustier   *il busto*
busy   *occupato(a)*
busy signal   *il segnale di linea occupata*
butane   *il gas butano*
butcher   *il macellaio*
butcher shop   *la macelleria*
butter   *il burro*
butter dish   *il portaburro*
button   *il bottone*
to buy   *comprare, acquistare*
to buy a ticket (train, bus)   *fare il biglietto*
buyer   *il compratore*

cabana   *il capanno*
cabin   *la cabina, il capanno*
cabinet   *il consiglio dei ministri, il gabinetto*
cabinet (kitchen)   *la credenza, il pensile*
cable   *il cavo*
cake   *la torta*
calf   *il vitello*
to call   *chiamare*
to call again   *richiamare*
to call on the phone   *chiamare al telefono*
calm   *calmo(a), tranquillo(a)*
to camp   *accampare, fare campeggio*
camper   *l'autocaravan, il camper*
campground   *il campeggio*
camping   *il campeggio*
can   *il barattolo, la lattina, la scatoletta*
cancer   *il cancro*
candelabra   *il candelabro*
candles   *le candele*
can opener   *l'apriscatola*
captain   *il capitano*
car   *l'auto, l'automobile, la macchina*
car (of a train)   *il vagone, la vettura*
carpet   *il tappeto*
car-repair garage   *l'autofficina*
car repairs   *l'autoriparazione*
carrot   *la carota*
to carry   *portare*

carry-on luggage   *il bagaglio a mano*
cart   *il carrello*
to carve   *trinciare*
carving knife   *il trinciante*
in case of   *in caso di*
cash   *i contanti, il denaro liquido, il denaro in contanti, la moneta contante*
to cash   *cambiare*
to cash a check   *cambiare un assegno*
cashier   *il (la) cassiere(a)*
cashier's counter   *la cassa*
cashier's office   *l'ufficio cassa*
cashier's window   *la cassa*
casserole   *la casseruola*
cast   *l'ingessatura*
cataracts   *le cateratte, le cataratte*
to catch   *prendere*
CD-ROM drive   *l'unità CD-ROM*
centigrade   *il centigrado*
central processing unit   *l'unità centrale, il microprocessore*
century   *il secolo*
certainly   *certamente*
certified (registered) mail   *la raccomandata*
chair   *la sedia*
chalkboard   *la lavagna*
chamber of deputies   *la camera dei deputati*
change   *il cambiamento, il cambio*
to change   *cambiare*
changeable   *variabile*
to change planes   *cambiare aereo*
to change trains   *cambiare treno*
channel   *il canale*
charge   *l'addebito, la commissione, la spesa*
to charge   *fare pagare*
to chat   *chiacchierare, conversare, parlare, chattare* (on-line)
check   *il conto*
to check   *controllare; depositare* (luggage)
checkbook   *il libretto degli assegni*
checked (in design)   *a quadri*
checking account   *il conto corrente*
cheek   *la guancia* (pl. *le guance*)
cheese   *il formaggio*
chemistry   *la chimica*
cherry   *la ciliegia* (pl. *le ciliegie*)
chest   *il petto*
chest of drawers   *il cassettone*
chicken   *il pollo*
chicken pox   *la varicella*
chief   *il capo*
child   *il (la) bambino(a)*
chill   *il brivido*

choke (car)   *il pomello dell'aria*
to choose   *scegliere*
chop   *la cotoletta*
to chop   *tritare*
choppy (sea)   *agitato*
Christmas   *il Natale*
Christmas Eve   *la vigilia di Natale*
cigarette   *la sigaretta*
citizen   *il (la) cittadino(a)*
citrus-fruit squeezer   *lo spremiagrumi*
to claim (luggage)   *ritirare*
to clap   *battere*
class   *la classe*
classroom   *l'aula, la classe*
to clean   *pulire*
clear   *sereno(a), chiaro(a), limpido(a)*
to clear the table   *sparecchiare la tavola*
to clear (up)   *rasserenarsi, schiarirsi*
clerk   *l'impiegato(a)*
clerk (at reception desk)   *il (la) receptionist*
cloakroom   *il guardaroba*
to clog   *otturare*
clogged   *otturato(a)*
closed for summer vacation   *chiuso per ferie*
closet   *l'armadio*
cloth   *il panno*
clothes   *gli indumenti, i panni, i vestiti*
clothing   *gli indumenti, i panni*
cloud   *la nube, la nuvola*
cloudiness   *la nuvolosità*
cloudy   *annuvolato(a), nuvolo(a), nuvoloso(a)*
club (golf)   *la mazza*
clutch pedal   *il pedale della frizione*
coat   *il cappotto*
cockpit   *la cabina di pilotaggio*
cocktail   *l'aperitivo*
coffeepot   *la caffettiera*
coin   *la moneta*
coins   *il cambio, gli spiccioli*
colander   *il colapasta*
cold   *freddo(a)*
cold (illness)   *il raffreddore*
collect call   *la telefonata a carico del destinatario*
colon   *il colon*
color   *il colore*
to comb one's hair   *pettinarsi*
comb-out   *una pettinata*
comedy   *la commedia*
come in!   *avanti!*
commerce   *il commercio*

commercial   *commerciale*
commission   *la commissione*
communism   *il comunismo*
communist   *il (la) comunista*
compartment   *il compartimento, lo*
                      scompartimento
to complete   *completare*
compound fracture   *la frattura composta*
computer   *il computer*
computer science   *l'informatica*
conductor   *il controllore*
confirmation (reservation)   *la conferma*
congestion   *il catarro*
to connect   *mettere in comunicazione con,*
                      collegare
conservatism   *il conservatorismo*
conservative   *il conservatore (la*
                      conservatrice)
constipated   *costipato(a), stitico(a)*
constitution   *la costituzione*
consumer   *il consumatore*
contract   *il contratto*
to contract   *contrarre*
contrary   *contrario(a)*
control panel   *il pannello di controllo*
convenient   *comodo(a)*
convention   *il congresso*
to cook   *cucinare, cuocere*
cookie   *il biscotto*
cool   *fresco(a)*
cord   *la corda, la fune*
corduroy   *il velluto a coste*
corkscrew   *il cavatappi*
corner   *l'angolo*
in the corner   *d'angolo*
corporation   *la società per azioni*
to correct   *correggere*
correction   *la correzione, la rettifica*
corset   *il busto*
cost   *il costo*
to cost   *costare*
cotton   *il cotone*
couch   *il divano, il sofà*
cough   *la tosse*
to cough   *tossire*
counter   *il banco*
couple   *un paio*
course (of a dinner)   *il piatto, la portata*
course of study   *il corso di studi*
court (in sports)   *il campo*
court   *il tribunale*
covered   *coperto(a)*
CPU   *l'unità centrale, il microprocessore*

to crease   *sgualcire, sgualcirsi*
credit card   *la carta di credito*
crew   *l'equipaggio*
crosswalk   *l'attraversamento pedonale*
to crumple   *sgualcire, sgualcirsi*
crutch   *la stampella*
cufflinks   *i gemelli*
cuffs   *i polsini*
cuisine   *la cucina*
cup   *la tazza*
cupboard   *la credenza, il pensile*
to cure   *curare*
curfew   *il coprifuoco*
current   *la corrente*
curriculum   *il corso di studi*
curtain (of a stage)   *il sipario*
customs   *la dogana*
customs agent   *il doganiere*
customs declaration   *la dichiarazione di (per*
                      la) dogana
to cut   *tagliare*
to cut off (telephone)   *interrompere la linea*
cutlery   *le stoviglie*
cutlet   *la cotoletta*
cyst   *la cisti*

dairy products   *i latticini*
dairy store   *la latteria*
dangerous   *pericoloso(a)*
to darn   *rammendare*
dashboard   *il cruscotto*
data compression   *la compressione dei dati*
data/fax transmission   *la trasmissione di*
                      dati/fax
date   *la data*
dawn   *l'alba*
day   *la giornata, il giorno*
day after tomorrow   *dopodomani*
day before yesterday   *l'altro ieri*
day by day   *di giorno in giorno*
by the day   *al giorno*
day student   *l'esterno(a)*
dean   *il (la) preside di facoltà*
December   *dicembre*
to decide   *decidere*
decision   *la decisione*
to declare   *dichiarare*
to decrease   *diminuire*
deep-fried   *fritto(a) in olio*
deeply   *profondamente*
to defend   *difendere*
defender   *il difensore*
defense zone   *la zona di difesa*

delay　*in ritardo*
to deliberate　*deliberare, discutere*
delicatessen　*la salumeria*
to deliver (mail)　*distribuire*
delivery (of mail)　*la distribuzione*
delivery room　*la sala di parto*
demand　*la demanda*
democracy　*la democrazia*
democrat　*il (la) democratico(a)*
demonstration　*la dimostrazione, la manifestazione*
denim　*il cotone ritorto*
department (school)　*la facoltà*
departure　*la partenza*
deposit　*il deposito, il versamento*
to deposit (money into an account)　*depositare*
deputy　*il (la) deputato(a)*
to derive　*provenire*
to descend　*scendere*
desk (at school)　*il banco*
desk clerk　*l'impiegato(a)*
desktop computer　*il computer desktop (da scrivania)*
despotic　*dispotico(a)*
dessert　*il dolce*
destination　*la destinazione*
diabetes　*il diabete*
to diagnose　*diagnosticare*
to dial　*fare il numero*
dial tone　*il segnale di linea libera*
diarrhea　*la diarrea*
to dice　*tagliare a pezzetti*
diced　*tagliato(a) a pezzetti*
dictator　*il dittatore*
dictatorship　*la dittatura*
dining car　*il vagone ristorante*
dining room　*la sala da pranzo*
directional signals　*le frecce, le luci di direzione*
directly　*direttamente*
directory　*la guida telefonica, la directory (computer)*
dirty　*sporco(a)*
dirty clothes　*i panni sporchi*
to discuss　*deliberare, discutere*
disease　*la malattia*
dish　*il piatto, la vivanda*
dish drainer　*lo scolapiatti*
dishes　*le stoviglie*
dishtowel　*il panno*
dishwasher　*la lavapiatti, la lavastoviglie*
dividend　*il dividendo*

dizziness　*le vertigini*
to do　*fare*
do not enter　*senso vietato*
to do the laundry　*fare il bucato*
doctor　*il medico, il dottore (la dottoressa)*
doctorate　*il dottorato*
door　*la porta*
doorman's station　*la portineria*
double　*doppio(a)*
double bed　*il letto matrimoniale*
double room　*la camera doppia*
doubles (tennis)　*un (incontro) doppio*
to download　*scaricare*
down payment　*la caparra, l'anticipo*
downtown　*il centro urbano*
dozen　*la dozzina*
drain　*lo scarico*
to drain　*scolare*
drama　*il dramma*
drape　*la tenda*
drawer　*il cassetto*
dress　*il vestito*
to dress　*vestire*
to dress (oneself)　*vestirsi*
to dress (a wound)　*bendare, fasciare*
dressing gown　*la vestaglia*
drinking water　*l'acqua potabile*
to drip　*gocciare*
dripping　*gocciolando*
driver's license　*la patente automobilistica*
to drizzle　*piovigginare*
to drop　*cadere*
to drop (letters)　*imbucare*
drug-sniffing dogs　*i cani anti-droga*
to dry (to wipe dry)　*asciugare, seccare*
to dry-clean　*lavare a secco, pulire a secco*
dry cleaner shop　*la lavanderia, la tintoria*
dry cleaning　*il lavaggio a secco*
to dry oneself　*asciugarsi*
dubbed　*doppiato(a)*
due date　*la data di scadenza*
dusk　*il tramonto*
dust　*la polvere*
to dust　*spolverare*
dustcloth　*lo straccio per la polvere, lo strofinaccio*
dust pan　*la pattumiera*
duty　*la dogana*

each day　*al giorno*
ear　*l'orecchio*
early　*presto*
Easter　*la Pasqua*

economy class   *la classe economica*
to edit   *modificare*
egg   *l'uovo* (pl. *le uova*)
eggbeater   *il frullino*
elbow   *il gomito*
to elect   *eleggere*
electrician   *l'elettricista*
electric outlet   *la presa*
electric plug   *la spina*
electric range   *la cucina elettrica*
electric razor   *il rasoio elettrico*
electric socket   *la presa*
electrocardiogram   *l'elettrocardiogramma*
electronic mailbox   *la casella postale elettronica*
elementary school   *la scuola elementare*
elementary-school principal   *il direttore (la direttrice)*
elementary-school teacher   *il (la) maestro(a)*
e-mail   *la e-mail, la posta elettronica*
embarcation   *l'imbarco*
emergency   *l'emergenza*
emergency exit   *l'uscita d'emergenza*
emergency room   *il pronto soccorso*
employee   *l'impiegato(a)*
empty   *vuoto(a)*
to empty   *vuotare*
to end   *terminare*
to endorse   *firmare a tergo, intestare*
engineering   *l'ingegneria*
to enjoy   *godere*
to enter   *digitare* (keyboard)
to enter (come) on stage   *entrare in scena*
Enter key   *il tasto Invio*
enterprise   *l'impresa*
envelope   *la busta*
epilepsy   *l'epilessia*
equally   *ugualmente*
Escape key   *il tasto Escape*
evening   *la sera*
in the evening   *di sera*
at exactly (with time of day)   *in punto*
to examine   *esaminare, controllare*
to exchange   *cambiare, scambiare*
exchange bureau   *l'ufficio di cambio*
excuse me   *mi scusi* (formal), *scusami* (familiar)
exit   *l'uscita*
expansion board   *la scheda d'espansione*
expansion slot   *la porta d'inserimento, expansion slot*
expense   *la spesa*
expensive   *caro(a)*

to explain   *spiegare*
express letter   *la lettera espresso*
express train   *il rapido*
extended memory   *la memoria estesa*
extension (telephone)   *il numero interno*

fabric   *la stoffa, il tessuto*
face   *il viso*
facilities   *i servizi*
to fail   *andare male agli esami, essere bocciato(a)*
to fall   *cadere*
to fall asleep   *addormentarsi*
fan (sports)   *il tifoso*
far   *lontano*
fare   *la tariffa*
farther on   *più oltre*
fascism   *il fascismo*
fascist   *il (la) fascista*
to fasten   *agganciare*
faucet   *il rubinetto*
feather duster   *il piumino*
February   *febbraio*
feces   *le feci* (pl. only)
to feel the pulse   *sentire il polso*
fender   *il parafango*
fever   *la febbre*
a few   *alcuni, un paio*
field   *il campo*
file   *il file*
to fill   *riempire*
to fill out   *completare*
film   *il film*
finances   *le finanze*
to find   *trovare*
to find oneself   *trovarsi*
finger   *il dito* (pl. *le dita*)
fingernail   *l'unghia*
to finish   *terminare*
fire   *il fuoco*
fireplace   *il caminetto*
first   *primo(a)*
first-aid kit   *la cassetta farmaceutica d'urgenza*
first class   *la prima classe*
first course   *il primo piatto*
in first gear   *in prima*
first of all   *prima di tutto*
first period   *il primo tempo*
first term   *la prima sessione*
first-tier box   *il palco di prim'ordine*
fish   *il pesce*
fish market   *la pescheria*
fish store   *la pescheria*

to fit   *stare bene*
to fit into   *entrare*
to fix (a time)   *fissare*
fixed menu   *il menu del giorno*
flannel   *la flanella*
to flash (lightning)   *lampeggiare*
flashlight   *la lampadina tascabile*
flat tire   *una gomma forata, una gomma a terra*
flight   *il volo*
flight attendant   *l'assistente di volo*
flight path   *la rotta di volo*
flight plan   *la rotta di volo*
flight time   *il tempo di volo*
to float   *galleggiare, stare a galla*
to float with arms stretched out   *fare il morto*
floor   *il pavimento*
floor lamp   *la lampada a stelo*
floppy disk   *il dischetto*
floppy disk drive   *l'unità a disco floppy (flessibile)*
flu   *l'influenza*
fly (pants)   *la patta*
to fly   *volare*
foam   *la schiuma*
fog   *la nebbia*
folder   *la cartella*
folding chair   *la sedia pieghevole*
folding table   *il tavolino pieghevole*
to follow   *seguire, segua (Lei)*
font   *la fonte*
food   *la vivanda, il mangiare, i generi alimentari, la roba da mangiare*
foot   *il piede*
foot brake   *il freno a pedale*
footnote   *la nota a piè di pagina*
fork   *la forchetta*
form   *il modulo*
format   *il formato*
to format   *formattare*
form letter   *la lettera circolare*
forward   *anteriore*
forward cabin   *la cabina anteriore*
foul   *il fallo*
fowl   *il pollame, il pollo*
fragile   *fragile*
frame   *la cornice*
free   *libero(a)*
freedom   *la libertà*
freedom of speech   *la libertà di parola*
freedom of the press   *la libertà di stampa*
freeware   *il freeware*
freeway   *l'autostrada normale*
freezer   *il congelatore, il freezer*

fresh   *fresco(a)*
very fresh   *freschissimo(a)*
Friday   *venerdì*
fried   *fritto(a)*
front   *anteriore*
in front   *davanti*
frozen   *surgelato(a)*
fruit   *la frutta*
fruit and vegetable store   *il negozio di frutta e verdure*
to fry   *friggere*
frying pan   *la padella*
full   *pieno(a), al completo*
full-coverage insurance   *l'assicurazione con copertura totale*
function keys   *i tasti di funzione*
fuse   *la valvola*
fuse box   *la scatola della valvole*

gabardine   *il gabardine*
gallbladder   *la vescichetta biliare, la cistifellea*
garbage   *l'immondizia*
garbage can   *il bidone dell'immondizia, la pattumiera*
gasoline   *la benzina*
gas pedal   *l'acceleratore*
gas range   *la cucina a gas*
gas station   *il distributore di benzina, il rifornimento*
gas tank   *il serbatoio*
gear   *la velocità*
gearshift   *il cambio di velocità*
German measles   *la rosolia*
to get   *prendere*
to get off   *scendere*
to get on   *salire in (su)*
to get out   *togliere*
to get up   *alzarsi*
to get up from the table   *alzarsi da tavola*
girl   *la ragazza*
little girl   *la bambina*
to give   *dare*
to give birth   *dare alla luce, partorire*
give me   *mi dia (formal), dammi (familiar)*
gland   *la ghiandola*
glass   *il bicchiere*
glasses   *gli occhiali*
glove compartment   *il cassetto ripostiglio*
gloves   *i guanti*
to go   *andare*
goal (soccer)   *la porta*
goalie   *il portiere*
to go around   *andare in giro*

to go camping   *fare campeggio*
to go down   *calare, scendere*
goods   *i beni*
to go to bed   *andare a letto, coricarsi*
to go to sleep   *prendere sonno*
to go to the doctor's office   *andare dal dottore*
to go up   *alzare*
government   *il governo*
to go well with   *andare bene insieme con*
to graduate   *diplomarsi* (high school),
　　　　　laurearsi (college)
to graduate with a   *laurearsi in chimica*
　major in chemistry
gram   *il grammo*
grapes   *l'uva*
graphics editor   *l'editor grafico*
grater   *la grattugia*
gravy   *il sugo*
gravy boat   *la salsiera*
grease job   *la lubrificazione*
grill   *la griglia*
grilled   *alla graticola, alla griglia*
groceries   *i generi alimentari*
grocery store   *la drogheria, il negozio di*
　　　　　alimentari
ground   *la terra*
to guard   *sorvegliare*
guests   *gli ospiti, gli invitati*
gust (blast) of wind   *una raffica di vento*

hail   *la grandine*
to hail   *grandinare*
haircut   *il taglio dei capelli*
hairdresser   *il (la) parrucchiere(a)*
hair dryer   *l'asciugacapelli*
hair oil   *la brillantina*
hair spray   *la lacca, lo spray*
half-slip   *la sottana*
hammer   *il martello*
hammock   *l'amaca*
hand brake   *il freno a mano*
handkerchief   *il fazzoletto*
handle   *il manico*
hand luggage   *il bagaglio a mano*
to hand over   *consegnare*
to hang   *appendere*
hanger   *la gruccia, la stampella*
to hang up   *riattaccare, attaccare*
don't hang up   *resti in linea, non riattacchi*
to happen   *capitare*
hard disk   *il disco rigido, disco fisso, hard disk*
hat   *il cappello*
to have   *avere*

to have a cold   *essere raffreddato(a)*
head   *il capo, la testa*
head of lettuce   *il cespo*
headache   *il mal di testa*
heading   *l'intestazione*
headlight   *il fanale*
headset (for listening to music)   *la cuffia*
　　　　　　　　　　　　stereofonica
headwaiter   *il capocameriere*
heart   *il cuore*
heart attack   *l'attacco di cuore*
heart disease   *la malattia di cuore*
heat   *il caldo, il calore*
to heat   *scaldare, scaldarsi*
heating   *il riscaldamento*
heel   *il tacco*
help   *l'ausilio*
hemorrhoids   *le emorroidi*
high   *alto(a)*
high beams   *i fari abbaglianti*
high resolution   *l'alta risoluzione*
high school   *il liceo, la scuola media superiore*
high tide   *l'alta marea*
highway entrance   *l'inizio autostrada*
hip   *il fianco, l'anca*
to hit   *battere, colpire*
hold on   *resti in linea, non riattacchi*
hole   *il buco*
hole (golf)   *la buca*
holiday   *il giorno festivo*
hood (car)   *il cofano*
homegrown   *nostrano(a)*
horn   *il clacson*
hors d'oeuvres   *l'antipasto*
hospital   *l'ospedale*
hot   *caldo(a), caloroso(a)*
hot water   *l'acqua calda*
hour   *l'ora*
per hour   *all'ora*
house of representatives   *la camera dei*
　　　　　　　　　　　　deputati
house specialty   *la specialità della casa*
housework   *la faccende domestiche, i lavori*
　　　　　　domestici
how long? (time)   *quanto tempo?*
how much?   *cosa (quanto) costa?*
how much are they?   *quanto costano?*
how much is it?   *quanto costa?*
how much time?   *quanto tempo?*
hubcap   *la borchia*
humanities   *le lettere e filosofia*
human right   *il diritto umano*
humid   *umido(a)*

to hurt   *fare male*
hypertext   *l'ipertesto*
hysterectomy   *l'isterectomia*

ignition   *l'accensione*
ignition key   *la chiave dell'accensione*
illness   *la malattia*
illuminated   *acceso(a)*
immediately   *immediatamente, subito*
imperialism   *l'imperialismo*
imperialist   *l'imperialista*
in   *dentro*
included   *incluso(a)*
income   *l'entrata, il reddito*
to increase   *aumentare*
it is incredible   *è incredibile*
indentation   *il rientro*
indicator lights   *le luci di direzione*
inexpensive   *economico(a)*
inflamed   *infiammato(a)*
influenza   *l'influenza, il flu*
to inform   *informare*
information   *le informazioni*
injection   *l'iniezione*
to input   *immettere*
input/output   *l'input/output*
inscription   *l'iscrizione*
inside   *dentro, interno(a)*
in installments   *a rate*
instead   *invece*
institute   *l'istituto*
insurance   *l'assicurazione*
insurance company   *la società di assicurazioni*
to insure   *assicurare*
interest   *l'interesse*
interest rate   *il tasso d'interesse*
interior   *interno(a)*
intermission   *l'intervallo*
intern   *il dottore interno*
international   *internazionale*
Internet   *l'Internet*
Internet café   *il punto Internet*
intersection   *l'incrocio*
interventionism   *l'interventismo*
interventionist   *l'interventista*
intestine   *l'intestino*
intravenous   *endovenoso(a)*
intravenous infusion   *la fleboclisi*
iodine   *la tintura di iodio*
iron   *il ferro da stiro*
to iron   *stirare*
ironing   *lo stiro*
ironing board   *l'asse da stiro*

isolationism   *l'isolazionismo*
isolationist   *l'isolazionista*
to issue a visa   *vistare, dare il visto*
jacket   *la giacca*
January   *gennaio*
to jolt   *sobbalzare*
juice (fruit)   *il succo*
juice (meat)   *il sugo*
in its juices   *nel suo sugo*
July   *luglio*
June   *giugno*
junior high school   *la scuola media inferiore*
junta   *la giunta*
justification (of margins,   *la giustificazione*
    columns)

to keep   *mantenere*
kettle   *il bollitore*
keyboard   *la tastiera*
to key in   *digitare*
to kick   *calciare, dare un calcio*
kidney   *il rene*
kilogram   *il chilogrammo*
kitchen   *la cucina*
kitchen closet   *la credenza, il pensile*
knapsack   *lo zaino*
knee   *il ginocchio* (pl. *le ginocchia*)
knife   *il coltello*
knocking (car)   *battendo in testa*
to know   *sapere, conoscere*
known   *conosciuto(a)*

label   *la targhetta* (for identification)
to be in labor   *essere di parto*
labor pains   *le doglie*
lace   *il merletto, il pizzo*
lamb   *l'agnello*
lamb chop   *la cotoletta d'agnello*
lamp   *la lampada*
to land   *atterrare*
landing   *l'atterraggio*
lane   *la corsia*
large   *grosso(a)*
laser printer   *la stampante laser*
to last   *durare*
late   *tardi, in ritardo*
later   *più tardi*
laundry   *il bucato*
laundry service   *il servizio guardaroba*
law   *la legge*
lead   *il piombo*

lead actor (actress)   *il (la) protagonista*
leaded (gasoline)   *con piombo*
to leak   *gocciare*
leaking   *perdendo*
to learn   *imparare*
leather   *il cuoio, la pelle*
leather sole   *la suola di cuoio*
to leave   *partire*
lecture   *la conferenza, la lezione*
left   *sinistro(a)*
Left (political orientation)   *la sinistra*
to the left   *a sinistra*
left end (soccer)   *l'ala sinistra*
leftist   *di sinistra (uomo o donna)*
left lane closed   *la strettoia a sinistra*
leg   *la gamba*
of legal age   *maggiorenne*
less   *meno*
lesson   *la lezione*
letter   *la lettera*
letter carrier   *il portalettere, il postino*
lettuce   *la lattuga*
liabilities   *le passività*
liberal   *il (la) liberale*
liberalism   *il liberalismo*
license plate   *la targa*
to lie down   *sdraiarsi*
lifeguard   *il (la) bagnino(a) per i salvataggi*
life preserver   *la cintura di salvataggio*
life vest   *il giubbotto di salvataggio*
light   *la luce*
to light   *accendere*
light blue   *celeste*
lightbulb   *la lampadina*
lighthouse   *il faro*
lightning   *il lampo*
light switch   *l'interruttore*
line   *la fila, la linea*
linesman (sports)   *il giudice di linea*
lining   *la fodera*
to listen to   *ascoltare*
lit   *acceso(a)*
to live   *abitare*
liver   *il fegato*
living room   *il salotto*
loan   *il prestito*
lobster   *l'aragosta*
local call   *la telefonata urbana (locale)*
local train   *il treno locale*
to be located   *stare*
lodged   *alloggiato(a)*
long   *lungo(a)*
long-distance call   *la telefonata interurbana*

to look for   *cercare*
lost   *perduto(a), perso(a)*
love (tennis)   *zero*
low beams   *i fari antiabbaglianti*
lower chamber   *la camera bassa*
lower house   *la camera bassa*
on a low flame   *a fuoco lento*
low tide   *la bassa marea*
lube   *la lubrificazione*
luggage   *il bagaglio*
luggage checkroom   *il bagagliaio, il deposito
                                    bagagli*
lung   *il polmone*
luxurious   *di lusso*

magazine   *la rivista*
maid   *la cameriera*
mail   *la corrispondenza, la posta*
to mail   *imbucare*
mailbox   *la cassetta postale*
main   *principale*
main dish   *il secondo piatto*
maître d'   *il capocameriere*
majority   *la maggioranza*
to make   *fare*
to make a basket (basketball)   *fare canestro
                                                   (cesto)*
to make a decision   *prendere una decisione*
to make a deposit   *fare un deposito
                                    (versamento)*
to make (score) a goal   *fare un gol, segnare un
                                         gol (una rete)*
to make a motion   *presentare una mozione*
to make a phone call   *fare una telefonata
                                       (chiamata)*
to make a stop   *fare scalo*
to make the bed   *fare il letto*
makeup   *il trucco*
manager   *il dirigente*
manicure   *il manicure*
March   *marzo*
margins   *i margini*
market   *il mercato*
marketing   *il marketing*
martial law   *la legge marziale*
Marxism   *il marxismo*
Marxist   *il (la) marxista*
match   *il fiammifero*
match (sports)   *la partita*
to match   *andare bene insieme, accoppiare*
to matriculate   *immatricolarsi, iscriversi*
mattress   *il materasso*
May   *maggio*

meal   *il pasto*
measles   *il morbillo*
to measure   *misurare*
meat   *la carne*
medical history   *l'anamnesi*
medicine   *la medicina*
medicine cabinet   *l'armadietto farmaceutico*
medium (meat)   *cotto(a) moderatamente*
large meeting   *il congresso*
to melt   *liquefare*
member of the military   *il (la) militare*
men working   *lavori*
to mend   *rammendare*
menstruation   *le mestruazioni*
mental illness   *la malattia mentale*
menu   *la lista delle vivande, il menu*
message   *il messaggio*
metal detector   *il metal detector*
mezzanine   *la galleria*
microphone   *il microfono*
microprocessor   *il microprocessore*
middle school   *la scuola media, la scuola
                       media inferiore*
midnight   *la mezzanotte*
mild   *mite*
mileage (in kilometers)   *il chilometraggio*
militarism   *il militarismo*
militarist   *il (la) militarista*
military person   *il (la) militare*
milk   *il latte*
minced   *tritato(a)*
ministry of agricultural   *il ministero delle
  policy and forestry   politiche agricole e
                                forestali*
ministry of defense   *il ministero della difesa*
ministry of economy   *il ministero
  and finance   dell'economia e finanze*
ministry of education   *il ministero della
                             pubblica istruzione*
ministry of foreign   *il ministero degli affari
  affairs (state)   esteri*
ministry of the interior   *il ministero
                               dell'interno*
ministry of justice   *il ministero di grazia e
                           giustizia*
ministry of labor and   *il ministero del lavoro e
  social policy   politiche sociali*
minority   *la minoranza*
minute   *il minuto*
mirror   *lo specchio*
to miss   *perdere*
to miss the shot (basketball)   *fallire il tiro*
mixer   *il mixer*

modem   *il modem*
modern languages   *le lingue moderne*
monarch   *il (la) monarca*
monarchist   *il (la) monarchico(a)*
monarchy   *la monarchia*
Monday   *lunedì*
money   *la banconota, il biglietto, il denaro*
money order   *il vaglia postale*
month   *il mese*
monthly payments   *i pagamenti mensili*
mop   *la scopa di cotone*
morning   *la mattina*
in the morning   *di mattina*
mortage   *l'ipoteca*
motion   *la mozione*
motorboat   *il motoscafo*
mouse (computer)   *il mouse*
mouth   *la bocca*
movie   *il film, la pellicola*
movies   *il cinema*
movie theater   *il cinema*
multiplex   *il multisale*
mumps   *gli orecchioni, la parotite*
musical   *musicale*
musical revue   *la rivista musicale*
mustache   *i baffi*

nail   *il chiodo*
nail polish   *lo smalto per le unghie*
nap   *il pisolino, il sonnellino*
napkin   *la salvietta, il tovagliolo*
narrow   *stretto(a)*
nasty weather   *il tempo brutto, il tempo
                     cattivo*
national   *nazionale*
naturally   *naturalmente*
nausea   *la nausea*
near   *vicino(a), vicino a*
necessary   *necessario(a)*
neck   *il collo*
on the neck   *sul collo*
necktie   *la cravatta*
need   *il bisogno*
to need   *avere bisogno di, occorrere
                (impersonal)*
I need   *mi occorre*
net   *la rete*
neutral (car)   *in folle*
newsgroups   *i gruppi di discussione,
                  newsgroups*
newspaper   *il giornale*
New Year   *l'Anno Nuovo*

New Year's Day   *il primo dell'anno,
         Capodanno*
New Year's Eve   *l'ultimo dell'anno, la vigilia
         di Capodanno*
night   *la notte*
at night   *di notte*
night table   *il comodino*
no passing   *divieto di sorpasso*
no standing   *divieto di sosta*
nonstop (flight)   *senza scalo*
no stopping   *divieto di fermata*
noon   *mezzogiorno*
no-smoking section   *la sezione di non fumare*
no-smoking sign (light)   *il segnale «vietato
         fumare»*
notebook   *il quaderno, il blocchetto per
         appunti*
notebook computer   *il computer notebook*
November   *novembre*
nowadays   *oggigiorno*
to nullify   *annullare*
nurse   *l'infermiere(a)*
nursery school   *l'asilo infantile*
nylon   *il nailon, il nylon*

obstetrician   *l'ostetrico(a)*
to obtain   *ottenere*
ocean swimming   *i bagni di mare*
October   *ottobre*
odometer (in kilometers)   *il contachilometri*
to offer   *offrire*
office   *l'ufficio*
oil   *l'olio*
at once   *immediatamente, subito*
once here   *una volta qui*
one-way   *direzione unica, senso unico*
only   *solamente*
open   *aperto(a)*
to open   *aprire*
to open one's mouth   *aprire la bocca*
to operate   *operare, fare un intervento
         chirurgico*
operating room   *la sala operatoria*
operating table   *il tavolo operatorio*
operation   *l'operazione*
operetta   *l'operetta*
opportunity   *l'opportunità*
opposing   *avversario(a)*
opposite   *contrario(a), opposto(a)*
opposition   *l'opposizione*
orchestra   *la platea*
orchestra seat   *la poltrona in platea*
to order   *ordinare*

to originate   *provenire*
orthopedic surgeon   *il chirurgo ortopedico*
otherwise   *altrimenti*
outdoors   *all'aperto*
out of bounds   *fuori campo*
out of order   *fuori servizio*
outlet   *la presa*
outside   *fuori*
ovary   *l'ovaia*
oven   *il forno*
overcoat   *il soprabito*
overhead compartment   *il compartimento in
         alto*
to overheat   *surriscaldarsi*
over the net   *sopra la rete*
oxygen   *l'ossigeno*
oxygen mask   *la maschera d'ossigeno*
owner   *il titolare (proprietario)*

package   *un pacchetto, un pacco*
pain   *il dolore*
painting   *il quadro*
pair   *un paio*
palmtop computer   *il computer palmare
         (palmtop)*
pan   *la padella, il tegame*
panties   *le mutandine*
pantry   *la dispensa*
pants   *i calzoni, i pantaloni*
pantsuit   *il completo pantalone*
pantyhose   *un collant*
parallel port   *la porta parallela*
parcel   *il pacco*
to pare   *sbucciare, pelare*
paring knife   *il coltello da (per) pelare
         (sbucciare), il coltello da
         frutta*
to park   *parcheggiare, posteggiare*
parking   *il posteggio, il parcheggio*
parking lights   *le luci di posizione*
partner (business)   *il socio*
partnership   *l'impresa collettiva, la società
         semplice*
party (politics)   *il partito*
to pass   *passare*
to pass the exams   *passare agli esami*
to pass a resolution   *prendere una decisione*
passbook   *il libretto*
passenger   *il (la) passeggero(a)*
passing through   *di passaggio*
passport   *il passaporto*
passport control   *il controllo del passaporto*
to pass the exams   *andare bene agli esami*

password   *la parola d'ordine, la password*
pastry   *la pasta*
pastry shop   *la pasticceria*
patient   *il (la) malato(a), il (la) paziente*
to pay   *pagare*
to pay cash   *pagare in contanti*
to pay in installments   *pagare a rate*
to pay in one lump sum   *pagare in contanti*
payment   *il pagamento*
peas   *i piselli*
pedicure   *il pedicure*
to peel   *pelare, sbucciare*
penicillin   *la penicillina*
penknife   *il coltellino, il temperino*
people   *la gente, il popolo*
pepper   *il pepe*
pepper shaker   *la pepiera*
percent   *per cento*
to perform surgery   *fare un intervento chirurgico, operare*
period (sports)   *il tempo*
period (time)   *il periodo*
peripherals   *gli accessori*
permanent (wave)   *la permanente*
personal computer   *il personal computer*
personal effects   *gli effetti personali*
person-to-person call   *la telefonata con preavviso*
pharmacy   *la farmacia*
phlegm   *il catarro*
phone book   *la guida telefonica*
phone call   *la telefonata*
phone card   *la scheda telefonica*
to pick up (receiver of phone)   *staccare*
picture   *il quadro*
picture postcard   *la cartolina illustrata*
pie   *la torta*
piece   *il pezzo*
pig   *il maiale, il suino*
pill   *la pillola*
pillow   *il guanciale*
pillowcase   *la federa*
pilot   *il (la) pilota*
PIN   *il PIN (codice segreto)*
pipes   *la tubatura*
to pitch a tent   *piantare una tenda*
place   *il luogo*
to place   *mettere*
place setting   *il coperto*
plane   *l'aereo*
by plane   *in aereo*
plate   *il piatto*
plate warmer   *lo scaldavivande*

platform (railroad)   *il binario*
to play   *giocare*
player   *il giocatore (la giocatrice)*
to play the part   *fare la parte*
pleasure trip   *un viaggio di piacere*
plenary session   *la sessione plenaria*
plug   *il tappo*
to plug   *otturare*
to plug in   *attaccare*
plumber   *l'idraulico*
plumbing   *la tubatura*
P.M.   *del pomeriggio*
pocketbook   *la borsa*
pocketknife   *il coltellino, il temperino*
point   *il punto*
pole   *il paletto*
police   *la polizia*
policy   *la polizza*
polio   *la poliomelite*
to polish   *lucidare*
political   *politico(a)*
political policy   *la politica*
political science   *le scienze politiche*
politics   *la politica*
with polka dots   *a pallini*
polyp   *il polipo*
pork   *la carne di maiale, la carne suina*
porkchop   *la cotoletta di maiale*
porter   *il facchino*
postal code   *il codice d'avviamento postale*
post office   *l'ufficio postale*
post-office box   *la casella postale*
pot (type of pan)   *la casseruola*
potato   *la patata*
potato chips   *le patatine fritte*
potato peeler   *il pelapatate*
poultry store   *la polleria*
power supply   *l'alimentatore*
power switch   *il pulsante d'accensione*
precipitation   *la precipitazione*
pregnant   *gravida, incinta*
to prescribe   *ordinare, prescrivere*
president   *il presidente (la presidentessa)*
pressure cooker   *la pentola a pressione*
price   *il prezzo*
prime minister   *il primo ministro*
to print   *stampare*
private bath   *il bagno privato*
problem   *il problema*
product   *il prodotto*
production   *il lavoro* (drama); *la produzione* (manufacturing)
profitable   *redditizio(a)*

prognosis   *la prognosi*
program   *il programma*
progressive   *il (la) progressista*
progressivism   *il progressismo*
to promise   *promettere*
to protect   *proteggere*
pulse   *il polso*
pupil   *l'alunno(a), lo (la) scolaro(a)*
to push   *spingere*
to put   *mettere*
to put on   *mettersi*
to put through (phone)   *mettere in comunicazione con*
to put up the tent   *piantare la tenda*

quorum   *il quorum*

racism   *il razzismo*
racist   *il (la) razzista*
racket   *la racchetta*
radiator   *il radiatore*
radical   *il (la) radicale*
radicalism   *il radicalismo*
radio   *la radio*
radiologist   *il (la) radiologo(a)*
radiology   *la radiologia*
rag   *lo straccio*
rain   *la pioggia*
to rain   *piovere*
raincoat   *l'impermeabile*
rainy   *piovoso(a)*
RAM memory   *la memoria RAM*
range (stove)   *la cucina*
rare (meat)   *al sangue*
too rare (meat)   *troppo al sangue*
rate   *la tariffa*
rate of exchange   *il cambio*
razor   *il rasoio*
to reach   *arrivare*
reading book   *il libro di lettura*
ready   *pronto(a)*
to be ready   *essere pronto(a)*
rear   *posteriore*
rear cabin   *la cabina posteriore*
receipt   *la ricevuta*
receiver (telephone)   *il ricevitore*
recipient   *il (la) destinatario(a)*
reclining beach chair   *la sedia a sdraio*
record   *il disco*
record player   *il giradischi*
to recover   *recuperare*
recovery room   *la sala di risveglio*
red   *rosso(a)*

reef   *lo scoglio*
referee   *l'arbitro*
referendum   *il referendum, il plebiscito*
refrigerator   *il frigorifero*
regional   *nostrano(a)*
to register   *immatricolarsi, iscriversi*
registration counter   *il banco registrazione*
registration form   *il modulo di registrazione*
regular mail   *la posta normale*
regulation   *la norma*
to reject   *respingere*
to relax   *rilassare*
religious   *religioso(a)*
to remain   *restare, rimanere, trattenersi*
to remove   *togliere*
to rent   *affittare*
to repair   *riparare*
repairs   *le riparazioni*
repair shop   *l'officina di riparazione*
representative   *il (la) deputato(a)*
reservation   *la prenotazione*
reserved   *riservato(a), prenotato(a)*
to reside   *abitare*
restaurant   *il ristorante*
results   *i risultati*
retail   *al dettaglio*
retailer   *il dettagliante*
Return key   *il tasto Return*
return receipt   *la ricevuta di ritorno*
to return the ball   *rimandare la palla*
in reverse   *in retromarcia*
to ride the waves   *fare il surfing*
right   *destro(a)*
right (prerogative)   *il diritto*
Right (political orientation)   *la destra*
rightist   *di destra (uomo o donna)*
to the right   *a destra*
rights of the people   *i diritti del popolo*
right end (soccer)   *l'ala destra*
to ring   *squillare, suonare, sonare*
road   *la strada*
to roast   *arrostire*
roasted   *arrostito(a)*
rock   *la roccia, lo scoglio*
roll   *il panino*
to roll up   *rimboccare*
room   *la camera, la stanza*
room and board   *il vitto e alloggio*
room service   *il servizio di camera*
room with two beds   *una camera a due letti*
rope   *la corda, la fune*
rough (sea)   *agitato, grosso, mosso*
round trip   *viaggio di andata e ritorno*

route of flight   *la rotta di volo*
row   *la fila*
rubber   *la gomma*
rubber sole   *la suola di gomma*
rug   *il tappeto*
rule   *la norma*
rush hour   *l'ora di punta*

sack   *il sacchetto*
safety   *la sicurezza*
safety belt   *la cintura di sicurezza*
sailboat   *la barca a vela*
saint's day   *l'onomastico*
salad   *l'insalata*
salad bowl   *l'insalatiera*
sales clerk   *il (la) commesso(a)*
salesperson (in a shop)   *il (la) commesso(a)*
salt   *il sale*
salt shaker   *la saliera*
salty   *salato(a)*
same   *medesimo(a)*
sample   *il campione*
sand   *la rena, la sabbia*
sandal   *il sandalo*
Saturday   *sabato*
sauce   *la salsa*
saucer   *il piattino*
sausage   *la salsiccia*
to sauté   *rosolare*
to save   *risparmiare, salvare* (word
          processing)
savings account   *il libretto di risparmio*
scale   *la bilancia, la pesa*
scanner   *lo scanner*
scarf   *la sciarpa*
scattered   *sparso(a)*
scene   *la scena*
schedule   *l'orario*
scholarship   *la borsa di studio*
schoolbag   *la cartella*
scissors   *le forbici*
score   *il punteggio*
to score a goal   *segnare un gol (una rete)*
to score a point   *fare un punto*
scoreboard   *il tabellone*
scorekeeper   *il segnapunti*
screen   *lo schermo*
to scrub   *pulire*
sea   *il mare*
seat   *il posto, il sedile, la poltrona*
seat back   *lo schienale del sedile*
seated   *seduto(a)*
second   *il secondo, secondo(a)*

to second the motion   *appoggiare la mozione*
second-tier box   *il palco di second'ordine*
secular   *laico(a)*
sedative   *il sedativo, sedativo(a)*
seller   *il venditore*
senate   *il senato, la camera alta*
senator   *il senatore (la senatrice)*
to send   *inviare, mandare, spedire*
sender   *il (la) mittente*
separatism   *il separatismo*
separatist   *il (la) separatista*
September   *settembre*
serial port   *la porta seriale*
serum   *il siero*
to serve   *servire*
server (sports)   *il battitore*
to serve the ball   *servire la palla*
service   *il servizio*
service charge   *il servizio*
serving platter   *il piatto di portata*
set (tennis)   *la partita*
to set (a time)   *fissare*
to set the alarm clock   *regolare la sveglia*
to set the bone   *ridurre la frattura*
to set the table   *apparecchiare la tavola*
setting   *la messa in piega* (of hair);
          l'impostazione (computer)
to sew   *cucire*
to sew again   *ricucire*
to sew on a button   *attaccare un bottone*
shampoo   *lo sciampo, la lavatura dei capelli*
to shave (oneself)   *radersi, fare la barba*
shaving soap   *il sapone da barba*
sheet   *il lenzuolo* (pl. *le lenzuola*)
shellfish   *i frutti di mare*
to shine   *brillare, lucidare*
shirt   *la camicia*
shoe   *la scarpa*
shoelaces   *i lacci*
shoe polish   *il lucido per le scarpe*
to shoot   *tirare*
to shoot (a film)   *girare*
shopping bag   *la sporta*
shopping basket   *la sporta*
shore   *il lido*
short   *corto(a)*
too short   *troppo corto(a)*
to shorten   *accorciare*
shoulder   *la spalla*
show   *lo spettacolo*
shower   *la doccia*
shower (rain)   *lo pioggia, l'acquazzone*
shower cap   *la cuffia per la doccia*

to shrink   *restringere*
sick   *malato(a)*
sick person   *il (la) malato(a)*
sideboard   *il buffet, la credenza*
sideburns   *le basette*
on the sides   *ai lati*
sign   *l'iscrizione*
to sign   *firmare*
silk   *la seta*
Sim card   *la scheda Sim*
since   *dato che, poiché*
single room   *la camera singola, la camera a un letto*
singles (tennis)   *un (incontro) singola*
sink (bathroom)   *il lavandino*
sink (kitchen)   *l'acquaio, il lavello*
size (for dreses, coats)   *la taglia, la misura*
to ski   *sciare*
skillet   *la padella*
skipping (car)   *perdendo colpi*
skirt   *la gonna*
slacks   *i pantaloni*
to slam   *sbattere*
to sleep   *dormire*
sleeping bag   *il sacco a pelo*
sleeping car   *il vagone letto*
sleeve   *la manica*
slice   *la fetta*
slip   *il sottabito, la sottoveste*
slippers   *le pantofole*
slippery road   *la strada sdrucciolevole*
slot   *la fessura del (per il) gettone*
small change   *gli spiccioli*
to smoke   *fumare*
smoked   *affumicato(a)*
smoking   *fumare*
sneakers   *le scarpe da tennis*
snow   *la neve*
to snow   *nevicare*
snowfall   *la nevicata*
snowstorm   *la tempesta di neve, la tormenta*
soap   *il sapone*
soap dish   *il portasapone*
soap powder   *il sapone in polvere*
soccer   *il calcio*
soccer ball   *il pallone*
soccer championship   *lo scudetto*
soccer field   *il campo di calcio, lo stadio*
socialism   *il socialismo*
socialist   *il (la) socialista*
socket   *la presa*
socks   *i calzini*
sodium pentothal   *il pentotal di sodio*

sofa   *il divano, il sofà*
sold out   *tutto esaurito*
sole (fish)   *la sogliola*
some   *alcuni, alcune*
something   *qualcosa*
so much   *un tanto*
as soon as   *appena*
sore throat   *il mal di gola*
to sound the horn   *suonare il clacson*
soup   *la minestra*
soup spoon   *il cucchiaio*
soup tureen   *la zuppiera*
spare   *di ricambio*
spare parts   *i pezzi di ricambio*
sparkplugs   *le candele*
to speak   *parlare*
to specialize   *specializzarsi*
specialty of the day   *il menu del giorno*
specifications   *le specifiche*
spectator   *lo spettatore (la spettatrice)*
speed   *la velocità*
speed limit   *il limite di velocità*
speedometer   *il tachimetro*
spell-checker   *il correttore ortografico*
to spend the summer   *trascorrere l'estate*
spike   *il chiodo*
to spill   *rovesciare*
spinach   *gli spinaci*
sponge   *la spugna*
small sponge   *la spugnetta*
sport   *lo sport*
spot   *la macchia*
to sprain   *slogarsi*
to sprain one's ankle   *slogarsi una caviglia*
spreadsheet   *il foglio elettronico*
spring   *la primavera*
stadium   *lo stadio*
stage   *il palcoscenico*
stage box   *il palco di proscenio*
stain   *la macchia*
to stall (engine)   *arrestarsi*
stamp   *il francobollo*
stamped postcard   *la cartolina postale*
to stamp (one's feet)   *battere*
to stamp one's feet   *battere i piedi sul pavimento*
starch   *l'amido*
to start   *cominciare, incominciare, iniziare, mettere in moto*
starter   *l'accensione, il motorino d'avviamento*
statement (financial)   *il rendiconto*
station   *la stazione, la stazione d'imbarco*
to stay   *restare, stare, trattenersi*

staying   *alloggiato(a)*

steak   *la bistecca*

steamed   *cotto(a) con il vapore*

steering wheel   *il volante*

stem glass   *il bicchiere a calice*

stereophonic music   *la musica stereofonica*

stethoscope   *lo stetoscopio*

stewed   *in umido*

stick   *il bastone*

stitch   *il punto*

to stitch   *dare i punti*

stock   *l'azione*

stockholder   *l'azionista*

stockings   *le calze*

stock market   *il mercato azionario*

stomach   *lo stomaco*

stop   *la fermata*

to stop   *fermare, fermarsi, parare, smettere*

stoplight   *il semaforo*

stopper   *il tappo*

storm   *il temporale*

stormy   *tempestoso(a)*

story   *la storiella*

stove   *la cucina*

straight   *dritto(a)*

to strain   *colare*

strainer   *il colino, il passino*

street   *la strada, la via*

stretcher   *la barella, la lettiga*

to strike   *battere, colpire*

string beans   *i fagiolini*

striped   *rigato(a), a righe*

to strip to the waist   *spogliarsi fino alla cintola*

strong   *forte*

student   *lo (la) scolaro(a), lo studente
            (la studentessa)*

student's desk   *il banco*

subject   *la materia*

subject of specialization   *la materia di
                        specializzazione*

sudden   *improvviso(a)*

suddenly   *all'improvviso*

suede   *la pelle scamosciata*

suffered   *sofferto(a)*

sugar   *lo zucchero*

sugar bowl   *la zuccheriera*

to suggest   *consigliare*

suit   *l'abito completo (da uomo o da donna)*

suitcase   *la valigia*

small suitcase   *la valigetta*

suits   *i vestiti*

sultry (weather)   *afoso(a), soffocante*

summer   *l'estate*

summer vacation   *la villeggiatura*

sun   *il sole*

to sunbathe   *prendere il sole*

Sunday   *domenica*

sunglasses   *gli occhiali da sole*

sunny   *di sole, soleggiato(a)*

sunset   *il tramonto*

suntan   *l'abbronzatura, la tintarella*

suntan lotion   *la lozione abbronzante*

supermarket   *il supermercato*

supper   *la cena*

supply   *l'offerta*

to support the motion   *appoggiare la
                        mozione*

to surf   *fare il surfing*

surfboard   *la tavola da surfing*

surgeon   *il chirurgo*

surgery   *l'intervento chirurgico*

to suture   *dare i punti*

sweater   *il golf, la maglia, il maglione*

to sweep (with a broom)   *scopare*

to sweep the floor   *spazzare il pavimento*

to swim   *nuotare*

to swim in the ocean   *fare i bagni di mare*

swimming pool   *la piscina*

switchboard   *il centralino*

swollen   *ingrossato(a)*

symptom   *il sintomo*

synthetic   *sintetico(a)*

system   *il sistema*

table   *il tavolino, il tavolo, la tavola*

tablecloth   *la tovaglia*

tablespoon   *il cucchiaio*

tag   *la targhetta* (for identification)

tailor   *il (la) sarto(a)*

take-off (plane)   *il decollo*

to take   *prendere*

to take (an examination)   *sostenere*

to take (time)   *impiegare*

to take back   *ritirare*

to take a bath   *fare il bagno*

to take into consideration   *prendere in
                        considerazione*

to take measurements   *prendere le misure*

to take notes   *prendere appunti*

to take off (plane)   *decollare*

to take out   *togliere, ritirare*

to take a shower   *fare la doccia*

to talk   *parlare*

tall   *alto(a)*

tan (color)   *avana*

tanned   *abbronzato(a)*

tape　　*il nastro (magnetico)*
tariff　　*la tariffa*
taxable　　*imponibile*
taxes　　*le tasse*
taxi　　*il tassì, il taxi*
to teach　　*insegnare*
teacher (secondary school or university)
　il professore (la professoressa)
team　　*la squadra*
teaspoon　　*il cucchiaino*
technical support　　*l'assistenza tecnica*
telephone　　*il telefono*
to telephone　　*telefonare, chiamare al telefono*
telephone booth　　*la cabina telefonica*
telephone call　　*la telefonata, la chiamata
　　　　　　　telefonica*
telephone number　　*il numero del telefono*
telephone operator　　*il (la) telefonista, il (la)
　　　　　　　centralinista*
television　　*la televisione*
television set　　*il televisore*
teller　　*il (la) cassiere(a)*
teller's window　　*lo sportello*
temperature　　*la temperatura*
template　　*il modello*
tennis　　*il tennis*
tennis court　　*il campo da tennis*
tennis shoes　　*le scarpe da tennis*
tent　　*la tenda (da campo)*
terminal　　*la stazione, la stazione d'imbarco*
to terminate　　*terminare*
terrorism　　*il terrorismo*
terrorist　　*il (la) terrorista*
tetanus　　*il tetano*
textbook　　*il libro di testo*
that　　*ciò*
theater　　*il teatro*
there　　*lì*
there are　　*ci sono*
there is　　*c'è*
thermos　　*il termos*
thesaurus　　*il dizionario dei sinonimi*
thigh　　*la coscia*
third-tier box　　*il palco di terz'ordine*
this　　*ciò*
throat　　*la gola*
to throw　　*tirare*
to throw away　　*buttare via*
thunder　　*il tuono*
to thunder　　*tuonare*
thunderstorm　　*il temporale*
Thursday　　*giovedì*
ticket　　*il biglietto*

ticket window (airport, bus,　　*lo sportello*
　train station)
ticket window (movie, theater)　　*il botteghino*
to tidy up　　*rimettere in ordine*
to tie　　*legare*
tied　　*pari*
tight　　*stretto(a)*
small tile　　*il mosaico*
tiles　　*le mattonelle*
time　　*il tempo*
on time　　*a (in) tempo, in orario*
timetable　　*l'orario*
tint　　*la tintura*
tip　　*la mancia*
tire　　*la gomma, il pneumatico*
tobacco　　*il tabacco*
today　　*oggi*
toe　　*il dito (del piede)*
toilet　　*il gabinetto, il water*
toilet paper　　*la carta igienica*
token　　*il gettone*
to tolerate　　*tollerare*
toll　　*il pedaggio*
tollbooth　　*il casello autostradale*
toll call　　*la telefonata interurbana*
toll-free number　　*il numero verde*
tomato　　*il pomodoro*
tomato sauce　　*la salsa di pomodoro*
tomorrow　　*domani*
tomorrow morning　　*domani mattina*
tonight　　*questa sera, stasera*
tonsils　　*le tonsille*
too　　*pure, anche, troppo*
too much　　*troppo*
toothbrush　　*lo spazzolino da denti*
toothpaste　　*il dentifricio, la pasta dentifricia*
top　　*la cima*
on top　　*sopra*
top balcony　　*il loggione*
total　　*il totale*
too tough　　*troppo duro(a)*
tourist card　　*la carta di turista*
tourist class　　*la classe turistica*
tournament　　*il torneo*
to tow　　*rimorchiare*
towel　　*l'asciugamano*
towel rack　　*il portasciugamano*
tow truck　　*il carro attrezzi*
track　　*il binario*
to trade　　*scambiare*
traffic　　*il traffico, il transito*
traffic light　　*il semaforo*
tragedy　　*la tragedia*

trailer   *la roulotte*

train   *il treno*

train station   *la stazione ferroviaria*

tranquilizer   *il calmante*

transit   *il transito*

traveler   *il viaggiatore (la viaggiatrice)*

traveler's checks   *gli assegni turistici*

tray   *il vassoio*

trim (hair)   *una spuntata, una spuntatina*

trousers   *i calzoni, i pantaloni*

trunk (car)   *il bagagliaio*

to try   *provare*

tuberculosis   *la tubercolosi*

Tuesday   *martedì*

tuna   *il tonno*

tune-up   *una messa a punto*

to turn   *girare*

to turn around   *tornare indietro, voltarsi*

to turn on the light   *accendere la luce*

to turn out (off) the light   *spegnere la luce*

turnpike   *l'autostrada a pedaggio*

twins   *i gemelli*

type   *il tipo*

typhoid fever   *il tifo*

ulcer   *l'ulcera*

unauthorized   *non autorizzato(a)*

under   *sotto*

underpants   *le mutandine*

undershirt   *la maglietta*

undertow   *la controcorrente*

underwear   *la biancheria intima*

to undress oneself   *spogliarsi*

unexpected turbulence   *la turbolenza inaspettata*

unicameral   *unicamerale*

uniform   *la divisa, l'uniforme*

university   *l'università*

unleaded (gasoline)   *senza piombo*

unstable   *incerto(a), instabile*

unstitched   *scucito(a)*

upper chamber   *la camera alta*

upper house   *la camera alta*

uprising   *la sommossa*

urine   *l'urina*

to use   *usare*

usher   *la maschera (f. la mascherina)*

U-turn   *l'inversione di marcia*

to vacate   *lasciare libero(a)*

vacation   *la vacanza, la villeggiatura*

vacuum cleaner   *l'aspirapolvere*

to vacuum-clean   *usare l'aspirapolvere*

variable   *variabile*

vaudeville   *il varietà*

veal   *la carne di vitello, vitello*

veal cutlet   *la cotoletta di vitello*

vegetables   *i legumi, i vegetali, le verdure*

veneral disease   *la malattia venerea*

venetian blinds   *le veneziane*

to vibrate   *vibrare*

vibrating   *vibrando*

village   *il paese, il villaggio*

visa   *il visto*

volleyball   *la palla a volo*

voltage   *il voltaggio*

vomit   *il vomito*

to vomit   *vomitare*

vote   *il voto*

to vote   *votare*

vote of confidence   *il voto di fiducia*

voting right   *il diritto al voto*

waiter   *il cameriere*

waiting room   *la sala d'aspetto*

waitress   *la cameriera*

to walk   *camminare, andare a piedi*

to walk along the beach   *camminare lungo la spiaggia*

wall closet   *l'armadio a muro*

wall-to-wall carpet   *la moquette*

warm   *caldo(a), caloroso(a)*

to wash   *lavare*

washcloth   *il panno di spugna*

to wash oneself   *lavarsi*

to wash one's hair   *lavarsi i capelli*

washing machine   *la lavatrice*

to watch   *guardare, sorvegliare*

water   *l'acqua*

waterskis   *gl'idroscì, gli sci d'acqua*

to waterski   *fare lo sci acquatico*

waterskiing   *lo sci acquatico*

wave   *l'onda*

waving (of hair)   *la messa in piega*

to wear   *portare*

weather   *il tempo*

weather forecast   *il bollettino meteorologico, le previsioni del tempo*

website   *il sito web*

Wednesday   *mercoledì*

week   *la settimana*

by the week   *per settimana, alla settimana*

weekday   *il giorno feriale*

weekend   *il fine settimana*

to weigh   *pesare*

to welcome   *dare il benvenuto*

well-done (meat, food)　*ben cotto(a)*
too well-done (meat)　*troppo cotto(a)*
to be well-informed　*essere al corrente*
well-known　*conosciuto(a)*
what do you suggest?　*cosa ci consiglia?*
what luck!　*che fortuna!*
wheel　*la ruota*
wheelchair　*la carrozzella, la sedia a rotelle*
when　*quando*
by when?　*per quando?*
whiskey　*il whisky*
whistle　*il fischio, il fischietto*
to whistle　*fischiare*
white　*bianco(a)*
wholesale　*all'ingrosso*
wholesaler　*il grossista*
who's calling?　*chi parla?*
wide　*largo(a)*
to win　*vincere*
wind　*il vento*
window　*la finestra, lo sportello*
windshield　*il parabrezza*
windshield wiper　*il tergicristallo*
windstorm　*la tempesta di vento*
wine　*il vino*
wine list　*la lista dei vini*
wing　*l'ala*
winter　*l'inverno*
to withdraw　*ritirare, prelevare*
without　*senza*

wool　*la lana*
word processor　*l'elaboratore di testi*
work　*il lavoro*
world cup　*il campionato del mondo*
doesn't work　*non funziona*
workday　*la giornata lavorativa*
worried　*preoccupato(a)*
worsted wool　*la lana pettinata*
wound　*la ferita*
to wrap　*incartare*
to wrinkle　*sgualcirsi*
wrinkle-resistant　*ingualcibile, resistente alle pieghe*
wrist　*il polso*
to write　*scrivere*
wrong number　*il numero sbagliato*

x-ray　*la radiografia*

year　*l'anno*
a year ago　*un anno fa*
next year　*l'anno prossimo, l'anno che viene*
last year　*l'anno scorso (passato)*
yellow fever　*la febbre gialla*
yesterday　*ieri*
to yield　*dare la precedenza*

zero　*lo zero*
zipper　*la chiusura lampo*
zone　*la zona*

Glossary: Italian–English
Glossario: Italiano–Inglese

abbronzato(a)   tanned
l'abbronzatura   suntan
abitare   to live, to reside
l'abito completo (da uomo o da donna)   suit
accampare   to camp
l'accappatoio   bathrobe
accedere   to access
l'acceleratore   accelerator, gas pedal
accendere   to light
accendere la luce   to turn on the light
l'accensione   ignition, starter
acceso(a)   lit, illuminated
gli accessori   peripherals
accompagnare   to accompany
accorciare   to shorten
l'account   account
l'acqua   water
l'acqua calda   hot water
l'acquaio   sink (kitchen)
l'acqua potabile   drinking water
l'acquazzone   shower (rain)
acquistare   to buy
l'addebito   charge
l'addome   abdomen
addormentarsi   to fall asleep
l'aereo   plane
in aereo   by plane
l'aeroporto   airport
per affari   on business
affittare   to rent
affumicato(a)   smoked
afoso(a)   sultry
agganciare   to fasten
agitato(a)   rough, choppy (sea)
l'agnello   lamb
agosto   August
ahimè!   alas!
l'ala   wing
l'ala destra   right end (soccer)
l'ala sinistra   left end (soccer)
l'alba   dawn
alcuni   some, a few
l'alimentatore   power supply
l'allegato   attachment (e-mail)
l'allergia   allergy
allergico(a)   allergic
all'estero   abroad

allineare   to align
alloggiato(a)   lodged, staying
l'alta marea   high tide
l'alta risoluzione   high resolution
alternativamente   alternatively
l'altitudine   altitude
alto(a)   tall, high
altrimenti   otherwise
l'alunno(a)   pupil
alzare   to go up, to raise
alzarsi   to get up
alzarsi da tavola   to get up from the table
l'amaca   hammock
l'ambulanza   ambulance
l'amido   starch
l'amministratore   administrator
l'analisi   analysis
l'anamnesi   medical history
l'anca   hip
anche   also
andare   to go
andare a letto   to go to bed
andare a piedi   to walk
andare bene agli esami   to pass the exams
andare bene insieme con   to match, to go well with
andare dal dottore   to go to the doctor's office
andare in giro   to go around
andare male agli esami   to fail
di andata   one-way
di andata e ritorno   round-trip
l'anestesia   anesthesia
l'anestesista   anesthetist
d'angolo   in the corner
l'angolo   corner
l'anno   year
un anno fa   a year ago
l'Anno Nuovo   New Year
l'anno prossimo (che viene)   next year
l'anno scorso (passato)   last year
annullare   to nullify
annuvolato(a)   cloudy
anteriore   front, forward
l'antibiotico   antibiotic
l'anticipo   down payment
l'anticlericale   anticlerical person
l'anticlericalismo   anticlericalism

l'antipasto appetizer, hors d'oeuvres
l'aperitivo aperitif, cocktail
aperto(a) open
all'aperto outdoors
apparecchiare la tavola to set the table
appena as soon as
appendere to hang
l'appendice appendix
l'appendicite appendicitis
applaudire to applaud
le applicazioni applications (software)
appoggiare la to second, to support the
  mozione motion
approssimativo(a) approximate
approvare to approve, to accept
l'apribottiglia bottle opener
aprile April
aprire to open
aprire la bocca to open one's mouth
l'apriscatola can opener
l'aragosta lobster
l'arbitro referee
l'aria condizionata air conditioning
l'armadietto farmaceutico medicine cabinet
l'armadio closet
l'armadio a muro wall closet
arrestarsi to stall (engine)
arrivare to arrive, to reach
l'arrivo arrival
arrostire to roast
arrostito(a) roasted
l'artrite arthritis
l'asciugacapelli hair dryer
l'asciugamano towel
asciugarsi to dry oneself
ascoltare to listen to
l'asilo infantile nursery school
l'asma asthma
l'aspirapolvere vacuum cleaner
l'asse da stiro ironing board
gli assegni turistici traveler's checks
l'assemblea assembly
assicurare to insure
l'assicurazione insurance
l'assicurazione con full-coverage insurance
  copertura totale
l'assistente di volo flight attendant
l'assistenza tecnica technical support
attaccare to hang up, to plug in
attaccare un bottone to sew on a button
l'attacco attack
l'attacco di cuore heart attack
l'atterraggio landing

atterrare to land
le attività assets
l'atto act
l'attore actor
l'attraversamento pedonale crosswalk
l'attrice actress
l'aula classroom
aumentare to increase
l'ausilio help
l'auto car, auto
l'autobus bus
l'autocaravan camper
l'autofficina car-repair garage
l'automobile car, automobile
l'autoriparazione car repairs
l'autostrada a pedaggio turnpike
l'autostrada normale freeway
l'autunno autumn
avana tan (color)
avanti! come in!
avere to have
aver(e) bisogno di to need
aver(e) caldo to be hot
aver(e) colpa to be at fault, to be guilty
aver(e) coraggio to be brave
aver(e) fame to be hungry
aver(e) freddo to be cold
aver(e) paura to be afraid
aver(e) ragione to be right
aver(e) sete to be thirsty
aver(e) sonno to be sleepy
aver(e) torto to be wrong
aver(e) vergogna to be ashamed
avversario(a) opposing
l'azione stock
l'azionista stockholder

il backup backup
i baffi mustache
il bagagliaio trunk (car), luggage checkroom
il bagaglio luggage
il bagaglio a mano hand luggage, carry-on
                    luggage
i bagni di mare ocean swimming
il (la) bagnino(a) per i salvataggi lifeguard
il bagno bathroom, bath
il bagno privato private bath
il balcone balcony
il (la) bambino(a) little boy, little girl, child,
                  baby
la banca bank
la bancarotta bankruptcy
il banco counter, student's desk, school desk

il Bancomat   ATM machine
la banconota   bill, money
il banco registrazione   registration counter
il barattolo   can
la barba   beard
il barbiere   barber
la barbieria   barber shop
la barca a vela   sailboat
la barella   stretcher
le basette   sideburns
la bassa marea   low tide
il bastone   stick
battendo in testa   knocking (car)
battere   to beat, to hit, to strike, to clap, to stamp (one's feet)
battere i piedi sul pavimento   to stamp one's feet
la batteria   battery
il battitore   server (sports)
la benda   bandage
bendare   to bandage, to dress
i beni   goods
la benzina   gasoline
la biancheria intima   underwear
bianco(a)   white
bicamerale   bicameral (two-house)
il bicchiere   glass
il bicchiere a calice   stem glass
il bidone dell'immondizia   garbage can
il biglietto   ticket, bill, money, bank note
i biglietti di grosso taglio   bills of high denominations (big bills)
i biglietti di piccolo taglio   bills of low denominations
la bilancia   scale
il bilancio patrimoniale   balance sheet
il binario   platform, track
il biscotto   cookie
il bisogno   need
la bistecca   steak
il blocchetto per appunti   notebook
i blue jeans   blue jeans
la bocca   mouth
il bollettino meteorologico   weather forecast
bollire   to boil
il bollitore   kettle
la borchia   hubcap
la borsa   pocketbook
la borsa di studio   scholarship
il botteghino   ticket window, box office
la bottiglia   bottle
il bottone   button

il braccio (pl. *le braccia*)   arm
brevemente   briefly
la brillantina   hair oil
brillare   to shine
il brivido   chill
bruciato(a)   burned
la buca   hole (golf)
il bucato   laundry
il buco   hole
il buffet   buffet, sideboard
il burro   butter
la busta   envelope
il busto   corset, bustier
buttar via   to throw away

la cabina   cabin
la cabina anteriore   forward cabin
la cabina di pilotaggio   cockpit
la cabina posteriore   rear cabin
la cabina telefonica   telephone booth
cadere   to fall, to drop
la caffettiera   coffeepot
calare   to go down
calciare   to kick
il calcio   soccer
il caldo   heat
caldo(a)   warm, hot
il calmante   tranquilizer
calmo(a)   calm
il calore   heat
le calze   stockings
i calzini   socks
i calzoni   trousers, pants
il cambiamento   change
cambiare   to change, to exchange, to cash
cambiare aereo   to change planes
cambiare un assegno   to cash a check
cambiare treno   to change trains
il cambio   rate of exchange, change, coins
il cambio di velocità   gearshift
la camera   room
la camera alta   upper house, senate, upper chamber
la camera bassa   lower house, lower chamber
la camera dei deputati   chamber of deputies, house of representatives
la camera doppia   double room
la camera a due letti   room with two beds
la camera da letto   bedroom
la camera a un letto   single room
la camera singola   single room
la cameriera   maid, waitress
il cameriere   waiter

la camicetta   blouse
la camicia   shirt
il caminetto   fireplace
camminare   to walk
camminare lungo la spiaggia   to walk along the beach
il campeggio   camping, campground
il camper   camper
il campionato del mondo   world cup
il campione   sample
il campo   court, field
il campo da tennis   tennis court
il campo di calcio   soccer field
il canale   channel
il cancro   cancer
il candelabro   candelabra
le candele   sparkplugs, candles
i cani addestrati al rilevamento degli esplosivi (anti-esplosivi)   bomb-sniffing dogs
i cani antidroga   drug-sniffing dogs
il capanno   cabana, cabin
la caparra   down payment
il capitano   captain
capitare   to happen
il capo   head, chief, boss
il capocameriere   headwaiter, maître d'
il Capodanno   New Year's Day
il cappello   hat
il cappello da spiaggia   beach hat
il cappotto   coat
i caratteri ASCII   ASCII characters
la carne   meat
la carne di maiale   pork
la carne di manzo   beef
la carne suina   pork
caro(a)   expensive
la carota   carrot
il carrello   cart
il carro attrezzi   tow truck
la carrozzella   wheelchair
la carta bancaria   bank card
la carta di credito   credit card
la carta d'imbarco   boarding card, boarding pass
la carta di turista   tourist card
la carta igienica   toilet paper
la cartella   bookbag, schoolbag, folder
la cartolina illustrata   picture postcard
la cartolina postale   stamped postcard
la casella postale   post-office box
la casella postale elettronica   electronic mailbox

il casello autostradale   tollbooth
in caso di   in case of
la cassa   cashier's window, cashier's counter
la casseruola   casserole, (type of) pot
la cassetta farmaceutica d'urgenza   first-aid kit
la cassetta postale   mailbox
il cassetto   drawer
il cassetto ripostiglio   glove compartment
il cassettone   bureau, chest of drawers
il (la) cassiere(a)   cashier, teller
il catarro   phlegm, congestion
le cateratte (le cataratte)   cataracts
il catino   basin (portable)
cattivo(a)   bad
il cavatappi   corkscrew
la caviglia   ankle
il cavo   cable
c'è   there is
celeste   light blue, baby blue
la cena   supper
centigrado   centigrade
il (la) centralinista   telephone operator
il centralino   switchboard
il centro urbano   downtown
cercare   to look for
certamente   certainly
il cespo   head (of lettuce)
chattare   to chat (on-line)
che fortuna!   what luck!
chiamare   to call
chiamare al telefono   to call up, to telephone
la chiamata telefonica   telephone call
chiaro(a)   clear
la chiave dell'accensione   ignition key
il chilogrammo   kilogram
il chilometraggio   mileage (in kilometers)
la chimica   chemistry
il chiodo   spike, nail
chi parla?   who's calling?
il chirurgo   surgeon
il chirurgo ortopedico   orthopedic surgeon
chiuso per ferie   closed for summer vacation
la chiusura lampo   zipper
la ciliegia (pl. le ciliegie)   cherry
la cima   top
il cinema   movies, movie theater
la cinta   belt
la cintura   belt
la cintura di salvataggio   life preserver
la cintura di sicurezza   safety belt
ciò   this, that
la cisti   cyst
la cistifellea   gallbladder

il (la) cittadino(a)   citizen
il clacson   horn
la classe   classroom, class
la classe economica   economy class
la classe turistica   tourist class
il codice d'avviamento postale   postal code
il codice segreto   PIN
il cofano   hood (car)
il colapasta   colander
colare   to strain
il colino   strainer
il collant   pantyhose
collegare   to connect
il collegio   boarding school
il collo   neck
sul collo   on the neck
il colon   colon
il colore   color
colpire   to hit, to strike
il coltellino   pocket knife
il coltello   knife
il coltello da pelare   paring knife
cominciare   to begin, to start
la commedia   comedy
commerciale   commercial, business-related
il commercio   business, commerce
il (la) commesso(a)   salesperson
(in a shop),
sales clerk
la commissione   commission, charge
il comodino   night table
comodo(a)   convenient
la compagnia aerea   airline
la compagnia di aviazione   airline
il compartimento   compartment
il compartimento in alto   overhead
compartment
il compleanno   birthday
completare   to fill out, to complete
al completo   full
il completo pantalone   pantsuit
il compratore   buyer
la compressione dei dati   data compression
il computer   computer
il computer desktop   desktop computer
  (da scrivania)
il computer notebook   notebook computer
il computer palmare   palmtop computer
il comunismo   communism
il (la) comunista   communist
la conferenza   lecture
la conferma   confirmation (reservation)
il congelatore   freezer

il congresso   large meeting, convention,
House of Representatives (U.S.)
conosciuto(a)   known, well-known
consegnare   to hand over
conseguire   to achieve, to attain
il conservatore (la conservatrice)   conservative
il conservatorismo   conservatism
consigliare   to suggest
il consiglio dei ministri   cabinet
il consiglio di amministrazione   board of
directors
il consumatore   consumer
il contabile   accountant
la contabilità   accounting
il contachilometri   odometer (in kilometers)
in contanti   (in) cash
il conto   bill, check, account
il conto corrente   checking account
contrario(a)   opposite, contrary
contrarre   to contract
il contratto   contract
contro   against
la controcorrente   undertow
controllare   to check, to examine
il controllo del passaporto   passport control
il controllore   conductor
conversare   to chat
la coperta   blanket
il coperto   place setting
coperto(a)   covered
il coprifuoco   curfew
il copriletto   bedspread
la corda   cord, rope
coricarsi   to go to bed
la cornice   frame
correggere   to correct
la corrente   current
il correttore ortografico   spell-checker
la correzione   correction
il corridoio   aisle
la corrispondenza   mail
la corsia   lane, aisle
il corso di studi   course of study, curriculum
corto(a)   short
cosa ci consiglia?   what do you suggest?
cosa costa?   how much?
la coscia   thigh
costare   to cost
costipato(a)   constipated
la costituzione   constitution
il costo   cost
il costume da bagno   bathing suit
la cotoletta   chop, cutlet

la cotoletta d'agnello   lamb chop
la cotoletta di maiale   pork chop
la cotoletta di vitello   veal chop
il cotone   cotton
il cotone ritorto   denim
cotto(a) moderatamente   medium (meat)
ben cotto(a)   well-done
cotto(a) con il vapore   steamed
la cravatta   necktie
la credenza   kitchen closet, cupboard, buffet,
          cabinet, sideboard
il cruscotto   dashboard
il cucchiaino   teaspoon
il cucchiaio   soup spoon, tablespoon
la cucina   kitchen, stove, range, cuisine
la cucina a gas   gas range
la cucina elettrica   electric range
cucinare   to cook
cucire   to sew
la cuffia per la doccia   shower cap
la cuffia stereofonica   headset
cuocere   to cook
il cuoio   leather
il cuore   heart
curare   to cure

dare   to give
dare alla luce   to give birth
dare il benvenuto (a bordo)   to welcome
          (aboard)
dare un calcio   to kick
dare la precedenza   to yield
dare i punti   to stitch, to suture
dare il visto   to issue a visa
la data   date
la data di scadenza   due date
dato che   since
davanti   in front
decidere   to decide
la decisione   decision
decollare   to take off (plane)
il decollo   takeoff
deliberare   to deliberate, to discuss
il (la) democratico(a)   democrat
la democrazia   democracy
il denaro   money
il denaro liquido   cash
il denaro in contanti   cash
il dentifricio   toothpaste
dentro   in, inside
depositare   to deposit (money into an
          account), to check (luggage)
il deposito   deposit

il deposito bagagli   luggage checkroom
il (la) deputato(a)   deputy, representative
il (la) destinatario(a)   recipient
la destinazione   destination
con destinazione   bound for
la destra   Right (political orientation)
a destra   to the right
di destra (uomo o donna)   rightist
destro(a)   right
il dettagliante   retailer
al dettaglio   retail
il diabete   diabetes
diagnosticare   to diagnose
la diarrea   diarrhea
dicembre   December
dichiarare   to declare
la dichiarazione di (per la)   customs
     dogana   declaration
didietro   back, behind
dietro   in the back, behind
difendere   to defend
il difensore   defender
digitare   to enter (keyboard), to key in
diminuire   to decrease
la directory   directory (computer)
direttamente   directly
il direttore (la direttrice)   elementary-school
                    principal
direzione unica   one-way
il dirigente   manager
i diritti del popolo   rights of the people
il diritto   right (prerogative)
il diritto al voto   voting rights
il diritto umano   human rights
il dischetto   floppy disk
il disco   record
il disco fisso   hard disk
il disco rigido   hard disk
discutere   to discuss, to deliberate
la dispensa   pantry
disponibile   available
dispotico(a)   despotic
distribuire   to deliver (mail)
il distributore di benzina   gas station
la distribuzione   delivery (of mail)
il dito (pl. *le dita*)   finger, toe
il dito del piede   toe
il dittatore   dictator
la dittatura   dictatorship
il divano   sofa, couch
il dividendo   dividend
divieto di fermata   no stopping
divieto di sorpasso   no passing

divieto di sosta   no standing
la divisa   uniform
il dizionario dei sinonimi   thesaurus
la doccia   shower
la dogana   customs, duty
il doganiere   customs agent
le doglie   labor pains
il dolce   dessert
il dolore   pain, ache
la domanda   demand
domani   tomorrow
domani mattina   tomorrow morning
domenica   Sunday
dopodomani   day after tomorrow
doppiato(a)   dubbed
un (incontro) doppio   doubles (tennis)
dormire   to sleep
il dorso   back
il dottorato di ricerca   doctorate
il dottore (la dottoressa)   doctor
il dottore interno   intern
la dozzina   dozen
il dramma   drama
dritto(a)   straight
la drogheria   grocery store
durare   to last

economico(a)   inexpensive
l'editor grafico   graphics editor
gli effetti personali   personal effects
l'elaboratore di testi   word processor
eleggere   to elect
l'elettricista   electrician
l'elettrocardiogramma   electrocardiogram
la e-mail   e-mail
l'emendamento   amendment
emendare   to amend
l'emergenza   emergency
le emorroidi   hemorrhoids
endovenoso(a)   intravenous
entrare   to fit, to enter
entrare in scena   to enter (come) on stage
l'entrata   income
l'epilessia   epilepsy
l'equipaggio   crew
esaminare   to examine
essere   to be
essere al corrente   to be well-informed
essere ammesso(a)   to be accepted, to be
                        admitted
essere bocciato(a)   to fail
essere di parto   to be in labor
essere promosso(a)   to be promoted

essere pronto(a)   to be ready
essere raffreddato(a)   to have a cold
l'estate   summer
l'esterno(a)   day student
l'expansion slot   expansion slot

le faccende domestiche   housework
il facchino   porter
la facoltà   department (school)
i fagiolini   string beans
fallire il tiro   to miss the shot (basketball)
il fallo   foul
il falò   bonfire
il fanale   headlight
fare   to make, to do
fare il bagno   to bathe, to take a bath
fare i bagni di mare   to swim in the ocean
fare la barba   to shave
fare il biglietto   to buy a ticket
fare il bucato   to do the laundry
fare campeggio   to camp, to go camping
fare canestro (cesto)   to make a basket
                        (basketball)
fare una chiamata   to make a phone call
fare un deposito   to make a deposit
fare la doccia   to take a shower
fare un gol   to make a goal
fare un intervento   to operate, to perform
   chirurgico   surgery
fare il letto   to make the bed
fare male   to hurt
fare il morto   to float with arms stretched out
fare il numero   to dial
fare pagare   to charge
fare la parte   to play the part
fare un punto   to score a point
fare scalo   to make a stop (airplane or boat)
fare lo sci acquatico   to waterski
fare il surfing   to surf, to ride the waves
fare una telefonata   to make a phone call
fare un versamento   to make a deposit
i fari abbaglianti   high beams
i fari antiabbaglianti   low beams
la farmacia   pharmacy
il faro   lighthouse
la fascia   bandage
fasciare   to bandage
fasciare una ferita   to dress a wound
il fazzoletto   handkerchief
febbraio   February
la federa   pillowcase
fermare   to stop
la fermata   stop

il ferro (da stiro)   iron
il fascismo   fascism
il (la) fascista   fascist
la febbre   fever
la febbre gialla   yellow fever
le feci (pl. only)   feces
il fegato   liver
la ferita   wound
la fessura del gettone   slot
una fetta   slice
il fiammifero   match
il fianco   hip
la fila   line, row
il file   file
il film   movie, film
le finanze   finances
il fine settimana   weekend
la finestra   window
firmare   to sign
firmare a tergo   to endorse
fischiare   to whistle
il fischio, il fischietto   whistle
fissare   to fix, to set (a time)
la flanella   flannel
la fleboclisi   intravenous infusion
la fodera   lining
il foglio elettronico   spreadsheet
in folle   neutral
la fonte   font
le forbici   scissors
la forchetta   fork
il formaggio   cheese
formattare   to format
il formato   format
il fornello   burner on a stove
il forno   oven
al forno   baked
forte   strong
fragile   fragile
i francobolli   stamps
la frattura composta   compound fracture
le frecce   directional signals
la freccia   arrow
freddo(a)   cold
il freeware   freeware
il freezer   freezer
frenare   to brake
il freno   brake
il freno a mano   hand brake
il freno a pedale   foot brake
frequentare   to attend
freschissimo(a)   very fresh
fresco(a)   cool

friggere   to fry
il frigorifero   refrigerator
fritto(a)   fried
fritto(a) in olio   deep-fried
il frullatore   blender
il frullino   eggbeater
la frutta   fruit
i frutti di mare   shellfish
fulminato(a)   burned out
fumare   to smoke
la fune   rope, cord
non funziona   doesn't work
il fuoco   fire
a fuoco lento   on a low flame
fuori   outside
fuori campo   out of bounds
fuori servizio   out of order

il gabardine   gabardine
il gabinetto   toilet cabinet
galleggiare   to float
la galleria   mezzanine
la gamba   leg
il gas butano   butane
i gemelli   cufflinks, twins
i generi alimentari   food, groceries
gennaio   January
il gettone   token
la ghiandola   gland
la giacca   jacket
il ginocchio (pl. le ginocchia)   knee
giocare   to play
il giocatore (la giocatrice)   player
il giornale   newspaper
la giornata   day
la giornata lavorativa   workday
il giorno   day
al giorno   by the day
il giorno feriale   weekday
il giorno festivo   holiday
di giorno in giorno   day by day
giovedì   Thursday
il giradischi   record player
girare   to turn, to shoot (a film)
il giubbotto di salvataggio   life vest
il giudice di linea   linesman (sports)
giugno   June
la giunta   junta
la giustificazione   justification (of margins,
                                                columns)
gocciare   to drip, to leak
gocciolando   dripping
godere   to enjoy

la gola   throat
il gomito   elbow
la gomma   tire, rubber
una gomma forata   flat tire
una gomma a terra   flat tire
la gonna   skirt
il governo   government
il grammo   gram
grandinare   to hail
la grandine   hail
il grappolo   bunch (of grapes)
alla graticola   broiled, grilled
la grattugia   grater
gravida   pregnant
alla griglia   broiled, grilled
la griglia   grill
il grossista   wholesaler
grosso(a)   big, large, rough (sea)
la gruccia   hanger
i gruppi di discussione   newsgroups
il gruppo sanguigno   blood type
la guancia   cheek
il guanciale   pillow
i guanti   gloves
guardare   to watch
il guardaroba   cloakroom
un guasto   a breakdown
è guasto(a)   it is broken
la guida telefonica   phone book, directory

l'idraulico   plumber
gl'idroscì   waterskis
ieri   yesterday
ieri mattina   yesterday morning
l'imbarco   embarcation, boarding
imbucare   to mail, to drop
immatricolarsi   to matriculate, to register
immediatamente   immediately, at once
immettere   to input
l'immondizia   garbage
imparare   to learn
l'imperialismo   imperialism
l'imperialista   imperialist
l'impermeabile   raincoat
impiegare   to take (time)
l'impiegato(a)   employee, clerk, desk clerk
imponibile   taxable
l'impostazione   setting (computer)
l'impresa   enterprise
l'impresa collettiva   partnership
improvviso(a)   sudden
all'improvviso   suddenly
incartare   to wrap

incerto(a)   unstable
incinta   pregnant
incluso(a)   included
incominciare   to begin, to start
è incredibile   it's incredible
l'incrocio   interaction, crossing
l'indirizzo   address
gl'indumenti   clothes, clothing
l'infermiere(a)   nurse
infiammato(a)   inflamed
l'influenza   influenza, flu
informare   to inform
l'informatica   computer science
le informazioni   information
l'ingegneria   engineering
l'ingessatura   cast
ingrossato(a)   swollen
all'ingrosso   wholesale
ingualcibile   wrinkle-resistant
l'iniezione   injection
iniziare   to begin, to start
l'inizio autostrada   highway entrance
l'input/output   input/output
l'insalata   salad
l'insalatiera   salad bowl
insegnare   to teach
instabile   unstable
integrato(a)   built-in
l'interesse   interest
internazionale   international
l'Internet   Internet
l'interno(a)   boarding student, inside, interior
interrompere la linea   to cut off (telephone)
l'interruttore   light switch
l'interruzione di linea   cut off (telephone)
l'intervallo   intermission
l'interventismo   interventionism
l'interventista   interventionist
l'intervento chirurgico   surgery
intestare   to endorse
l'intestazione   heading
l'intestino   intestine, bowel
invece   instead
l'inverno   winter
l'inversione di marcia   U-turn
inviare   to send
invitante   appetizing
gl'invitati   guests
l'ipertesto   hypertext
l'ipoteca   mortgage
iscriversi   to register, to matriculate
l'iscrizione   sign, inscription
l'isolato   block

l'isolazionismo   isolationism
l'isolazionista   isolationist
l'isterectomia   hysterectomy
l'istituto   institute

la lacca   hair spray
i lacci   shoelaces
laico(a)   secular
la lampada   lamp
la lampada a stelo   floor lamp
la lampadina   lightbulb
la lampadina tascabile   flashlight
lampeggiare   to flash (lightning)
il lampo   lightning
la lana   wool
la lana pettinata   worsted wool
largo(a)   wide
lasciar libero(a)   to vacate
ai lati   on the sides
il latte   milk
la latteria   dairy store
i latticini   dairy products
la lattina   can
la lattuga   lettuce
laurearsi   to graduate
laurearsi in chimica   to graduate with a major
in chemistry
il lavabo   basin
il lavaggio a secco   dry cleaning
la lavagna   chalkboard
la lavanderia   dry cleaner
il lavandino   sink (bathroom)
la lavapiatti   dishwasher
lavare   to wash
lavare a secco   to dry-clean
lavarsi   to wash oneself
lavarsi i capelli   to wash one's hair
la lavastoviglie   dishwasher
la lavatrice   washing machine
la lavatura dei capelli   shampoo
il lavello   sink (kitchen)
lavori   men working
i lavori domestici   housework
il lavoro   work, production (dramatic)
legare   to tie
la legge   law
la legge marziale   martial law
i legumi   vegetables
il lenzuolo (pl. *le lenzuola*)   sheet
il lenzuolo da bagno   bath towel
lesso(a)   broiled
la lettera   letter
la lettera circolare   form letter

la lettera espresso   express letter
le lettere e filosofia   humanities
la lettiga   stretcher
il letto   bed
il letto matrimoniale   double bed
la lezione   lesson, lecture
lì   there
il (la) liberale   liberal
il liberalismo   liberalism
libero(a)   free, available
la libertà   freedom
la libertà di parola   freedom of speech
la libertà di stampa   freedom of the press
la libreria   bookcase
il libretto   passbook, bankbook
il libretto degli assegni   checkbook
il libretto di risparmio   savings account
il libro di lettura   reading book
il libro di testo   textbook
il liceo   high school
il lido   shore, beach
il limite di velocità   speed limit
limpido(a)   clear
la linea   line
la linea aerea   airline
le lingue moderne   modern languages
liquefare   to melt
la lista dei vini   wine list
la lista delle vivande   menu
il loggione   top balcony
lontano   far
la lozione abbronzante   suntan lotion
la lubrificazione   grease job, lube
la luce   light
lucidare   to shine, to polish
le luci di direzione   directional signals,
indicator lights
le luci di posizione   parking lights
il lucido per le scarpe   shoe polish
luglio   July
lunedì   Monday
lungo(a)   long
il luogo   place
di lusso   luxurious

la macchia   stain, spot
la macchina   car
la macelleria   butcher shop
il (la) maestro(a)   elementary-school
teacher
maggio   May
la maggioranza   majority
maggiorenne   of legal age

la maglia   sweater
la maglietta   undershirt
il maglione   sweater
il maiale   pig
il (la) malato(a)   sick person, patient
malato(a)   sick
la malattia   illness, disease
la malattia di cuore   heart disease
la malattia mentale   mental illness
la malattia venerea   venereal disease
il male d'aria   air sickness
il mal di gola   sore throat
il mal di testa   headache
la mancia   tip
mandare   to send
il mangiare   food
la manica   sleeve
il manico   handle
il manicure   manicure
la manifestazione   demonstration
mantenere   to keep
il mare   sea
i margini   margins
il marketing   marketing
marrone   brown
martedì   Tuesday
il martello   hammer
il marxismo   Marxism
il (la) marxista   Marxist
marzo   March
la maschera (f. la mascherina)   usher
la maschera d'ossigeno   oxygen mask
il materassino gonfiabile   air mattress
il materasso   mattress
la materia   subject
la materia di specializzazione   subject of
                           specialization
la mattina   morning
di mattina   in the morning, A.M.
le mattonelle   tiles
la mazza   club (golf)
il mazzo   bunch
medesimo(a)   same
la medicina   medicine
il medico   doctor
meglio   better
la mela   apple
la memoria estesa   extended memory
la memoria RAM   RAM memory
meno   less
il menu   menu
il menu del giorno   specialty of the day, fixed
                           menu

il mercato   market
il mercato azionario   stock market
mercoledì   Wednesday
il merletto   lace
il mese   month
la messa in piega   waving (of hair), setting
una messa a punto   tune-up
il messaggio   message
le mestruazioni   menstruation
il metal detector   metal detector
mettere   to put, to place
mettere in comunicazione   to put through, to
   con   connect (phone)
mettere in moto   to start
mettersi   to put on
la mezzanotte   midnight
il mezzogiorno   noon
il microfono   microphone
il microprocessore   central processing unit,
                           CPU, microprocessor
il (la) militare   member of the military
il militarismo   militarism
il (la) militarista   militarist
la minestra   soup
il ministero degli   ministry of
   affari esteri   foreign affairs
il ministero della difesa   ministry of defense
il ministero dell'economia   ministry of
   e finanze   economy and
                                finance
il ministero di grazia e giustizia   ministry of
                                         justice
il ministero dell'interno   ministry of the
                                interior
il ministero del lavoro   ministry of labor and
   e politiche sociali   social policy
il ministero delle   ministry of
   politiche agricole   agricultural policy and
   e forestali   forestry
il ministero della pubblica   ministry of
   istruzione   education
la minoranza   minority
il minuto   minute
misto(a)   blended (fibers)
la misura   size (dresses, coats, suits)
misurare   to measure
mite   mild
il (la) mittente   sender
il mixer   mixer
il modello   template
il modem   modem
modificare   to edit
il modulo   form

il modulo di registrazione　registration form
il (la) monarca　monarch
la monarchia　monarchy
il (la) monarchico(a)　monarchist
la moneta　coin
la moneta contante　cash
la moquette　wall-to-wall carpeting
il morbillo　measles
il mosaico　small tile
mosso(a)　rough (sea)
il motorino d'avviamento　starter
il motoscafo　boat, launch
il mouse　mouse (computer)
la mozione　motion
il multisale　multiplex
musicale　musical
la musica sterefonica　stereophonic music
le mutandine　panties, underpants

il nailon　nylon
il nastro (magnetico)　tape
il Natale　Christmas
naturalmente　naturally
la nausea　nausea
la nave　boat
nazionale　national
la nebbia　fog
necessario(a)　necessary
il negozio di alimentari　grocery store
il negozio di frutta e verdure　fruit and
　　　　　　　　　　　　　　vegetable store
nero(a)　black
la neve　snow
nevicare　to snow
la nevicata　snowfall
i newsgroup　newsgroups
non autorizzato(a)　unauthorized
la norma　rule, regulation
nostrano(a)　homegrown, regional
la nota a piè di pagina　footnote
la notte　night
novembre　November
la nube　cloud
il numero del telefono　telephone number
il numero interno　extension
il numero sbagliato　wrong number
il numero verde　toll-free number
nuotare　to swim
nuovamente　again
la nuvola　cloud
nuvolo(a)　cloudy
la nuvolosità　cloudiness
nuvoloso(a)　cloudy

il nylon　nylon

gli occhiali　glasses
gli occhiali da sole　sunglasses
mi occorre　I need
occorrere (impersonal)　to need
occupato(a)　busy
l'offerta　supply
l'officina di riparazione　repair shop
offrire　to offer
oggi　today
oggigiorno　nowadays
l'olio　oil
l'olio dei freni　brake fluid
l'ombrellone　beach umbrella
l'onda　wave
l'onomastico　saint's day
operare　to operate
l'operazione　operation
l'operetta　operetta
l'opportunità　opportunity
l'opposizione　opposition
opposto(a)　opposite
l'ora　hour
all'ora　per hour
l'ora di punta　rush hour
l'orario　schedule, timetable
in orario　on time
ordinare　to order, to prescribe
l'orecchio　ear
gli orecchioni　mumps
l'ospedale　hospital
l'ospite　guest
l'ossigeno　oxygen
l'osso (pl. gli ossi)　bone (animal)
l'osso (pl. le ossa)　bone (human)
l'ostetrico(a)　obstetrician
ottenere　to obtain
ottobre　October
otturare　to plug, to clog
otturato(a)　clogged
l'ovaia　ovary

il pacchetto　package
il pacco　package, parcel
la padella　pan, frying pan, skillet
il paese　village
i pagamenti mensili　monthly payments
il pagamento　payment
pagare　to pay
pagare in contanti　to pay cash, to pay in one
　　　　　　　　　　　　　　lump sum

pagare a rate   to pay in installments
un paio   a pair, a couple, a few
il palco   box seat
il palco di prim'ordine   first-tier box
il palco di proscenio   stage box
il palco di second'ordine   second-tier box
il palco di terz'ordine   third-tier box
il palcoscenico   stage
il paletto   pole
la palla   ball
la pallacanestro   basketball
la palla a volo   volleyball
a pallini   with polka dots
il pallone   ball, soccer ball
la pancetta   bacon
la panetteria   bakery
il panino   roll
una panne (panna)   breakdown
il pannello di controllo   control panel
i panni   clothes, clothing
i panni sporchi   dirty clothes
il panno   dishtowel, cloth
il panno di spugna   washcloth
i pantaloni   pants, slacks, trousers
le pantofole   slippers
il parabrezza   windshield
il parafango   fender
parare   to stop, to block
il paraurti   bumper
parcheggiare   to park
il parcheggio   parking
pari   tied (score)
parlare   to talk, to speak, to chat
la parola d'ordine   password
la parotite   mumps
il (la) parrucchiere(a)   men's (women's)
                           hairdresser
la partenza   departure
partire   to leave
la partita   match, set (tennis)
il partito   party (politics)
partorire   to give birth
la Pasqua   Easter
di passaggio   passing through
il passaporto   passport
passare   to pass
passare agli esami   to pass the exams
il (la) passeggero(a)   passenger
il passino   strainer
le passività   liabilities
la password   password
la pasta   pastry
la pasticceria   pastry shop

il pasto   meal
le patatine fritte   potato chips
la patente automobilistica   driver's license
la patta   fly (pants)
la pattumiera   garbage can, dustpan
il pavimento   floor
il (la) paziente   patient
il pedaggio   toll
il pedale della frizione   clutch pedal
il pedicure   pedicure
il pelapatate   potato peeler
pelare   to peel, to pare
la pelle   leather
la pelle scamosciata   suede
la pellicola   film, movie
la penicillina   penicillin
la penna a sfera   ballpoint pen
il pensile   kitchen closet, cupboard, cabinet
la pentola a pressione   pressure cooker
il pentotal di sodio   sodium pentothal
il pepe   pepper
la pepiera   pepper shaker
per cento   percent
perdendo   leaking
perdendo colpi   skipping (car)
perdere   to miss
perduto(a)   lost
pericoloso(a)   dangerous
il periodo   period (time)
la permanente   permanent (wave)
per quando?   by when?
perso(a)   lost
il personal computer   personal computer
la pesa   scale
pesare   to weigh
il pesce   fish
la pescheria   fish store, fish market
pettinarsi   to comb one's hair
una pettinata   comb-out
il petto   breast (of fowl), chest
i pezzi di ricambio   spare parts
un pezzo   piece
piantare la tenda   to pitch (put up) the tent
il piattino   saucer
il piatto   plate, dish, course
il piatto da portata   serving platter
il piede   foot
pieno(a)   full
la pila   battery
la pillola   pill
il (la) pilota   pilot
il PIN   PIN
la pioggia   rain, shower

il piombo   lead
con piombo   leaded (gasoline)
senza piombo   unleaded (gasoline)
piovere   to rain
piovigginare   to drizzle
piovoso(a)   rainy
la piscina   swimming pool
i piselli   peas
il pisolino   nap
il piumino   feather duster
più oltre   farther on
più tardi   later
il pizzo   lace
la platea   orchestra
il plebiscito   referendum
il pneumatico   tire
poiché   since, because
la poliomelite   polio
il polipo   polyp
la politica   politics, political policy
politico(a)   political
la polizia   police
la polizza   policy
il pollame   fowl
la polleria   poultry store
il pollo   fowl, chicken
il polmone   lung
i polsini   cuffs
il polso   pulse, wrist
la poltrona   armchair
la poltrona in platea   orchestra seat
il pomello dell'aria   choke (car)
il pomeriggio   afternoon
del pomeriggio   in the afternoon, P.M.
il pomodoro   tomato
il popolo   people
la porta   goal (soccer), door
il portaburro   butter dish
la porta d'inserimento   expansion slot
il portalettere   letter carrier
la porta parallela   parallel port
la porta seriale   serial port
portare   to carry, to bring, to wear
portare a ebollizione   to bring to boil
il portasapone   soap dish
il portasciugamano   towel rack
la portata   course
il portiere   goalie
la portineria   doorman's station
la posta   mail
la posta aerea   air mail
la posta elettronica   e-mail
la posta normale   regular mail

posteggiare   to park
il posteggio   parking
posteriore   back, rear
il postino   letter carrier
il posto   seat
potere   to be able (can)
la precipitazione   precipitation
il prefisso   area code
prelevare   to withdraw
prendere   to get, to take, to catch
prendere appunti   to take notes
prendere in considerazione   to take into consideration
prendere una decisione   to make a decision, to pass a resolution
prendere le misure   to take measurements
prendere il sole   to sunbathe
prendere sonno   to go to sleep
prenotato(a)   reserved
la prenotazione   reservation
preoccupato(a)   worried
la presa   electric outlet, electric socket
prescrivere   to prescribe
presentare una mozione   to make a motion
il (la) preside di facoltà   dean
il presidente (la presidentessa)   president
la pressione dell'aria   air pressure
la pressione atmosferica   atmospheric pressure
la pressione barometrica   barometric pressure
la pressione del sangue   blood pressure
il prestito   loan
presto   early
le previsioni del tempo   weather forecast
il prezzo   price
in prima   in first gear
la prima classe   first class
la prima colazione   breakfast
la prima sessione   first term
prima di tutto   first of all
la primavera   spring
primo   first
il primo dell'anno   New Year's Day
il primo ministro   prime minister
il primo piatto   first course
il primo tempo   first period
principale   main
il problema   problem
il prodotto   product
la produzione   production (manufacturing)
il professore (la professoressa)   teacher (secondary school or university)
profondamente   deeply
la prognosi   prognosis

il programma   program
il progressismo   progressivism
il (la) progressista   progressive
promettere   to promise
pronto(a)   ready
il pronto soccorso   emergency room
il proprietario   owner
il (la) protagonista   lead actor (actress)
proteggere   to protect
provare   to try
proveniente da   arriving from
provenire   to derive, to originate
la pubblicità   advertising
pulire   to clean, to scrub
pulire a secco   to dry-clean
il pulsante d'accensione   power switch
il punteggio   score
il punto   stitch, point
il punto Internet   Internet café
in punto   at exactly (with time of day)
pure   also, too

il quaderno   notebook
il quadro   picture, painting
a quadri   checked (in design)
qualcosa   something
quanto costa?   how much is it?
quanto costano?   how much are they?
quanto tempo?   how long? how much time?
quasi   almost
questa sera   tonight
il quorum   quorum

la racchetta   racket
la raccomandata   certified (registered) mail
radersi   to shave oneself
il radiatore   radiator
il (la) radicale   radical
il radicalismo   radicalism
la radio   radio
la radiografia   x-ray
la radiologia   radiology
il (la) radiologo(a)   radiologist
la raffica di vento   gust (blast) of wind
il raffreddore   cold (illness)
la ragazza   girl
il ragazzo   boy
il ragazzo d'albergo   bellhop
rammendare   to mend, to darn
il rapido   express train
il rasoio   razor
il rasoio elettrico   electric razor
rasserenarsi   to clear (up)

a rate   in installments
il razzismo   racism
il (la) razzista   racist
il (la) receptionist   receptionist, clerk at reception desk
recuperare   to recover
redditizio(a)   profitable
il reddito   income
il referendum   referendum
il reggipetto   brassiere
il reggiseno   brassiere
il regime autocratico   autocratic regime
regolare la sveglia   to set the alarm clock
religioso(a)   religious
la rena   sand
il rendiconto   statement (financial)
il rene   kidney
resistente alle pieghe   wrinkle-resistant
respingere   to reject
respirare   to breathe
restare   to remain, to stay
resti in linea   hold on, don't hang up
restringere   to shrink
la rete   net
sopra la rete   over the net
in retromarcia   in reverse
la rettifica   correction, amendment
riattaccare   to hang up
non riattacchi   hold on, don't hang up
di ricambio   space
il ricevitore   receiver (telephone)
la ricevuta   receipt
la ricevuta di ritorno   return receipt
richiamare   to call again
ricucire   to sew again
ridurre la frattura   to set the bone
riempire   to fill
il rientro   indentation
il rifornimento   gas station
rigato(a)   striped
a righe   striped
rilassare   to relax
rimandare la palla   to return the ball
rimanere   to remain
rimboccare   to roll up
rimettere in ordine   to tidy up
rimorchiare   to tow
riparare   to repair
le riparazioni   repairs
il riscaldamento   heating
riservato(a)   reserved
risparmiare   to save
rispondere   to answer

la risposta   answer
il ristorante   restaurant
i risultati   results
il ritardo   delay
in ritardo   late
ritirare   to claim (luggage), to withdraw,
        to take back (out)
la rivista   magazine
la rivista musicale   musical revue
la roba da mangiare   food
la roccia   rock
rompere   to break
rosolare   to sauté
la rosolia   German measles
rosso(a)   red
la rotta di volo   flight plan, flight path
la roulotte   trailer
rovesciare   to spill
il rubinetto   faucet
la rubrica   address book
la ruota   wheel

sabato   Saturday
la sabbia   sand
il sacchetto   bag, sack
il sacchetto per il male d'aria   airsickness bag
il sacco a pelo   sleeping bag
la sala d'aspetto   waiting room
la sala operatoria   operating room
la sala di parto   delivery room
la sala da pranzo   dining room
la sala di risveglio   recovery room
salato(a)   salty
la salsiccia   sausage
il saldo   balance
il sale   salt
la saliera   salt shaker
salire in (su)   to get on, to board
il salotto   living room
la salsa   sauce
la salsa di pomodoro   tomato sauce
la salsiera   gravy boat
la salumeria   delicatessen
salvare   to save (word processing)
la salvietta   napkin
il sandalo   sandal
al sangue   rare (meat)
il sangue   blood
il sapone   soap
il sapone da barba   shaving soap
il sapone in polvere   soap powder
la saponetta   bar of soap
il (la) sarto(a)   tailor

sbattere   to beat, to slam
sbucciare   to pare, to peel
lo scaffale   bookcase
scaldarsi   to heat
lo scaldavivande   plate warmer
scambiare   to exchange, to trade
lo scanner   scanner
scaricare   to download
lo scarico   drain
la scarpa   shoe
le scarpe da tennis   tennis shoes, sneakers
la scatola   box
la scatola delle valvole   fuse box
la scatoletta   can
scegliere   to choose
la scena   scene
scendere   to get off, to descend, to go down
lo scendibagno   bathmat
la scheda d'expansione   expansion board
la scheda Sim   Sim card
la scheda telefonica   phone card
lo schermo   screen
schiarirsi   to clear up
la schiena   back
lo schienale del sedile   seat back
la schiuma   foam
lo sci acquatico   waterskiing
lo sciampo   shampoo
sciare   to ski (snow)
la sciarpa   scarf
le scienze politiche   political science
lo scoglio   rock, reef
lo scolapiatti   dish drainer
scolare   to drain
lo (la) scolaro(a)   pupil, student
lo scompartimento   compartment
lo scontrino   baggage claim check
la scopa   broom
la scopa di cotone   mop
scopare   to sweep (with a broom)
scrivere   to write
scucito   unstitched
lo scudetto   soccer championship
la scuola elementare   elementary school
la scuola media inferiore   junior high school
la scuola media superiore   high school
mi scusi   excuse me
sdraiarsi   to lie down
il secolo   century
la seconda galleria   balcony
il secondo piatto   main dish
sedativo(a)   sedative
il sedativo   sedative

la sedia   chair
la sedia a rotelle   wheelchair
la sedia pieghevole   folding chair
la sedia a sdraio   reclining beach chair
il sedile   seat
seduto(a)   seated
il segnale di linea libera   dial tone
il segnale di linea occupato   busy signal
il segnale «vietato fumare»   no-smoking sign
il segnalibri   bookmark
il segnapunti   scorekeeper
segnare un gol (una rete)   to make (score) a goal
seguire (segua [Lei])   to follow
il semaforo   stoplight
il senato   senate
il senatore (la senatrice)   senator
il seno   breast
senso unico   one-way
senso vietato   do not enter
sentire il polso   to feel the pulse
senza   without
senza scalo   nonstop (flight)
il separatismo   separatism
il (la) separatista   separatist
la sera   evening
il serbatoio   gas tank
sereno(a)   clear
servire   to serve
servire la palla   to serve the ball
i servizi   facilities
il servizio   service, service charge
il servizio di camera   room service
il servizio guardaroba   laundry service
la sessione plenaria   plenary session
la seta   silk
settembre   September
la settimana   week
alla settimana   by the week
per settimana   by the week
la sezione (non) fumatori   (no-) smoking section
sgualcirsi   to crumple, to crease, to wrinkle
la sicurezza   safety
il siero   serum
la sigaretta   cigarette
un (incontro) singolo   singles (tennis)
la sinistra   Left (political orientation)
a sinistra   to the left
di sinistra (uomo o donna)   leftist
sinistro(a)   left
sintetico(a)   synthetic
il sintomo   symptom

il sipario   curtain (of a stage)
il sistema   system
il sito web   website
slogarsi   to sprain
slogarsi una caviglia   to sprain one's ankle
lo smalto per le unghie   nail polish
smettere   to stop
sobbalzare   to bounce, to jolt
il socialismo   socialism
il (la) socialista   socialist
la società di assicurazioni   insurance company
la società per azioni   corporation
la società semplice   partnership
il socio   partner
il sofà   sofa, couch
sofferto   suffered
soffocante   sultry
la sogliola   sole
solamente   only
di sole   sunny
il sole   sun
soleggiato(a)   sunny
la sommossa   uprising
suonare il clacson   to sound, to blow the horn
il sonnellino   nap
sopra   on top
il soprabito   overcoat
sorvegliare   to guard, to watch
sostenere   to take (an examination)
il sottabito   slip
la sottana   half-slip
sotto   under
la sottoveste   slip
la spalla   shoulder
sparecchiare la tavola   to clear the table
sparso(a)   scattered
spazzare (il pavimento)   to sweep (the floor)
lo spazzolino   toothbrush
lo specchio   mirror
la specialità della casa   house specialty
specializzarsi   to specialize
una specializzazione   advanced degree
le specifiche   specifications
spedire   to send
spegnere la luce   to turn out (off) the light
la spesa   charge, expense
lo spettacolo   show
lo spettatore (la spettatrice)   spectator
la spiaggia   beach
gli spiccioli   small change, coins
spiegare   to explain

la spina   bone (fish only), electric plug
gli spinaci   spinach
spingere   to push
spogliarsi   to undress oneself
spogliarsi fino alla cintola   to strip to the waist
spolverare   to dust
sporco(a)   dirty
lo sport   sport
la sporta   shopping bag, shopping basket
lo sportello   window, ticket window, teller's window
lo spray   hair spray
lo spremiagrumi   citrus-fruit squeezer
la spugna   sponge
la spugnetta   small sponge
la spuntata   trim (hair)
la spuntatina   trim (hair)
la squadra   team
squillare   to ring
staccare   to pick up (receiver)
lo stadio   stadium, soccer field
la stampante laser   laser printer
stampare   to print
la stampella   hanger, crutch
la stanza   room
la stanza da letto   bedroom
stare   to stay, to be located
stare bene   to fit
stare a galla   to float
la stazione   terminal, station
la stazione ferroviaria   train station
la stazione d'imbarco   terminal, station
lo stetoscopio   stethoscope
stirare   to iron
lo stiro   ironing
stitico(a)   constipated
gli stivaletti   boots
gli stivali   boots
la stoffa   fabric
lo stomaco   stomach
la storiella   story
le stoviglie   dishes, cutlery
lo straccio   rag
lo straccio per la polvere   dustcloth
la strada   street, road
la strada sdrucciolevole   slippery road
stretto(a)   narrow, tight
la strettoia a sinistra   left lane closed
lo strofinaccio   dustcloth
lo studente (la studentessa)   student
la stuoia da bagno   bathmat
subito   at once, immediately
il sugo   juice, gravy (of meat)

nel suo sugo   in its juices
il suino   pig
la suola di cuoio   leather sole
la suola di gomma   rubber sole
suonare (or sonare)   to ring
il supermercato   supermarket
il supplemento   additional charge
surgelato(a)   frozen
surriscaldarsi   to overheat
la sveglia   alarm clock

il tabacco   tobacco
il tabellone   scoreboard
il tachimetro   speedometer
il tacco   heel
la taglia   size (dresses, coats)
tagliare   to cut
tagliare a pezzetti   to dice
tagliato(a) a pezzetti   diced
il taglio dei capelli   haircut
un tanto   so much
il tappeto   rug, carpet
il tappo   plug (of sink), stopper (of bottle)
tardi   late
la targa   license plate
la targhetta   label, tag (for identification)
la tariffa   tariff, rate
le tasse   taxes
il tassì   taxi
il tasso d'interesse   interest rate
i tasti di funzione   function keys
la tastiera   keyboard
il tasto Alt   Alt key
il tasto Escape   Escape key
il tasto Invio   Enter key
il tasto Return   Return key
la tavola da surfing   surfboard
il tavolino   table
il tavolino pieghevole   folding table
il tavolo (la tavola)   table
il tavolo operatorio   operating table
il taxi   taxi
la tazza   cup
il teatro   theater
il tegame   pan
telefonare   to telephone
la telefonata   telephone call
la telefonata a carico del destinatario   collect call
la telefonata interurbana   long-distance call, toll call
la telefonata con preavviso   person-to-person call

la telefonata urbana (locale)   local call
il (la) telefonista   telephone operator
il telefono   telephone
la televisione   television
il televisore   television set
la temperatura   temperature
il temperino   pocket knife
la tempesta di neve   snowstorm
la tempesta di vento   windstorm
tempestoso(a)   stormy
il tempo   period (sports), time, weather
il tempo brutto   nasty weather
il tempo cattivo   nasty weather
a (in) tempo   on time
il tempo di volo   flight time
il temporale   storm, thunderstorm
la tenda   drape
la tenda (da campo)   tent
il tennis   tennis
il tergicristallo   windshield wiper
terminare   to end, to finish, to terminate
il termos   thermos
la terra   ground
il terrorismo   terrorism
il (la) terrorista   terrorist
il tessuto   fabric
la testa   head
il tetano   tetanus
il tifo   typhoid fever
il tifoso   fan (sports)
la tintarella   suntan
la tintoria   dry cleaner shop
la tintura   tint
la tintura di iodio   iodine
il tipo   type
il tipo di sangue   blood type
tirare   to shoot, to throw, to blow (wind)
il titolare   owner
togliere   to remove, to get out, to take out
tollerare   to tolerate, to bear
il tonno   tuna
le tonsille   tonsils
la tormenta   snowstorm
tornare indietro   to turn around
il torneo   tournament
la torta   cake, pie
la tortiera   baking pan
la tosse   cough
tossire   to cough
il totale   total
la tovaglia   tablecloth
il tovagliolo   napkin
il traffico   traffic

la tragedia   tragedy
il tramonto   sunset, dusk
tranquillo(a)   calm
il transito   transit, traffic
trascorrere l'estate   to spend the summer
la trasmissione automatica   automatic transmission
la trasmissione di dati/fax   data/fax transmission
trattenersi   to remain, to stay
il treno   train
il treno locale   local train
il tribunale   court
il trinciante   carving knife
trinciare   to carve
tritare   to chop
tritato(a)   minced
troppo   too much, too
troppo corti(e)   too short
troppo cotto(a)   too well-done
troppo duro(a)   too tough
troppo al sangue   too rare
trovare   to find
trovarsi   to find oneself
il trucco   makeup
la tubatura   pipes, plumbing
la tubercolosi   tuberculosis
tuonare   to thunder
il tuono   thunder
la turbolenza inaspettata   unexpected turbulence
tutti coloro che   all those who
tutto esaurito   sold out

l'ufficio   office
l'ufficio di cambio   exchange bureau
l'ufficio cassa   cashier's office
l'ufficio contabilità   accounting department
l'ufficio postale   post office
ugualmente   equally
l'ulcera   ulcer
l'ultimo dell'anno   New Year's Eve
umido(a)   humid
in umido   stewed
l'unghia   fingernail
unicamerale   unicameral
l'uniforme   uniform
l'unità CD-ROM   CD-ROM drive
l'unità centrale   central processing unit, CPU
l'unità a disco floppy (flessibile)   floppy disk drive
l'università   university

l'uovo (pl. *le uova*)   egg
l'urina   urine
usare   to use
usare l'aspirapolvere   to vacuum-clean
l'uscita   exit
l'uscita d'emergenza   emergency exit
l'uscita d'imbarco   boarding gate
l'uva   grapes

il vaglia postale   money order
il vagone   car of a train
il vagone letto   sleeping car
il vagone ristorante   dining car
la valigetta   briefcase, small suitcase
la valigia   suitcase
la valvola   fuse
variabile   changeable, variable
la varicella   chicken pox
il varietà   vaudeville
la vasca da bagno   bathtub
il vassoio   tray
i vegetali   vegetables
il velluto a coste   corduroy
la velocità   speed, gear
il venditore   seller
venerdì   Friday
le veneziane   venetian blinds
il vento   wind
le verdure   vegetables
il versamento   deposit
verso   at about (with time of day)
le vertigini   dizziness
la vescica   bladder
la vescichetta biliare   gallbladder
la vestaglia   dressing gown
vestire   to dress
vestirsi   to dress oneself
i vestiti   dresses, suits, clothes
il vestito   dress, suit
la vettura   car of a train
la via   street
la via aerea   air mail
per via aerea   by air mail
il viaggiatore (la viaggiatrice)   traveler

un viaggio di piacere   pleasure trip
il viale   avenue
via mare   by boat
vibrando   vibrating
vibrare   to vibrate
vicino (vicino a)   near
la vigilia di Capodanno   New Year's Eve
la vigilia di Natale   Christmas Eve
il villaggio   village
la villeggiatura   vacation, summer vacation
la villetta   bungalow
il villino   bungalow
vincere   to win
il vino   wine
il viso   face
vistare   to issue a visa
il visto   visa
il vitello   calf, veal
il vitto e alloggio   room and board
la vivanda   food, dish
il volante   steering wheel
volare   to fly
il volo   flight
una volta qui   once here
il voltaggio   voltage
voltarsi   to turn around
vomitare   to vomit
il vomito   vomit
votare   to vote
il voto   vote
il voto di fiducia   vote of confidence
vuotare   to empty
vuoto(a)   empty

il water   toilet
il whisky   whiskey

lo zaino   knapsack
lo zero   zero, love (tennis)
la zona   zone, area
la zona di difesa   defense zone (sports)
la zuccheriera   sugar bowl
lo zucchero   sugar
la zuppiera   soup tureen